Zu diesem Buch

Als die DDR unterging, flog ein Paradiesvogel auf: Manfred Ibrahim Böhme, Mitbegründer der Ost-SPD, Medienstar und charismatischer Kandidat für die Ministerpräsidentschaft. Als er die Wahl verlor, wurde er als Topspitzel der Staatssicherheit entlarvt. Böhme tauchte unter.

Birgit Lahann hat ihn aufgespürt, hat Aufstieg und Fall dieses Mannes recherchiert, hat ihn befragt und seine Opfer, zu denen Reiner Kunze, Jürgen Fuchs, Lutz Rathenow und Markus Meckel gehören. Das Ergebnis ist die Geschichte eines Zerrissenen. Genosse Judas – das Psychogramm eines Mannes ohne Identität.

Die Autorin
Birgit Lahann ist Autorin beim «Stern». Sie erhielt u. a. den Theodor-Wolff- und den Egon-Erwin-Kisch-Preis.

Birgit Lahann

Genosse Judas

**Die zwei Leben
des Ibrahim Böhme**

Rowohlt

Veröffentlicht im Rowohlt Taschenbuch Verlag GmbH,
Reinbek bei Hamburg, Februar 1994
Copyright © 1992 by Rowohlt · Berlin Verlag GmbH,
Berlin
Alle Rechte vorbehalten
Umschlaggestaltung Walter Hellmann
(Foto: Dieter Bauer / Stern)
Fotos auf den Seiten 89, 205, 229 und 249 von
Dieter Bauer / stern,
Seite 103 von Hanns-Jörg Anders / stern, Seite 133
von Andreas Bley
Gesamtherstellung Clausen & Bosse, Leck
Printed in Germany
1290-ISBN 3 499 19611 5

Inhalt

«Ich bin die Wunde und das Messer
und bin das Opfer und der Henker»

Charles Baudelaire

Vorwort

Ibrahim Böhme wird 1968 von der Staatssicherheit als Inoffizieller Mitarbeiter geworben. Im Jahr darauf schreibt der Vierundzwanzigjährige ein Hörspiel. Es heißt «Das Interview». Darin befragt ein Journalist aus dem 20. Jahrhundert Herodes, Pilatus, Kaiphas, Petrus und Judas nach ihrer Meinung zum Tode Jesu.

«Judas», fragt der Mann aus dem 20. Jahrhundert, den Ibrahim Böhme 1969 in der Greizer Uraufführung selber spricht, «Judas, habt Ihr Christus für 30 Silberlinge verraten?»

Judas fragt zurück: «Seid Ihr ein Christ?»

Doch, das könne er sagen, sagt der Journalist.

«Glaubt Ihr auch an die Auferstehung?»

Aber sicher, welche Frage.

So glaubt Ihr auch an mich, sagt Judas. «Denn die Auferstehung fordert den widernatürlichen Tod des Herrn.»

Das gefällt dem Mann aus dem 20. Jahrhundert sehr. «Ausgezeichnet, der Gedanke!» läßt Böhme ihn sagen. «Das ist schon beinahe Dialektik.»

Es lebe der Genosse Judas.

Der Verrat des Judas Ischariot war also nötig, damit die Christenheit erlöst wird. Der Verrat des Ibrahim Böhme war nötig, damit der Sozialismus nicht untergeht. Das ist die Rechtfertigung, die Böhme 1969 für seinen Sündenfall konstruiert. Und mehr noch. Diese dialektische Lösung ist ein Signal für den neuen großen Lebensabschnitt, den er beschreiten wird. Alles ist erlaubt, was den Sozialismus stark macht. Er kündigt die Theorie auf, er kündet die Praxis an.

Wenn er damals Bücher an seine Freunde verschenkt, schreibt er folgende Widmung hinein: «Und immer schrieb ich mit roter Tinte, doch die meisten derer, die meine Worte lasen, wollten die Farbe nicht erkennen.» Das muß anders werden. Seine Motivation ist klar und folgerichtig: Ich muß tief sinken, um etwas Großes zu schaffen. Wie Judas.

Was ist das für ein Mensch, der den Staat über den Menschen stellt? Der zwanzig Jahre lang Freunde verrät und von den meisten Verratenen nach allen Regeln der Freundschaft beschützt wird? Was ist das für ein Mensch, der Toleranz predigt und mit den Toleranten intolerant umgeht? Ich wollte versuchen herauszubekommen, was hinter diesem Ibrahim Böhme steckt.

Es dauert lange, bis ich zum erstenmal mit ihm spreche. Nach seiner Enttarnung als Stasi-Spitzel war der Politiker, der wie ein Phönix aus den Ruinen der DDR gestiegen war, Ende 1990 untergetaucht, verschwunden. Ich signalisiere meinen Wunsch. Er läßt ausrichten, er wolle mit niemandem reden. Ich lasse ausrichten, ich hätte viel Zeit. Und weil Ibrahim Böhme ein neugieriger Mensch ist, sagt er eines Tages zu seinem Freund, der damals Böhmes Nabelschnur zur Welt ist: Sie kann kommen.

Ich erlebe einen braven Ibrahim Böhme, wohlgekämmt und wohlerzogen. Nichts ist mehr da vom fiebrigen Helden, der kämpfend und siegend durch den deutschen Medienwald gezogen war. Der Ibrahim Böhme, den ich kennenlerne, ist blaß und müde, und wenn er Kaffee einschenkt, zittert ihm die Hand.

Er erzählt, er habe seine Erinnerungen geschrieben. Er zeigt mir auch das erste Kapitel. Und ich merke bald, daß es das einzige Kapitel ist. Merke, daß er gar nicht weiß, welches seiner Leben er beschreiben soll. Ich sage ihm, ich würde gern versuchen, über ihn zu schreiben. Schön, sagt er. Tun Sie das. Und Sie werden erzählen? Ja, sagt er. Ich werde erzählen.

Ein Jahr lang sehen wir uns unregelmäßig. Wenn ich in seiner

Wohnung bin, läuft ein Ritus ab: Immer ist gedeckt, immer steht eine Blume auf dem Tisch, immer brennt eine Kerze, immer ist der Kaffee frisch gekocht. Und nie darf ich einen Finger rühren. Und wenn das Tonband läuft, sitzt er da im großen Sessel, die Beine ordentlich nebeneinander, die Arme rechts und links auf der Lehne. Er spricht präzis in seiner altmodischen Diktion, druckreif, ausschweifend, abschweifend – stundenlang. Es ist schwer, ihn zu unterbrechen. Er guckt mich auch selten an. Meist geht sein Blick knapp an meinem vorbei, geht immer so in Richtung Unendlichkeit.

Seine Stimmung schwankt zwischen Wut und Wehmut, wenn ich erzähle, daß ich mit all seinen Freunden gesprochen habe, auch mit Reiner Kunze, Jürgen Fuchs, Lutz Rathenow, Arnold Vaatz, Markus Meckel, Gerd und Ulrike Poppe. Und daß ich in den Akten aller von ihm Verratenen gelesen habe, registriert er ohne Kommentar. Sonst beantwortet er jede Frage zu Träumen und Ängsten, zu Ehe und Aufklärung, zu Gefängnis und Vorbildern, zu Krankheiten, Alkohol und homoerotischen Begehrlichkeiten. Ich lerne dabei einen verbalen Verführer kennen, einen witzigen Geschichtenerzähler, einen Mann mit Gedächtnis, einen Narziß, der sich ehrfurchtsvoll vor sich selbst verbeugt, eine gespaltene Persönlichkeit, in der sich die ganze Schizophrenie der untergegangenen DDR widerspiegelt.

Und weil ich anfangs nicht begreifen will, daß Ibrahim Böhme in einer anderen Wirklichkeit lebt, daß seine Moralbegriffe nicht der Norm entsprechen, erwarte ich von ihm, Wirklichkeiten anzuerkennen, bis ich merke, daß er das gar nicht kann, daß er gar nicht versteht, was ich überhaupt will.

Es gibt eine Szene in der Normannenstraße, die etwas von dem Ver-rückt-sein erklärt. Als Böhme nach den ersten Verdächtigungen, ein Stasi-Spitzel gewesen zu sein, in seiner Akte liest, wird ihm ein Tonband vorgespielt. Zu hören ist das verschlüsselt konspirative Gespräch zwischen Böhme und einem Unbekannten. Ja, das sei seine Stimme auf dem Band, sagt er. Aber er habe das nicht gesagt.

Als er das erzählt, begreife ich langsam, daß ich andere Maßstäbe anlegen muß. Ich begreife auch, daß Böhme nie mit einer doppelten

Moral gelebt hat wie so viele Bonzen im SED-Staat. Aber die gültigen moralischen Werte haben für ihn keine Bedeutung. Er deutet sie um. So wie er den Verrat des Judas umdeutet. Dialektisch, logisch, fast möchte man sagen keß biegt er den Kuß des Judas so hin, daß er zum Segen für die Menschheit wird.

Reiner Kunze sagt über Böhme, er habe sich eine Welt geschaffen mit lebendigen Menschen. Und die habe er manipuliert. «Manfred Böhme», sagt Kunze, «wollte Gott sein.»

Vielleicht wollte er sogar mehr sein, vielleicht auch das noch, was Gott zum Gott macht: der Teufel. Erst durch das Böse wird das Gute gut. Also nicht Gott, sondern Teufel. Nicht Jesus, sondern Judas. Nicht Faust, sondern Mephisto. Der ist doch «ein Teil von jener Kraft, die stets das Böse will und stets das Gute schafft». Wie Böhmes Judas im Hörspiel.

Was noch faszinierte mich an Ibrahim Böhme? Daß er ein Stück Literatur ist. Wann hat man schon das Glück, einer Roman-Figur, einer düsteren Dostojewski-Gestalt zu begegnen, die ohne Buchdekkel durchs Leben läuft? Ein enger Freund von Böhme sagte zu mir: Wenn ich etwas über ihn erfahren will, muß ich nur ein Buch aus dem Schrank ziehen. Überall finde ich ein Stück von ihm.

So hat er gelebt. Er hat sich eigentlich «mit fremden Federn» neu erschaffen, hat sein Leben auf Phantasien, Hoffnungen und Wünschen aufgebaut. Und die Realität, die dahintersteht, will er nicht mehr wahrhaben. Er kennt sie, aber er erkennt sie nicht an. Sein Wunschleben ist seine Realität geworden.

Verräterisch an ihm ist das Devote, das alle seine Freunde an ihm bemerkt haben, diese unangenehme Unterwürfigkeit, die in den Berichten für die Staatssicherheit überaus deutlich wird. Es zeigt, wie groß seine Angst war und ist, wie instabil seine Persönlichkeit. Immer wieder kam mir das Bild vom Hund in den Sinn, der sich aus Angst, geprügelt zu werden, wedelnd unterwirft. Und einen, der sich unterwirft, schlägt man nicht.

Als ich Ibrahim Böhme im Mai 1992 nach seiner schweren Depression wiedersehe, sieht er aus wie Jesus von Oberammergau. Sein

Haar ist glatt und lang, sein Bart ist gewachsen, er trägt einen Morgenmantel über dem Schlafanzug und blickt voll Sanftmut mal wieder in Richtung Unendlichkeit.

Ich habe den Eindruck, er hat alle Beweise, die an die Oberfläche gekommen sind, endgültig vergraben. Er kann einer Überprüfung der Wirklichkeit nicht standhalten. Es würde seine zwei Leben zerstören. Die Realität, die ich ihm mit den Akten auf den Tisch gelegt habe, ist nicht seine Realität. Ich habe begriffen, daß zwei mal zwei nicht vier sein müssen. Bei Böhme sind zwei mal zwei je nach Lebenslage drei oder fünf. Und er kann es beweisen.

Deshalb wird er auch mit seinen Freunden nie wirklich reden, den Verrat nie erklären oder gar zugeben können. Mit dem Realitätsspagat von drei und fünf hat er zwanzig Jahre gelebt. Er kann sein Gleichgewicht nur noch im Spagat halten. Wenn er sich hinstellt, um aufrecht zu gehen, kippt er um.

Hamburg im Juni 1992   Birgit Lahann

«Im Zeichen der Wahrheit»

Vorspiel in Greiz

Er kommt. Ja, er hat zugesagt. Er steht zwar mitten im heißen Wahlkampf, hält auch morgen wieder eine Rede in Leipzig, muß übermorgen nach Jena, und heute ist schon der 9. März, und am 18. sind die Volkskammerwahlen, und kein Tag vergeht ohne Interview. Aber er kommt.

Ibrahim for president. Ibrahim Böhme ist der Medienstar. Er ist der Mann, der 1990 ein Stück der alten DDR in die neue Welt hinüberretten will. Doch heute möchte er abschalten. Heute abend möchte er in Greiz sein bei all den treuen Seelen, die dort auf ihn warten. Und so fährt er denn zum erstenmal nach dreizehn Jahren wieder in die kleine Stadt an der Weißen Elster, wo er so viele Jahre gelebt hat.

Die alten Freunde haben einen Abend arrangiert. Wie früher. Sie haben in den «UT-Lichtspielen» gleich hinter dem Rathaus zu einer Lesung geladen. Wie früher. Es liest der Schriftsteller Jürgen Fuchs. Damals, als der junge Autor noch in Jena studierte und schon protestierte und verboten war im ganzen Land, damals hat ihn Böhme doch nach Greiz geholt. Zu einer Lesung. Heimlich. Was für Zeiten waren das.

Heute hat Günter Ullmann eingeladen, der Lyriker, der in der Kulturbehörde von Greiz arbeitet. Er ist der sanfte Freund, der in jenen Jahren so sehr an seinem Böhme hing, der ihm so ganz vertraute und der sie alle kannte damals, Jürgen Fuchs, Wolf Biermann, Robert Havemann, diese wahren Sozialisten, vor denen die spießigen Funktionärsgesellen erzitterten. Ullmann, der soviel wußte und soviel erzählte. Dafür hat ihn die Staatssicherheit fast zerbrochen, hat ihn in den Wahnsinn getrieben. Und seinen Freund Böhme, den hatten sie doch auch schon abgeholt und ins Gefängnis gesteckt. Heute nun sehen sie sich alle wieder. Zum erstenmal in Freiheit. Und Fuchs wird Texte lesen aus der vergitterten Zeit. Für ihn hat Ullmann ein Gedicht geschrieben:

> dein wort
> verboten
> eingekerkert
> ausgewiesen
> kehrt heim
> die masken sind
> zerbrochen

Die Musiker der Greizer Jazz-Kapelle «media nox» sollen ihn begleiten. Auch damals spielten sie improvisierte Jazz-Etüden um die Texte herum, die Böhme und seine Freunde lasen. Harald Seidel ist dabei mit der Baßgitarre. Der flog damals aus der SED, als er sich öffentlich für den ausgebürgerten Biermann einsetzte. Was hat Böhme nicht alles angestellt, um Schlimmeres zu verhüten. Und Rudolf Kuhl mit dem Saxophon ist gekommen. Ihn vor allem liebte Ibrahim Böhme. Ihm hatte er nächtelang von Lenin erzählt und von Gespenstern.

Klaus Rohleder sitzt auch im Publikum, der Stücke-Schreiber, den sie in Greiz den «Beckett der Bauernhöfe» nennen. Einmal war Böhme ganz außer Atem bei ihm aufgetaucht, da oben auf seinem Hof hinter den Hügeln von Greiz. Gezittert hatte er und finstere Andeutungen gemacht und gefragt, ob der Freund etwas für ihn verstecken könne. Natürlich konnte Rohleder. Und so stopfte der denn ein Päckchen mit Böhmes Vorträgen und Gedichten auf dem Oberboden in eine leere Milchkanne, wo es die Mäuse nicht zernagen und Herren von der Stasi nicht vermuten konnten.

Und Professor Gerhard Hartmann ist gekommen, der pensionierte Chirurg aus dem Krankenhaus. Wie oft hat er sich um Ibrahim gekümmert, wenn der irgendwo in der Stadt zusammengebrochen war und mit der Ambulanz in die Klinik gefahren wurde. Bei ihm und seiner Frau Dr. Regina Hartmann war Böhme Kind im Hause. Noch heute nennt er die beiden «meine Quasi-Eltern». Und es gab noch einen Arzt in Greiz, dem er vertraute, dem Sanitätsrat Dr. Burghardt Stadtmann. Seine Witwe, Charlotte Stadtmann, sitzt heute hier im Kino. Sie hat so manches Mal ihren Mann und seinen späten Gast, der immer so lange im Sprechstundenzimmer saß, bis der letzte Patient versorgt war, zum späten Abendessen in die Stube gebeten. Und Böhme blieb gerne bis in die Nacht hinein und erzählte von der russischen Revolution. Frau Stadtmann berichtete von Reiner Kunze, dem die Staatssicherheit auf den Fersen war und der in ihrem Bauernhaus in Kottenheide Unterschlupf gefunden hatte, damit er arbeiten konnte. Der Dichter Reiner Kunze, aber ja, auch den mochte der Böhme doch so sehr, liebte dessen «Einladung zu einer Tasse Jasmintee».

> Treten Sie ein, legen Sie Ihre
> traurigkeit ab, hier
> dürfen Sie schweigen

Wie oft hatten sie geredet. Und wie oft hatte der Kulturfunktionär Böhme dem Lyriker helfen können.

Heute, am 9. März 1990, fährt Ibrahim Böhme nun wieder ins kleine Greiz. Sein Fahrer biegt in die Straße des 1. Mai ein und hält vor dem Kino. Drinnen bespricht Günter Ullmann mit Jürgen Fuchs, wie der Abend ablaufen soll. Also, wir haben gedacht, die «media nox» spielt zwischen deinen Texten. Schön, sagt Fuchs. Find ich toll. Na ja, sagt Ullmann, und der Böhme will auch kommen. Ach, sagt Fuchs. Das ist ja interessant. Aber es stört ihn. Böhme ist im Wahlkampf. Und Fuchs will nicht auf einer Parteiveranstaltung lesen. Nein, sagt Ullmann, es ist keine Parteiveranstaltung. Böhme soll auch etwas vortragen. Also gut, sagt Fuchs. Er werde das jetzt nicht dramatisieren.

Und dazu ist es auch viel zu spät, denn durch den Vorhang an der Tür tritt auf: Ibrahim Böhme. Er stürmt geradewegs auf Jürgen Fuchs zu, umarmt ihn, Applaus, Glückwünsche, es wird gefilmt, geblitzt, Freunde fallen sich um den Hals.

Der Heimgekehrte ist bewegt und setzt sich in die zweite Reihe neben Professor Hartmann. Ganz bescheiden sitzt er da in Cordhosen, weißem Rollkragenpullover und Sakko. Sie haben es doch immer gesagt: Aus dem Ibrahim wird noch mal was. Der ist intelligent, diplomatisch, bescheiden. Er plaudert mit seinem «Quasi-Vater». Aber ja, sagt er, es werde schon alles gutgehen. Er sei überzeugt vom Sieg der SPD. Und dann werde er sich Helmut Schmidt zum Berater nehmen. Ja, und noch zwei andere. Nein, kein Interview bitte, er schickt die «Volkswacht» fort, dies sei keine Wahlveranstaltung, sagt er.

Und dann ist es 19 Uhr 30, die «media nox» spielt, Jürgen Fuchs sitzt am Tisch mit weißem Tuch und liest aus seinen «Gedächtnisprotokollen», jenen Gesprächen, die er in den frühen siebziger Jahren mit der Obrigkeit der DDR geführt hat, mit der politischen Polizei, der Parteileitung, auch mit Freunden, Eltern, Arbeitern, auch mit dem Professor, für den die Prosastücke eine Ohrfeige sind: «Herr Professor, Sie sagen, diese Prosastücke sind ein Schlag ins Gesicht des Sozialismus und zeigen dabei auf Ihr Gesicht. Sie sind aber nicht der Sozialismus, Sie sind der Herr Professor K., Prorektor dieser Universität. Ich habe geschildert, wie mit Menschen gesprochen wird, wie sie verhört werden, wie mit ihnen umgesprungen wird, wenn sie ihre Meinung sagen und nach ihr handeln. Solche menschenfeindlichen Dialoge führt nicht der Sozialismus, sondern führen die Vertreter einer Bürokratie, die den Sozialismus fürchten, auch wenn sie vorgeben, ihn aufzubauen. Wenn diese Prosastücke schon ein Schlag sind, dann ins Gesicht dieser Bürokraten. Daß Sie sich angesprochen fühlen, sollte Sie sehr beunruhigen, Herr Professor.»

Jürgen Fuchs liest. Und vor ihm sitzt Ibrahim Böhme. Ich sehe noch sein Gesicht, sagt Fuchs. Sehr abwesend. Sehr merkwürdig. Lächelnd.

Nach der Pause liest Ibrahim Böhme. Er deklamiert ein Jazz-Gedicht von Jens Gerlach, Lyriker aus der DDR, ein Gedicht, das Böhme und seine Freunde schon in den siebziger Jahren vorgetragen haben, sieben lange Strophen für «Django Reinhard».

«Nichts aber lähmt die Liebe, nichts die Zärtlichkeit:
Du wirst singen, geschundene Liebe, singen
In der Liebkosung der Liebenden, tanzen
Sollst du auf den Straßen der bunten Karawanen,
Durch die glitzernden Fäulnisbecken Südfrankreichs,
In den melancholischen Kellern des Quartier Latin,
Und immer wieder, unvermittelt stumm, auf namenlosen Wegen,
Getrieben von Sehnsucht und wandernd zu unbekanntem Ziel:
Ruhmreich geliebter Django.»

Ibrahim Böhme liest nicht ab. Er spricht das lange Gedicht auswendig. Er spricht es skandierend, rhythmisch, nicht ohne Pathos. Und man wunderte sich wieder, sagt Jürgen Fuchs später, wie gut er rezitieren kann. Danach wird diskutiert. Fuchs sagt, wir müssen über die Vergangenheit reden. Wir müssen ehrlich werden mit uns. Und Böhme, daran erinnert Fuchs sich gut, Böhme hat genickt und hat geschwiegen.

Die Veranstaltung ist kurz nach zehn Uhr beendet. Es gibt Blumen und Applaus. Der prominente Gast schenkt seinen Strauß Charlotte Stadtmann. Ich saß doch ganz vorne, sagt sie, weil ich nicht mehr so gut höre. Und Böhmi, so nannte sie ihn immer, der saß am Tisch und hat mir zugezwinkert. Und dann kam er mit den Blumen an.

Am Ende dieses Abends gibt es ein Essen in kleinem Kreis auf dem oberen Schloß von Greiz. Harald Seidel ist dabei, Professor Hartmann und Peter Schimmel, der treue Schüler aus der alten Zeit; und sie erzählen bis Mitternacht Geschichten von damals. Professor Hartmann wird in sein Tagebuch schreiben, daß es ein sehr schöner Abend war, ernst und doch entspannt. Er wird auch schreiben, daß Böhme sich eigentlich gar nicht verändert hat und daß sie sich an diesem Abend vielleicht zum letztenmal gesehen haben, weil er, der Kandidat, wohl am 18. März, also in neun Tagen, der Erste Mann in der DDR sein wird.

Am 17. März erscheint in den «Ost-Thüringer-Nachrichten» ein Bericht von Günter Ullmann. Darin erinnert sich der Freund an seinen Freund: «Ich denke an Ibrahim Böhme, der in seiner Greizer Zeit vorbildlich den Kulturbund ‹Alexander von Humboldt› leitete und der mit mir und vielen anderen im Lyrikzirkel unsere Gedichte oder Probleme und Widersprüche im ‹real existierenden Sozialismus› diskutierte. Er wollte die Partei von innen heraus reformieren und führte einen zermürbenden Kampf mit den Betonköpfen. Nach dreizehn Jahren sollten wir uns wiedersehen. Eine Umarmung sagt mehr als viele Worte.» Für ihn, so endet der Artikel von Ullmann, sei der Abend wie ein Traum gewesen, weil er «ganz im Zeichen der Wahrheit» stand.

Einen Tag später ist der Freund politisch geschlagen. Die SPD verliert die Wahl. Acht Tage später, am 26. März, kommt die Wahrheit dann ans Licht. Ibrahim Böhme, so steht im «Spiegel», war ein Spitzel der Staatssicherheit. Ibrahim Böhme beteuert seine Unschuld. Doch am 11. April schreibt er ein Gedicht. Das nennt er «Schuld».

Bebend
wollte ich erheben
meinen gekrümmten Finger

Spannende Erwartung –
auch in mir.

Doch, enttäuschend
die Freunde,
machte ich mich schuldig,
schwieg im entscheidenden
Moment
und senkte
die Hände
zum Buch.

Es wird sich herausstellen, daß alle Freunde, die ihren lieben Böhme im Greizer Kino wiedertrafen, von ihm verraten worden sind: Jürgen Fuchs, Günter Ullmann, Professor Hartmann, Charlotte Stadtmann, Rudolf Kuhl, Harald Seidel, Klaus Rohleder. Alle. Und noch viele mehr.

Ein halbes Jahr später erscheint ein Buch von Reiner Kunze. Es trägt den Titel «Deckname Lyrik». Darin sind Berichte enthalten, die mit «August Drempker» und «Paul Bonkarz» unterzeichnet sind, zwei der vier Decknamen von Ibrahim Böhme.

Böhme tritt von allen Ämtern zurück und taucht ab ins Schweigen.

«Ich wollte stark und zynisch sein»

Eine Jugend im Heim

Die Sonne brennt auf den Prenzlauer Berg. Ich steige Stiegen hoch im dunklen Treppenhaus. Mürber Jugendstil blättert von den Wänden. Ich klingele an der Tür mit dem anderen Namen ein verabredetes Zeichen. Und da steht er, Ibrahim Böhme, im weißen Oberhemd, die Ärmel hochgekrempelt. Blaß sieht er aus, fast elend. Nur die Krawatte signalisiert Lebenslust. Lauter kleine bunte Smilies grinsen mich an, diese fröhlichen Mondgesichter. Kommen Sie rein, sagt er und geht voran in Filzpantoffeln. Der Tisch ist gedeckt. Die Kerze brennt. Er schenkt Kaffee ein, bietet Kekse an, entschuldigt sich für den häßlichen Aschenbecher. Den guten aus Kristallglas habe er gestern aus Wut über einen Besucher an die Wand geworfen.

Also jähzornig sind Sie auch?

Ja, aber nicht mehr so wie früher. Eher wütend, sagt er. Als er das Buch von Reiner Kunze las, «Deckname Lyrik», da habe er aus Wut Karten spielen gelernt. Und dann sagt er mit Süffisanz:

Ich werde Ihnen nachher jemanden vorstellen.

Wen?

Meinen Führungsoffizier.

Welchen, frage ich.

Das mag er nicht. Wenn hier einer zynisch ist, dann er. Und wischt die letzten Sätze weg, deckt sie mit Geplauder zu. Geputzt habe er gestern. Ja, für mich. Gebügelt habe er auch. Und dabei im Fernsehen Theo Lingen geguckt, einen ziemlich blöden Film.

Es ist pieksauber im Wohnzimmer. Der gelbe Kachelofen glänzt. Vier Stühle stehen stramm am Tisch. Papiere, Post und Akten liegen akkurat auf weißer Decke. Zwei Kissen auf der Couch sind streng geknickt. Nur die Bücher hinter den Scheiben im Schrank lehnen schief und krumm aneinander: die Lieder von Bulat Okudshawa, Lenin, Lassalle, Kopelew, Dostojewski, Lessings «Nathan» und der «Mephisto» von Klaus Mann.

«Mephisto» im Bücherbord ist nichts Ungewöhnliches. Aber hier, in dieser sehr überschaubaren Sammlung von Ibrahim Böhme, hier fällt er auf. Böhme war immer ein Schauspieler, haben mir seine Freunde gesagt. Möglich, daß er für die Staatssicherheit gearbeitet hat, um deren Macht von innen zu brechen. Möglich, daß er mit der Staatssicherheit gespielt hat. Seinem Freund Günter Ullmann hat er doch so manches Mal geheimnisvolle Andeutungen gemacht: Es gäbe Zeiten, da müsse man sich verstellen, müsse so tun als ob. Und einmal sagte er: Wer seine Träume verwirklichen will, muß durch die Hölle gehen.

Wie der Mephisto von Klaus Mann. Wie der Held des literarischen Portraits, das der Sohn von Thomas Mann 1936 im Amsterdamer Exil geschrieben hat. Ein leicht durchschaubarer Schlüsselroman. Hendrik Höfgen war Gustaf Gründgens, war «Mephisto», der im Dritten Reich als Intendant Karriere macht. Ibrahim Böhme also wie Hendrik Höfgen, der seinem Freund mit geheimnisvoll-gepreßter Stimme versichert, wie schrecklich es für ihn sei, sich so andauernd und konsequent verstellen zu müssen. «Aber ich habe mich nun einmal zu dieser Taktik entschlossen, weil ich sie für die richtigste und wirkungsvollste halte.» Und mit Verschwörerblicken hat Höfgen dann hinzugefügt: «Ich befinde mich mitten im Lager des Feindes. Von innen heraus unterhöhle ich seine Macht.»

So ähnlich, nur nicht ganz so offen, hat das Ibrahim Böhme auch immer mal wieder durchblicken lassen. Und nun sitzt er da in seiner Wohnung, klagt über Herzschmerzen und trinkt Kaffee und raucht Zigaretten, bis die Möbel im Nebel verschwinden. Über Taten will er nicht reden und schon gar nicht über Akten. Sitzt da wie der düstere

Held von Klaus Mann, der am Ende, als er durchschaut ist, klagend fragt: «Was wollen die Menschen von mir? Weshalb sind sie so hart? Ich bin doch nur ein ganz gewöhnlicher Schauspieler!»

Ibrahim Böhme ist ein ganz ungewöhnlicher Geschichtenerzähler. Das fängt bei seiner Geburt an. Wie alt bist du eigentlich, Manfred, fragt Gabriele, die Tochter von Frau Stadtmann, ihren Lehrer. Das ist Ende der sechziger Jahre in Greiz, als der junge Böhme noch Manfred heißt und in der Erweiterten Oberschule ‹Theo Neubauer› unterrichtet. Den Namen Ibrahim hat damals noch niemand gehört.

Wie bitte? fragt Böhme, ich habe immer so geheißen. Meine Lehrerin im Kinderheim hat mich ja schon Ibrahim genannt.

Also, wie alt bist du, Manfred?

Er hat es uns nicht verraten, sagt Gabriele Stadtmann, die heute Kähler heißt und Ärztin ist im kleinen Carlow in Mecklenburg. Entweder hat er sich jünger gemacht oder älter. Und erzählt hat er, daß er von einem jüdischen Rechtsanwalt abstamme. Einmal hat er sogar gesagt, daß er in Sibirien geboren sei. Wir haben darüber gelacht und ihm kein Wort geglaubt. Und das wußte er auch, sagt sie.

Gabrieles Mutter, Charlotte Stadtmann, schlägt die Hände über dem Kopf zusammen. In Sibirien? Also mir hat er gesagt, seine Mutter sei aus der Tschechoslowakei ausgewiesen worden, sei nach Deutschland gekommen und kurz darauf gestorben. Sein Vater sei jüdisch gewesen. Nicht seine Mutter.

Professor Hartmanns Tochter, Beate Schwämmle, die heute in Plietzhausen bei Tübingen lebt, hat eine weitere Variante anzubieten. Sie erzählt, daß Böhmes jüdische Eltern auf abenteuerlichen Wegen von Frankreich aus nach Mexiko gelangt sein sollen. So habe Manfred es ihr erzählt. In Mexiko sei er auch geboren. Und der Vater sei kurz darauf gestorben. Die Mutter soll dann mit dem Säugling gleich nach dem Krieg wieder in Leipzig aufgetaucht sein.

Ich frage Manfred Böhme, wann er geboren sei. 1944, sagt er. Das Jahr sei relativ sicher. Das Datum dagegen nicht. Aber der 18. November sei inzwischen der Tag, an dem er immer fortfahre, um sich den Gratulationen zu entziehen.

Und wo sind Sie geboren?

In der Nähe von Leipzig, sagt Böhme.

Und Ihre Eltern waren Juden?

Ja.

Das erfuhren Sie erst, als Sie zwanzig Jahre alt waren. Wie haben Sie das empfunden?

Natürlich war das ein emotionaler Schock, sagt Böhme. Und natürlich gab es damals antisemitische Stimmungen in der DDR. So ist das, wenn Antifaschismus verordnet, wenn Vergangenheitsbewältigung verdrängt wird. Die Juden haben ein Martyrium erlebt. Also sind Juden gut. Per Dekret. So was kann ja nicht gutgehen.

Böhme, sage ich, ist der Name Ihres Stiefvaters. Wie hießen Sie denn wirklich?

Wahrscheinlich Urbij, sagt er. Ibrahim Urbij.

Ich wende ein, daß es für ein jüdisches Ehepaar kaum möglich gewesen sein dürfte, im Nazideutschland von 1944 in der Nähe von Leipzig ein Kind zu bekommen.

Nein, nicht Leipzig, sagt Ibrahim Böhme sehr ruhig, als hätte ich nur etwas falsch verstanden. Mit großer Wahrscheinlichkeit sei es so gewesen, daß seine Eltern 1938 von Leipzig über Österreich in die Tschechoslowakei gekommen seien, und weil ihnen der Braunauer Halbgebildete auch dort auf den Fersen war, seien die Eltern dann nach Südfrankreich geflohen, wo sie wahrscheinlich überlebt hätten. Genau könne man das heute nicht mehr sagen. Er habe seine Informationen vom Ehepaar Fiedler, die seine Eltern gekannt hätten und nun nicht mehr lebten. Von ihnen wisse er auch, daß sie jüdisch waren und sein Name Manfred Otto Ibrahim sei.

Und Ihre Eltern, wie hießen die mit Vornamen?

Meine Mutter Annie, mein Vater Walter.

Und Sie sind also in Frankreich geboren?

Ja, sagt er. Aber damit mache man keinen Wahlkampf, und darüber schreibe man auch kein Buch, es sei denn, man versetze sich in die Zeit von Charles Dickens und nenne sich Oliver Twist.

Richtig. So ähnlich steht es dort ja auch: «In einer gewissen Stadt, die ich aus mancherlei Gründen vorsichtshalber nicht nennen will und der ich auch keinen erdichteten Namen beilegen mag, befindet sich unter anderen öffentlichen Gebäuden... ein Armenhaus. Und in diesem Armenhaus wurde – an einem Tage, dessen Datum zu erwähnen ich mir ersparen darf – jenes Stücklein Mensch geboren, dessen Name schon in der Überschrift dieses Kapitels genannt ist.»

Also ganz so wie bei unserem Manfred Böhme. Nur heißt der nicht Oliver Twist, sondern Ibrahim Urbij. Und das Armenhaus ist in unserer Geschichte ein Kinderheim. Zwei sogar. Das eine steht in Knittelholz bei Zeitz, das andere in Bad Dürrenberg. Da also wächst nun Manfred Böhme nach dem Zweiten Weltkrieg auf.

Stört es Sie, wenn ich ein Tonband anmache?

Nein, sagt Böhme. Warum?

Weil all seine Berichte für die Staatssicherheit Tonbandabschriften sind – denke ich und sage es nicht. Viel später wird mir Jürgen Fuchs erklären: Sie waren für ihn wie ein Führungsoffizier. Wenn das Tonband lief, redete er.

Seine Mutter, so erzählt er, lebt nun wieder bei Leipzig, der Vater ist tot, ein Herr Böhme taucht auf, Kurt Böhme, und der heiratet – sicher ist sich Manfred Böhme da allerdings nicht – die junge jüdische Witwe Annie Urbij, die ein Kind hat. Herr Böhme adoptiert den Jungen, die Mutter stirbt, das Kind kommt in ein Heim, später zu Pflegeeltern, die Zeltner heißen. Dort lebt er eine Weile. Zeltners lieben den kleinen Manfred und wollen ihn adoptieren. Das will Herr Böhme nicht, der ein hoher Funktionär bei den Leuna-Werken ist. Also kommt der Junge wieder nach Hause.

Der mag aber nicht zu Hause sein, mag diese kleine Gemeinschaft ‹Familie› nicht, mag auch Herrn Böhme nicht, der so schrecklich autoritär ist, auch die neue Frau, die der Stiefvater heiratet, ist ihm fremd. Und dann bekommen die Böhmes auch eigene Kinder, und es ist alles so entsetzlich eng, und es gibt Krach, und da kommt er wieder ins Heim. Er sagt: Da war ich glücklich. Und er sagt das mit Melancholie und Trotz in der Stimme.

Haben Sie Ihren Stiefvater denn nie nach Ihrer Mutter gefragt?

Nein.

Warum nicht?

Das lag einfach an den Nachkriegsverhältnissen, die sehr wirr waren.

Aber es gab doch das Ehepaar Fiedler, das Ihre Eltern kannte.

Ich weiß nur, daß Herr Böhme immer verärgert war, wenn Fiedlers versuchten, mit mir zu reden.

Warum?

Na ja, Herr Böhme war eben ein hoher Funktionär. Und Fiedlers waren für ihn immer nur die Zigeuner.

Aber Sie hätten doch gerne gewußt, wie Ihre Eltern waren und wie sie dachten?

Nein. Wer im Heim aufwächst, für den überträgt sich der Elternbezug auf die Gemeinschaft.

Haben Sie denn mal ein Bild von Ihrer Mutter gesehen?

Nein.

Haben Sie Ihre Mutter vermißt?

Nein.

Das sagen Sie so schnell.

Das sage ich so schnell, weil es so ist, sagt Böhme. Und erzählt von den Tragödien, die er in Kinderheimen kennengelernt hat. Im Durchgangslager bei Leipzig, da hat er Schreckliches erlebt. Da sind Eltern in den Westen gegangen, und die Kinder blieben übrig. Standen da und waren verzweifelt. Die kamen doch alle ins Heim. Ein Junge, das hat er damals miterlebt, hat sich aufgehängt.

Sie sagen, Sie haben Ihre Mutter nicht vermißt. Sie nennen aber Ihre Nachbarin und die alte Dame von unten ‹Mutter›. Warum?

Ich benutze das so, wie es in Mecklenburg üblich ist, sagt Böhme. Da redet man ältere Menschen mit Vater und Mutter an.

Mögen Sie eigentlich umarmt werden?

Nein, nein, nein!

Der Gedanke scheint Ihnen ja schrecklich zu sein.

Ja, das ist er.

Sie mögen wohl überhaupt keine Nähe?

Allzu große Nähe war mir nie angenehm.

Und im Heim waren Sie glücklich?

Ja, im Heim war ich glücklich.

Im Heim gibt es jeden Samstag nach dem Baden eine halbe Bockwurst und ein weißes Brötchen. Oder es gibt ein Stück Pferd vom Roßschlächter. Am Samstag dürfen die Kinder zum Essen schon in ihren Schlafsachen kommen. Die Besitzerin des Heims spielt in der Diele Klavier und singt dazu. Er erinnert sich auch an Holunderbeersuppe. Und wenn es Gries mit Pflaumen gibt, dann spuckt er auf seine Portion, damit kein anderer davon ißt.

Natürlich machen sie auch Streiche. Einmal graben sie Mäuse aus dem Stoppelfeld, schleichen in den Keller und setzen die Viecher zwischen die Kartoffeln. Ein anderes Mal buddeln sie nachts die Gartenzwerge des Heimleiters bis zum Hals ein. Und immer hat Manfred Böhme Angst vor Strafe. Vor Konsequenzen, sagt er, bin ich abgehauen. Immer. Und immer wird er gefaßt. Und bestraft. Nicht geschlagen. Eingesperrt. Stubenarrest ist das Schlimmste für ihn. Da muß er am Fenster sitzen und zusehen, wie die anderen spielen.

1956 kommt Manfred Böhme in die sechste Klasse und gründet eine Partei gegen die Lehrer. Er nennt sie ‹Gerechtigkeitspartei›. Wer petzt, kann was erleben. Als ihn einer anschwärzt und er zum Direktor muß, zu Dr. Werner Schlüter, da flieht er. Er kratzt sein Taschengeld zusammen und schleicht sich fort. Noch in Bad Dürrenberg wirft er seinen Ranzen in die Saale.

Am Bahnhof kauft er eine Fahrkarte. Sein Geld reicht von Bad Dürrenberg bis nach Groß Lehna. Aber er fährt eine Station weiter, weil ihn der Schaffner noch nicht kontrolliert hat, bis nach Markranstädt. Die restlichen 15 Kilometer bis Leipzig läuft er. Es ist spät am Abend, als er dort ankommt. Am Hauptbahnhof nimmt er für seine restlichen Groschen ein Bad. Im Querbahnsteig neben der Toilette gibt es damals Bäder für Fernreisende. Wenn schon fliehen, dann exklusiv. So hat Manfred Böhme immer gedacht. Deutsch 1, Betragen 4. Gut oder schlecht. Ich mag das Laue nicht, sagt er.

Es ist Ende März, und es ist noch einmal sehr kalt geworden, daran erinnert sich Böhme genau. Und da steht er nun um Mitternacht schlotternd vor Kälte in den Trümmern, dort, wo heute das Hotel «Stadt Leipzig» steht. Und weil es so kalt ist, stellt er sich auf einen Gulli, aus dem Warmluft herauskommt. Plötzlich wird er von hinten in die Ruinen gezogen. Zwei Jungen bringen ihn zu einer Kinderbande, die in Kellerräumen haust.

Da lebt er ein paar Tage und lernt das Mausen. Gestohlen wird nachts im Hauptbahnhof, wo es in der West- und Ost-Halle durchgehend geöffnete Läden gibt. Du stellst dich an, sagt der Bandenchef, stellst dich ganz normal an, mit Zettel und Portemonnaie in der Hand, als hätte dir deine Mutti was aufgeschrieben. Wenn du dran bist, sagt der Boß, verlangst du das, was am entferntesten liegt. Egal, was es ist. Und wenn der Verkäufer sich umdreht, dann greifst du nach dem, was am nächsten liegt. Egal, was es ist, Kämme oder Würste. Wir brauchen alles. Verstanden? Natürlich hat Manfred Böhme das verstanden. Und ein paarmal geht es ja auch gut. Dann greift ihn die Transportpolizei auf.

Er wird in Leipzig in ein Durchgangslager gesteckt. Dort erhängt sich der Junge, dessen Eltern in den Westen getürmt sind. Und Manfred Böhme macht den Mund nicht auf. Er ist verstockt und schweigt. Schweigt vierzehn Tage lang, sagt er. Dann wußten sie, wer ich bin.

Er muß zurück zu den Stiefeltern. Eines Tages kommt er mit einem Rundschnitt vom Friseur zurück. Der Stiefvater tobt, findet die ‹Tango-Frisur› unmöglich, verhängt drei Wochen Stubenarrest. Da hat der Junge Sehnsucht nach dem Heim. Und ins Heim kommt er wieder, kommt auch zurück in seine alte Klasse.

Wer hat ihn damals verraten, als er die ‹Gerechtigkeits-Partei› gegründet hatte? Ein Freund, sagt er. Und fügt hinzu: Ich dachte wenigstens, er sei einer. Jedenfalls stehen sie vor dem Lehrerrat, der sogenannten pädagogischen Konferenz, und der Freund sagt: Manfred war's. Es war seine Idee mit der Partei. Ja, da sei er furchtbar enttäuscht gewesen.

Um Freunde, sagt Böhme, habe er oft geweint, im stillen, heimlich, man weinte ja nicht vor anderen. Wenn Freunde in ein neues

«Nein, nein, ich mag nicht umarmt werden.

Schrecklich finde ich das. Allzu große

Nähe war mir nie angenehm.»

Ibrahim Böhme am Tag der Jugendweihe.

Heim kamen, das war schrecklich. Und dann erinnert er sich an Lothar Schneider, der später mit ihm eine Maurerlehre macht. Lothar Schneider, ja, der war stark. Und er, Böhme, war doch eher schwächlich. Der Lothar, sagt er, der hat sich für mich geschlagen. Dafür hat er ihm dann die Aufsätze geschrieben. Und als dieser Lothar sich dann eines Tages einem anderen zuwendet, da weint Manfred Böhme bittere Tränen ins Kopfkissen. Richtig eifersüchtig sei er gewesen. Und da habe er etwas ganz Schlimmes getan, er habe den anderen verleumdet. Und als das rauskommt, wird er schrecklich verprügelt. Ohrfeigen bekommt er, und entschuldigen muß er sich. Und da lernt er, sagt er, daß man so was nicht tut.

Hat er auch von Lehrern Ohrfeigen bekommen? Ja, einmal, sagt er. Martha Wessler, die Bürgermeisterin von Bad Dürrenberg, hält eine Rede. Und in dieser Rede spricht sie auch über Niveau. Sie spricht das Wort aber falsch aus, sagt nicht ‹Nivo›, sondern ‹Niveau›. Da habe er gelacht. Und sein Lehrer, der dabei stand, der habe ihm eine schallende Ohrfeige gegeben. Später, sagt Böhme, habe er sich bei ihm entschuldigt und ihm erklärt, daß Martha Wessler eine einfache Frau aus der Arbeiterschaft sei. Und man mache sich nun mal nicht lustig über mangelndes Wissen anderer.

Die Ohrfeige hat gesessen. Nie mehr wird er jemanden auslachen, der weniger weiß als er. Peter Schimmel, der später in Leuna vom Lehrer Manfred Böhme unterrichtet wird, sagt: Er hat uns immer ernst genommen. Und Schimmels Frau Edith, die auf der Erweiterten Oberschule in Greiz Vorträge von Böhme hört, sagt: Wenn wir hinterher diskutierten, hat er nie über jemanden gelacht, hat sich nie über eine Frage lustig gemacht, hat immer korrigiert, erklärt, wiederholt. Das war doch, sagt sie, völlig untypisch für einen Lehrer damals.

Und wie sind die Lehrer, die Manfred Böhme erziehen? Da ist Fräulein Dietrich, eine liberale Frau, seine Deutschlehrerin. Ich haßte sie in Liebe, sagt er. Sie war lang wie die Woche und dürr wie die Lohntüte. Übrigens die erste, sagt er, die mich Ibrahim genannt hat. Ibrahim, was singen wir denn heute? fragte sie immer. Und Ibrahim wünscht sich ‹Es blies ein Jäger wohl in sein Horn›, dann sang Fräulein Dietrich nämlich die Oberstimme, und die ganze Klasse hat gefeixt. Gesungen habe er gern. Auch Bau-auf-Lieder, sicher, aber auch Neoromantisches von Johannes R. Becher. Den, sagt er, wollte man ja später nur noch als Hof-und-Magen-Dichter haben. Und dann sitzt Ibrahim Böhme da, sitzt im Sessel und fängt mit sehr klarer, schöner Stimme an zu singen: «Das Gewitter ist verzogen, und der Rauch, der ist verbrannt...»

Und Russisch mochte er gern. Einmal kommt sein Russischlehrer auf das Wort ‹chleb› zu sprechen. Chleb heißt Brot. Und ich weiß noch, sagt Böhme, wie er mich überrascht anguckte, als ich sagte: Herr Mischke, ich glaube nicht, daß bei den Russen chleb nur Brot heißt. Ich glaube, das heißt viel mehr. So, wie die Russen ‹rodina matj› sagen und Mutter Heimat meinen. Das ist pathetisch, ja, aber sie empfinden das so. So, wie ja auch alle zaristischen Offiziere, sofern sie noch lebten, sich 1941 unter Stalin freiwillig an die Front meldeten. Egal, ob einer dem Zaren oder Stalin näher stand, sagt Böhme. Wenn ein fremder Stiefel seine rodina matj, seine Heimat Erde betrat, verteidigte er die mit ganzer Seele.

Und dann die Appelle, sagt er. Einmal in der Woche ist großer Fahnenappell. Da zogen wir uns immer adrett an, weißes Hemd mit blauem Pioniertuch, und den Knoten haben wir besonders schön gebunden. Natürlich sei die Schule eine Kaderschmiede gewesen. Das war sie, und das sollte sie auch sein, sagt er. Für seine weltanschauliche Entwicklung habe er sich – trotz liberaler Geister in seiner Umgebung – nie etwas anderes vorstellen können, als Kommunist zu werden. Ich war rot bis auf die Knochen, sagt er.

Damals, als er in der achten und der neunten Klasse war, erschien ihm die SED viel zu schlapp, viel zu weich, viel zu wenig sozialistisch. Ich wußte doch, sagt er, daß es Mindestrenten gab von hundert Mark. Und die Leute hatten doch ihr Leben lang gearbeitet. Und ich sah doch, daß da schon wieder irgendwelche Bonzen in Villen einzogen. Abschreckend sei das für ihn gewesen. Und er merkte doch, daß Anfang der Sechziger die alten Beamtentitel wieder eingeführt wurden: Studienrat, Oberlehrer, Medizinalrat, Sanitätsrat, und jeder Titel war natürlich verbunden mit einer Gehaltsaufstockung. Das lehnte ich vollkommen ab, sagt Böhme. Damals sei er eben ein brauchbares Werkzeug für den Kommunismus gewesen – im Sinne von Gleichmacherei.

Daß er solch schlichtes Instrument auf Dauer nicht geblieben sei, das verdanke er Menschen, die ihn nach der Schule geprägt hätten. Robert Havemann, vor allem, gehöre dazu. Havemanns Humanismus habe ihn verändert. Und er sagt in einem Ausbruch von Melodramatik: Wer nicht bereit ist, unter Tränen und Schmerzen Ballast über Bord zu werfen, der wird am Ende selbstgerecht. Der wird ein Schuft. Und wenn die Schufterei nur darin besteht, daß er jemanden verrät, der dazugelernt hat.

Stille. Und in die theatralische Pause hinein sagt er wie hingeworfen: Ich habe darüber mal ein Gedicht geschrieben. Das würde ich gerne lesen, sage ich. Da steht er auf, geht ins Schlafzimmer und kommt mit einem Bündel Papier zurück. Hier, sagt er, können Sie mitnehmen. Das Gedicht, das er meint, heißt «Zwang des Werdens». Er hat es im März 1985 geschrieben.

> Kann da
> jemand
> immer treu
> sich bleiben, wenn
> nicht still
> steht
> die Zeit?

> Wer immer verhaftet
> bleibt
> seinen Vorstellungen,
> verrät am Ende
> sich selbst.

> Ehre dem,
> der sich ändert,

auf daß
neue Zeit
werden kann.

Welche literarische Figur hat den jungen Manfred Böhme begeistert?
Sein Held der frühen Jahre sei der «Idiot» von Dostojewski. Mit dreizehn habe er ihn zum erstenmal gelesen und dann immer wieder,
sechsmal, siebenmal. Er liebt den Fürsten Myschkin, der ihn, wie er
sagt, verfolgt, bis heute verfolgt. Dieser Narr in Christus, der verrückt scheint und nicht verrückt ist, der sich auffällig benimmt, um
den Menschen einen Spiegel vorzuhalten, liebevoll, hilfsbereit, über-
spannt, egoistisch und so sanft.

«Der Fürst», schreibt Dostojewski, «war nach dem Tode seiner Eltern als kleines Kind zurückgeblieben.» Wie Manfred Böhme. «Seine
häufigen Krankheitsanfälle hätten ihn beinahe ganz zum Idioten gemacht.» Anfälle, die wird auch Böhme bekommen, später. Er wird
befürchten, einen Tumor im Kopf zu haben.

Ja, er liebt den Fürsten, der voll Sehnsucht und voll Unruhe auf
sein Schicksal zugeht, liebt den Phantasiebeladenen, der von einem
erzählt, der im Gefängnis war. «Ich versichere Ihnen», sagt Myschkin zu Aglaja, «daß sein Leben sehr traurig war und jedenfalls nicht
nach Kopeken berechnet werden könnte. Er verkehrte nur mit einer
Spinne und mit einem Baume, der unter seinem Fenster wuchs.»

Den Freunden hätte Böhme damals nie von seiner Liebe zum «Idioten» erzählt. Der war doch viel zu schwach, sagt er. Und ich wollte
doch stark sein. Stark und zynisch.

Weil Sie sich so schwach fühlten?

Nein, sagt Böhme, ich fühlte mich nicht schwach. Ich war damals
sehr überzeugt von mir. Deshalb wollte ich ja auch Figuren, die so
stark waren, daß sie gar nicht mehr siegen mußten, jedenfalls nicht
um jeden Preis.

Zu welcher Figur hätten Sie sich denn offen bekannt?

Zu Iwan Karamasoff, sagt er.

Iwan hat eine interessante Maxime. Die heißt: Alles darf gedacht werden. Alles ist erlaubt. Und Iwan hat einen Halbbruder, Smerdjakoff. Der setzt die Gedanken des anderen in die Wirklichkeit um. Eiskalt. Mordet den Vater und bleibt ohne Schuldgefühl. Wie wäre das? Eine Mischung aus beiden?

Nein, so kann man Ibrahim Böhme nicht kommen. Wirklich nicht. Ein Schuldbekenntnis durch die Hintertür der Literatur. Er sieht kühl an mir vorbei und fragt: Wissen Sie, was der Name bedeutet? Smerdj ist der Tod. Sie können Smerdjakoff also mit ‹Totengräber› übersetzen oder mit ‹Töter›. Eine ziemlich armselige Figur. Nicht zynisch, auch nicht düster, nur armselig. Ich aber wollte stark sein, sagt Ibrahim Böhme. Ich wollte der Durchsteher sein. Das ist wohl mein Fehler gewesen. Wenn man anderen Wärme gibt, dann zeigt man Schwäche. Ja, so habe ich gedacht. Das war vielleicht falsch.

Und als sei er schon wieder einen Schritt zu schwach geworden, hält er sich einen Schild vor den Leib und sagt: Alexander Mitscherlich habe einmal gesagt, man solle nicht zu früh und nicht zu spät um sich selbst Bescheid wissen.

Und wo, glaubt er, steht er im Augenblick?

Ich würde sagen, sagt er, ich bin auf der Suche nach der verlorenen Zeit.

1961 schließt Manfred Böhme die Schule mit der mittleren Reife ab. Er ist 16 Jahre alt und macht in Leuna eine Maurerlehre. Es ist das Jahr, in dem die Mauer gebaut wird. Wie empfand er das?

Die Mauer, sagt er, war eine politische Konsequenz, eine schmerzliche Notwendigkeit.

Das klingt sehr theoretisch, sage ich. Dabei waren Sie doch nun eingesperrt.

Natürlich habe er mit vielen Leuten geredet. Er habe auch gesehen, wie schmerzlich Beziehungen auseinandergerissen wurden. Aber in der politischen Konsequenz sei er ein Befürworter der Mauer gewesen. Rigoros und ohne Abstrich.

In Leuna lebt er im Internat. Er ist ehrgeizig und macht neben der Maurerlehre sein Abendabitur, wird Erzieher und darf schon bald unterrichten, Russisch und Geschichte. Er wohnt mit zwei anderen

Lehrlingen in einem Raum im Lager A. Manchmal geht er ins Lager B zu seinen Schülern, kocht Kaffee und diskutiert mit ihnen.

Die Schüler hängen an ihrem jungen Lehrer. So einen haben sie noch nicht gehabt. Der gießt seine Wörter nicht in Beton, der erzählt Geschichten, wenn Geschichte auf dem Plan steht. Das mögen viele Lehrer nicht, daß da einer aus der Reihe tanzt. Ein paar versuchen, ihn rauszudrängen. Einer hieß Himmelreich, sagt Böhmes Schüler Peter Schimmel. Ich höre noch, wie der zu Manfred sagt: Immer willst du der Schlaue sein. Und dem, sagt Peter Schimmel, hatte Böhme die Seminararbeit geschrieben.

Im Sommer des Jahres 1964 liest der fast zwanzigjährige Manfred Böhme zum erstenmal Texte von Robert Havemann, dem Physiker und Philosophen der Ost-Berliner Humboldt-Universität. Havemann, sagt Böhme, hat mich geweckt. Im Februar waren dessen Vorlesungen unter dem Titel «Dialektik ohne Dogma?» im Westen erschienen und vom Plenum des Zentralkomitees scharf verurteilt worden. Der Havemann behauptet also, ein kommunistisches Buch geschrieben zu haben, und ruft im selben Atemzug zum Widerspruch auf, zum Zweifel. «Nur durch den Zweifel am Alten», schreibt Havemann, «überwinden wir das Alte und bewahren uns doch seinen Reichtum, und nur durch den Zweifel am Neuen gewinnen wir das Neue und erhalten es am Leben.» Das ist zuviel für die Herren aus Pankow. Sie schlagen zu. Im März 1964 werfen sie Havemann aus der Partei. Die Humboldt-Universität darf er nicht mehr betreten.

In Leuna protestiert Manfred Böhme, so sagt er. Und er diskutiert mit seinen Schülern den Fall. Havemann sei Antifaschist. Er habe in der Todeszelle der Nazis gesessen, habe im Zuchthaus Brandenburg überlebt, war ein Zellengenosse von Erich Honecker. Und dieser Havemann schreibt über die Kluft zwischen Volk und Partei, macht sich stark für einen Dialog und stellt im philosophischen Disput die archaischen marxistischen Auffassungen von Wahrheits- und Führungsanspruch in Frage. Recht hatte er, sagt Böhme. Er sei beim Lesen dieser Texte geradezu Feuer und Flamme gewesen. Und auf einer öffentlichen Aktivtagung spricht er über Havemann. Danach sei er verhaftet worden.

Robert Havemann ist für Manfred Böhme ein Vorbild. Gestern und heute, sagt er. Er hat Robert Havemann nicht gekannt. Aber er wird in Greiz jemanden kennenlernen, der mit dem Regimekritiker befreundet ist. Der wird ihm erzählen vom Eingeschlossenen in Grünheide, vom mutigen Havemann, der selbst im Hausarrest noch laut verkündet, daß es in finsteren Zeiten gelte, sich so zu verhalten, als sei man frei. Über diesen Mann, von dem er behauptet, er habe ihm die Augen geöffnet, schreibt er unter dem Decknamen «Paul Bonkarz» am 17. 6. 1976 einen Bericht für die Staatssicherheit. Darin gibt er, akribisch und detailbesessen, das sehr private Gespräch eines Freundes wieder, der Robert Havemann besucht hat. Schreibt, wie Havemann sich für den im Gefängnis mißhandelten Siegmar Faust einsetzt. Schreibt, wie es Faust gelang, einen Kassiber aus der Haft zu schmuggeln. Schreibt, daß der Kassiber zu Havemann gelangte. Schreibt: «Ist noch in seinem Besitz.» Schreibt, daß sein Freund die Durchschrift eines Briefes gesehen habe, den Havemann an Erich Honecker geschickt, schreibt, daß Havemann dem Freund gesagt habe, Honecker verstärke den Personenkult und den Dogmatismus.

Am 28. Mai 1965 wird Manfred Böhme also, wie er sagt, wegen seines Havemann-Vortrags in Leuna verhaftet. Wie passiert das? Ich wurde am frühen Morgen abgeholt, als ich in die Bibliothek gehen wollte, sagt Böhme. Auf dem Weg dorthin sieht er das Auto, einen alten Wolga. Zwei Zivilisten kommen auf ihn zu: Herr Böhme? Ja. Folgen Sie uns unauffällig.

Das sei so auffällig gewesen, daß es gleich zwei Lehrer gesehen hätten, sagt er. Ihm wird vorgeworfen, er habe seine Schüler aufgehetzt, er habe die Partei in Leuna diskreditiert, er habe die jungen Menschen angestiftet, hinter dem Wohnheim ein Lagerfeuer zu entfachen. Bücher von Staatsführern seien dort verbrannt worden, also: Geheime Gruppenbildung plus Untergrundtätigkeit macht vier Wochen Haft.

Über die Haft, von der keiner seiner Freunde je gehört hat, möchte

Ibrahim Böhme nichts erzählen. Er sagt nur, daß er vier Wochen saß. Vom 28. Mai bis zum 28. Juni.

Als er entlassen wird, weiß er nicht, wohin. Im Lehrlingsheim von Leuna darf er nicht mehr unterrichten. Da sagt ihm sein Schüler Peter Schimmel: Geh doch nach Greiz. Wenn du willst, kannst du in meinem Zimmer wohnen. Vielleicht haben meine Eltern sogar Arbeit für dich. Und ich komme am Wochenende zu Besuch.

So kommt Ibrahim Böhme nach Greiz. Und wenn ihn einer fragt: Manfred, wie bist du eigentlich nach Greiz gekommen, dann sagt er: Ich habe die Augen zugemacht und bin mit dem Finger auf der Landkarte gewandert.

Als er die Augen öffnet, steht sein Finger in Thüringen auf der kleinen Stadt an der Weißen Elster.

«Lenin war viel zu weich»

Der Aufrührer

Am 30. Juni 1965 kommt Manfred Böhme am Bahnhof von Greiz an. Ich weiß das deshalb so genau, sagt er, weil überall in den Schaukästen Bilder von Walter Ulbricht hängen. Bilder und Blumen. Am 30. Juni hat Walter Ulbricht Geburtstag.

Böhme ist todunglücklich. Zum erstenmal in seinem Leben ist er allein. Ich war doch immer in der Gemeinschaft, sagt er, im Heim, in der Schule, im Internat. Und nun allein in einer fremden Stadt. Ich war wie abgenabelt, wie entwurzelt. Ich litt an der Anonymität.

In der Brückenstraße mietet er ein möbliertes Zimmer bei Peter Schimmels Großmutter. Das liegt in einem Hinterhaus mit bröckelndem Putz, dunklem Eingang, krummen Stiegen und Rissen im Gebälk. Es war ein furchtbares Zimmer, sagt Peter Schimmel. Sein Vater kann dem Freund wenigstens Arbeit verschaffen. Schon drei Tage nach der Ankunft meldet sich Böhme als Hilfsbibliothekar in der Bücherei. Natürlich wird seine Parteiakte nachgeschickt, sagt Böhme. Und natürlich wird die in der Bibliothek gelesen. Und dann nimmt ihn einer zur Seite und flüstert: Ich will Sie behalten, Sie arbeiten wirklich gut. Aber bitte, keine politischen Äußerungen.

Woher wissen Sie?

Ich habe das von Genossen gehört. Die warten nur darauf, daß Sie wieder etwas sagen.

Ich werde nichts sagen, sagt Böhme.

Aus Leuna kommen Briefe von seinen Schülern, die schreiben, daß sie ihn vermissen. Und er sitzt da in seinem schiefen Zimmer, einsam wie noch nie. Aber langsam wird sein Leben in Greiz lebendig. Die Großmutter des Freundes ist entzückt von ihrem wohlerzogenen Untermieter, der Handküsse verteilt wie ein polnischer Fürst. Die alte Dame vom Parterre ist ebenfalls angetan von dem jungen Mann, der so arm, so klug und so bescheiden ist. Und so kochen denn die beiden bald für den netten Herrn Böhme um die Wette, kochen ihm Thüringer grüne Klöße und auch mal ein Stückchen Fleisch und sonntags einen Nachtisch.

Nur darf die eine nicht wissen, wenn er bei der anderen ist. Also gehen die Türen leise auf, schscht... Herr Böhme, ich hab da was für Sie. Und eines Sonntags, als Schüler Schimmel seinen verehrten Lehrer abholt und die beiden gerade aus dem düsteren Hausflur treten, steht die enttäuschte Alte vom Parterre mit einem grünen Kunstwerk in der Tür und sächselt: Herr Böhme, Ihr Budding...

Herr Böhme regt sich. Und er pflegt sich. Er besitzt nur einen Anzug, nur eine Krawatte, aber immer ist er picobello, immer wie aus dem Ei gepellt, die Haare nicht zu lang, der Spitzbart ordentlich gebürstet, immer riecht er nach irgendeinem Wässerchen, und auf der Straße schwenkt er gerne seinen Stockschirm. Er hält den Damen die Tür auf, erhebt sich, wenn einer an den Tisch kommt, so was kennt man doch gar nicht in Greiz. Und so liebte ihn denn jeder, sagt Edith Schimmel, auch die Männer; und den Frauen, egal, ob häßlich oder schön, gab er das Gefühl, etwas Besonderes zu sein. Das, sagt sie, machte ihn zu etwas Besonderem.

Zu Hause hält Böhme sich bald eine Katze. Als Peter Schimmel ihn besucht, riecht es so merkwürdig im Zimmer. Was riecht hier so? fragt er. Da hat Böhme die Katze angesprüht. Spinnst du? sagt Schimmel. Das ist Tierquälerei. Aber Böhme findet, wer in seinem Zimmer rumläuft, muß ordentlich riechen.

Zwei Jahre sind vergangen, und seine Parteistrafe wird gelöscht, seine strenge Rüge. Ein Verweis, sagt Böhme, ist noch harmlos. Dann kommt die Rüge. Danach die strenge Rüge. Die hatte er. Zwei davon, und man fliegt aus der Partei. Nun ist er wieder sauber.

Bald darauf kommt der Direktor der Erweiterten Oberschule von Greiz zu ihm. Der Geschichtslehrer sei erkrankt, ausgerechnet jetzt, sagt er, so kurz vor dem Abitur, und fragt, ob Böhme nicht stundenweise einspringen könne. Böhme kann. Und dort in der Schule lernt er die Kinder jener Eltern kennen, die für sein Leben so wichtig werden: Marcela, die Tochter des Lyrikers Reiner Kunze. Gabriele, die Tochter des Sanitätsrats Dr. Stadtmann. Beate und Rainer, die Kinder von Professor Hartmann, dem Chirurgen des Greizer Kreiskrankenhauses.

Ich glaube, sagt Edith Schimmel, die Mädchen damals waren alle in ihn verliebt. Wir hingen doch an seinen Lippen. Was er erzählte, stand in keinem Buch. Die anderen Lehrer, sagt sie, die lasen nur vor, ganz verkrampft. Die wollten alle keine Fehler machen. Aber Böhme? Kommt rein in die Klasse und legt los. Guckt in kein Buch, erzählt. Steht vorne am Pult und raucht und redet. Qualmt die Klasse voll und diskutiert. Das war völlig untypisch, sagt Edith Schimmel.

Mir hat er die Toleranz beigebracht, sagt Gabriele Kähler, die Tochter von Stadtmanns, die wie ihr Vater Medizin studiert hat. Meine Eltern sind Anthroposophen, ich bin nicht kommunistenfreundlich erzogen worden. Aber Manfred hat mir beigebracht, was ein Marxist ist, was ein wirklicher Genosse ist, nämlich einer, der an die Idee glaubt, ohne sich Vorteile zu erhoffen. Er wollte mich nicht zur Marxistin machen, sagt die Ärztin. Er wollte, daß ich Marxisten gegenüber tolerant bin. So gesehen sei Manfred Böhme für sie immer ein Vorbild gewesen.

Ein Vorbild, sagt Rainer Hartmann, der Sohn von Hartmanns, der Pfarrer ist und in Beutnitz lebt, ein Vorbild war er für mich nicht. Auch kein Idol. Dafür sei alles viel zu kompliziert gewesen zwischen ihm und dem zehn Jahre älteren Freund. Er sieht Böhme zum erstenmal im Kulturbund, wo er einen Vortrag hält. Welch eine schauspielerische Begabung. Der Schüler ist beeindruckt. Ich habe gesehen, daß eine ungeheure Kraft dahinter steckt, sagt Rainer Hartmann. Aber keine Kraft, die aus dem Unendlichen schöpft, sondern eine, die aus dem Willen kommt. Nach dem Vortrag nimmt er sich ein Herz, geht zu Böhme und fragt: Was hält dich eigentlich am Leben? Und Böhme antwortet: Ich jage einem Phantom nach, einem Phantom aber, das für mich Gestalt hat. Da habe ich gemerkt, sagt Rainer Hartmann, daß er mich ernst nimmt. Das beglückt den Schüler, und das macht ihn stolz. Er wird einer seiner treuesten Freunde werden.

Manfred Böhme arbeitet jetzt in der Bibliothek, unterrichtet an der Erweiterten Oberschule, gründet einen Philosophiezirkel, leitet den Jugendclub. Und da holte ich mir eine Gruppe ins Haus, sagt er, eine Laien-Musikgruppe, die Jazz spielte. Das förderte ich.

Wenn Manfred etwas wirklich gehaßt hat, sagt Rudolf Kuhl, der Saxophonist, dann war es Jazz. Jazz konnte er einfach nicht ausstehen. Er hat ihn nur akzeptiert, weil er wußte, wir wären sonst gegangen. Das wußte er.

Also Böhme holt sich diese jungen Leute ins Kulturhaus, den Werkzeugschlosser Rudolf Kuhl mit dem Saxophon, den Maschinenbauer Harald Seidel mit der Baßgitarre, den Lyriker und Maurer Günter Ullmann am Schlagzeug, den Elektromechaniker Jürgen Kornatz an der Flöte. Die Band nennt sich «media nox», Mitternacht. Sie machen Musik, schreiben Gedichte, diskutieren, rezitieren, «o Phönix, sing dein Lied vom warmen Wald...», und aus der Tschechoslowakei weht sanft der warme Wind des Prager Frühlings zu ihnen herüber.

Und Manfred Böhme arrangiert, organisiert, macht Lesungen, Ausstellungen, sucht Künstler, besucht Elly-Viola Nahmmacher, die Holzschnitzerin aus Greiz, sitzt oft bei ihr in der schönen alten Villa, bringt seine neuesten Gedichte mit und erzählt Märchen aus seinem Leben. Er war doch ein Mensch ohne Vergangenheit, sagt sie. Ein Mensch ohne Identität. Sie erinnert sich noch genau, wie Böhme sich um den jungen Till-Armin kümmert, der wohnte bei ihr um die Ecke in der Elsterstraße. Mit sechzehn Jahren sei der an Krebs gestorben. Es war erschütternd, sagt sie, wie Böhme sich um diesen todkranken Jungen gekümmert, mit welcher Liebe er ihn betreut hat. Bis zum Ende. Wie ein Vater sein Kind.

Einmal, sagt die Bildhauerin, bin ich ihm hier in unserer Straße begegnet. Da ging er ganz langsam. Ganz langsam. Und da sagte er: Ich bin krank. Und nach einer Weile: Ach, wie schön, daß man auch mal langsam laufen muß. Er hat nicht gesagt, was ihm fehlt. Er ist langsam weitergegangen. Das fand sie schon sehr merkwürdig.

Der Böhme, sagt Jürgen Kornatz, hat hier aus dem Nichts ein Kulturleben gestampft. Er hat gegründet und gegründet, Lyrikzirkel und Philosophiezirkel. Er lernt Böhme schon drei Wochen nach dessen Ankunft in Greiz kennen. Ein Arbeitskollege schleppt ihn damals an. Hier, sagt der, das ist der Manfred. Und Kornatz denkt noch, was ist denn das für ein komischer Vogel? So fein, so pingelig, küßt Hände und kann nicht Scheiße sagen und nicht rülpsen. Das macht er denn gern in seiner Gegenwart, und Böhme ist jedesmal geschockt.

Woher hatte er die feinen Manieren?

Ich weiß es nicht, sagt Kornatz. Es war doch alles Geheimnis um ihn herum. Er kam doch praktisch aus dem Nichts.

Damals, Ende der sechziger Jahre, sagt Rudolf Kuhl, da war das ganz schlimm mit Böhmes Mystizismus. Da habe er ihm auch erzählt, daß er im «Bund der Leninisten» arbeite. Was denn das schon wieder sei, habe Kuhl gefragt. Eine Organisation aller sozialistischen Länder, habe Böhme gesagt. So eine Art Stasi, die aber über dem Ganzen stehe. Eine Über-Stasi, die die Unter-Stasi reformieren wolle. So etwa.

Rudolf Kuhl spielt damals eine wichtige Rolle für Manfred Böhme. Der Mann am Saxophon ist sein Lieblingsjünger. Ja, sagt Kuhl, das klingt vielleicht gemein, aber es war so. Böhme brauchte immer jemanden, dem er total vertraute. Der mußte ihn dafür bewundern und ihm ergeben sein.

Ja, vor allem das. Böhme hat sich dann besondere Aufgaben ausgedacht, die man für ihn erfüllen mußte. Banale Sachen, die meist aber gar nicht real gemeint waren. Ich stehe irgendwo – und er kommt nicht. Ich soll was abholen – aber da ist niemand. Ich soll wo anrufen – aber die Nummer ist falsch.

Böhme prüft seine Macht. Er probiert sich selbst aus. Guckt, wie weit er gehen kann, und das heißt, wie weit seine Freunde bereit sind, mit ihm zu gehen. Der kleine Diktator schlägt Pflöcke ein, steckt sein Reich ab. Dr. Regina Hartmann, die Frau von Professor Hartmann, erinnert sich an eine merkwürdige Begebenheit: Böhme geht mit Freunden auf der rechten Straßenseite und sagt, wie schön, daß man hier auch auf der linken Seite gehen darf. Pause. Verblüffung. Aber niemand widerspricht.

Kühl geht er mit der Macht um. Und weil er bluffen kann, scheint der Erfolg programmiert. Doch wehe, wenn Bewunderung über Berechnung siegt und Sentiment ins Spiel kommt. Manfred Böhme hat eine Schwäche für Dichtung. Er liest Puschkin, er schreibt für Heinrich Heine ein Poem, er greift immer wieder selber in die Leier und weiß am Ende doch, wo die wahren Dichter wohnen. Einer, den er so bewundert, wohnt damals ganz in seiner Nähe: Reiner Kunze.

Manfred Böhme vertont 1967 zwei Gedichte von ihm, die schickt er dem Lyriker, und der lädt ihn ein zu sich in die Franz-Feustel-Straße 10. Ach, Kunze, wie der dichten kann! So möchte Böhme dichten können. Und wenn er denn daheim in seinem Zimmer sitzt – er wohnt jetzt in der Thälmannstraße 10 bei der Witwe Herold –, dann greift er zur Feder, schreibt Verse, und die verteilt er gern, und er glaubt sich wohl langsam auch berufen.

Ja, sagt Reiner Kunze, er fühlte sich offenbar als Dichter. Und den, sagt der Lyriker, habe er überhaupt nicht wahrgenommen. Nicht, weil er ihn vielleicht schlecht fand, nein, er habe ihn nicht ernstgenommen, weil er nie etwas Ernsthaftes von ihm gesehen habe. Ich wußte ja nicht mal, daß er Gedichte macht, sagt Kunze. Von anderen weiß er es. Als er die ersten Arbeiten von Arnold Vaatz sieht und von Jürgen Fuchs, da sagt er sofort: Das ist was. Aber Böhme?

Aus den Akten geht hervor, wie gekränkt Böhme gewesen sein muß, wie gedemütigt er sich gefühlt haben muß. Er sei völlig verblüfft gewesen, sagt Kunze, denn Böhme, der war für ihn ein Kulturfunktionär. Ja. Und ein anständiger Mensch. Ja. Auch ein charmanter Mensch. Auch einer, der helfen wollte. Auch ein unheimlicher Mensch. Ja, auch das. Aber Gedichte? Nein, sagt Kunze. Gedichte von ihm habe ich einfach nicht registriert.

Doch jetzt im Sommer 1968 ist Manfred Böhme noch der Blitz, der in das schlummernde Kulturleben von Greiz einschlägt. Welch ein Kopf, sagt Günter Ullmann, welch ein Wissen, welch eine Begabung. Stellt sich einfach hin und spricht. Spricht über Lenin und Dostojewski. Alles aus dem Stegreif, klug und geschliffen, voll Charme und Phantasie. Ullmann, der Schlagzeuger, der abstrakte Bilder malt, der Trakl liest und Georg Heym und selber explosive Lyrik schreibt, Ullmann sagt: Er war ein Genius, und er hat mich bezaubert.

Manfred war völlig anders als wir, sagt Harald Seidel, der Baßgitarrist. Wir liefen doch mit langen Haaren rum, mit Jeans und Turnschuhen. Das war unsere kleine Freiheit. Und er? Anzug, weißes Hemd, Krawatte und das SED-Abzeichen am Revers. Und daneben steckte immer sein kleiner Lenin. Lenin, sagt Seidel, war doch sein Abgott damals. In seinem Zimmer hing ein Lenin, sagt Regina Hartmann, ein schönes Schwarzweißbild von Lenin. Und ein Kruzifix hing da, wie man es sonst in der katholischen Kirche hat.

Lenin hängt über Böhmes Bett. Wie Lenin trägt er seinen Bart. Wie Lenin hat er auch lange Zeit nur einen Anzug, und der ist, wie Lenins Anzug, immer tadellos in Ordnung. Wie Lenin kann er nämlich Unsauberkeit nicht ausstehen. Und nichts ist schädlicher als Gefühlsduselei, denkt Böhme – wie Lenin. Nachts sitzt er spartanisch wie Lenin in seinem möblierten Zimmer und schreibt, wie Lenin, bis in die frühen Morgenstunden.

Wann hat er zum erstenmal von Lenin gehört?

Das war in der zweiten Klasse, sagt er. Und es gab auch ein Buch, wo Lenins Leben kindgerecht beschrieben wurde. Die Episoden stimmten natürlich nicht alle, sagt er. Aber was auch immer man Lenin nachsagen könne, auch zu Recht nachsagen könne, sagt Böhme, er war ja auch ein Illusionist und ein sehr bescheidener Mensch. Der einfache Bastschuhbauer, der von nichts wußte – aber Lenin, den kannte er. Den kannte jeder, auch wenn er nicht schreiben und nicht lesen konnte. Und Böhme erzählt, wie tief es ihn damals beeindruckt hat, daß der Revolutionär seine Zuckerration ins Kinderheim bringen ließ.

Lenin war für Sie also der liebevolle und besorgte Vater?

Ja, er war schon so etwas wie das väterliche Prinzip, sagt Böhme. Wenn der seine Soldaten anredete: Meine Söhne! – was muß das für einen Slawen bedeutet haben!

Haben Sie später versucht, ihm ähnlich zu sein?

Sein Arbeitsstil, der hat mich schon fasziniert, sagt er. Und seine Art, wie er mit politischen Gegnern umging, wie er mit Trotzki umging, ihn sogar zum Volkskommissar macht. Das hat mich schon fasziniert. Aber ich wollte natürlich nicht wie Lenin sein.

Und wann haben Sie Ihr Lenin-Bild abgehängt?

Hoch in den Siebzigern erst, sagt er, auch wenn ich da schon längst gemerkt hatte, wo Lenins Theorien nicht aufgegangen waren. Aber man gibt einen Heros ja nicht so schnell preis.

Was war für Sie Lenins größter Fehler?

Er war zu weich, sagt Böhme. Er hat sich nach Gorki zurückgezogen, hat sich mit seinen philosophischen Theorien beschäftigt, hat Briefe geschrieben und wollte auf keinen Fall Stalin zum Nachfolger. Ja, sagt er, das war sein größtes Versagen: Weichheit.

In Greiz schwingt der junge Manfred Böhme seine Reden. Er agiert und er agitiert seine Freunde politisch. Er hat uns mit Informationen versorgt, sagt Günter Ullmann, hat uns über die Ideale von Dubček aufgeklärt, hat immer gesagt: Wir müssen was tun, wir müssen auf die Straße gehen, wir müssen unsere Sympathie für die Tschechen zeigen.

Damals, sagt Harald Seidel, haben wir alles gemacht, Rockjazz und Op und Pop und Werbeplakate in knallbunten Farben, die der Kulturfunktionär Eberhard Herzog alle hat abreißen lassen. So was kann nur in Prag hängen, hat er getobt. Also weg damit. Unsere Informationen, sagt Seidel, bekamen wir aus dem Westen. Da hörten wir Interviews mit Heinrich Böll, mit Jean-Paul Sartre, mit Alexander Dubček. Die waren doch alle verboten bei uns.

Was für uns die intellektuellen Freiräume, sagt Seidel, war für die Partei von Anfang an Kampfgebiet. Im «Neuen Deutschland» stand, wir müssen dagegen angehen, wir müssen dem Brudervolk dringend helfen. Und Herr Pissarek, der Direktor der Greizer Papierfabrik, sagte damals schon: In der SED gibt es Leute, die den gesunden Leib der Partei zerstören wollen. Die müsse man wie ein Geschwür rausschneiden. Und damit, sagt Seidel, habe er auch Manfred Böhme gemeint.

Als das los ging mit dem Prager Frühling, sagt Rudolf Kuhl, der Saxophonist, da haben wir mit Manfred bei abgedunkelten Fenstern gesessen, und er hat uns informiert. Was hat er uns nicht alles erzählt über Dubček! Dafür bin ich ihm noch heute dankbar, sagt Kuhl. Damals habe Böhme Hoffnungen in sie gepflanzt. Nur Hoffnungen. Wir wollten doch die ganze Welt verändern.

Böhme hat sich auch ausdrücklich zu einer Palastrevolution bekannt, sagt Kuhl. Ausdrücklich. Er hat gesagt: Jeder von uns muß in die Partei gehen, muß ein Studium aufnehmen, muß das sofort machen, damit er dann auch verfügbar ist. Kenntnis haben, informiert sein, die Abläufe lernen, wissen, wie regiert wird. So hat er gepredigt. Und schnell sollte das alles gehen, damit man zuschlagen kann. Er der Chef – und wir die Untertanen. Böhme hat so gedacht. Er ist auch immer von der einzig regierenden Partei ausgegangen. Nie, sagt Kuhl, hat er von einem pluralistischen System gesprochen. Nie. Einen reformierten Sozialismus wollte er. Und Dubček, der war für ihn der Palastrevolutionär.

War Böhme denn überhaupt einer, der viele Menschen auf einem Haufen ertrug?

Nein, Angst hatte er davor, sagt Rudolf Kuhl. Volksmasse, das war für ihn der Pöbel, und davor hatte er panische Angst. Er wollte der Intellektuelle sein. Er wollte auch volksverbunden sein. Aber so gnädig volksverbunden.

Wenn Böhme bei Professor Hartmann und seiner Frau zu Gast ist, oben über der Stadt im Ärztehaus des Kreiskrankenhauses, dann spricht er auch dort gelegentlich von Palastrevolution, einer blutigen sogar. Aber es war eben so, sagt Regina Hartmann, daß ich seine politischen Pamphlete aus Freundlichkeit anhörte. So wie er meine Vorstellungen auch aus Freundlichkeit anhörte. Über diese Freundlichkeit hinaus, sagt sie, sind wir uns viel schuldig geblieben. Und sie habe nicht die Mühe aufgewandt, über den Begriff einer blutigen Revolution ernsthaft nachzudenken. Es habe sie nur erschreckt, daß er so redete.

Er redete wie Lenin: «Heutzutage darf man niemandem den Kopf streicheln – die Hand wird einem sonst abgerissen. Schlagen muß man auf die Köpfe, unbarmherzig schlagen – obwohl wir im Ideal gegen jede Vergewaltigung der Menschen sind.» Das sagt Lenin zu Maxim Gorki. Wichtiger als das Leid einzelner ist für Böhmes Held immer der Kampf gewesen. Und weil Lenin nie einen Hehl daraus gemacht hat, tut Böhme das auch nicht.

Am 21. August 1968 rollen russische Panzer in Prag ein. Der Frühling wird erschossen. Und Jürgen Kornatz, der Flötist, der mit seiner Freundin Gabriele Stadtmann die Wochenenden in Kottenheide verbringt, sieht, daß die Armee schon seit langem an der tschechischen Grenze liegt. So war das doch, sagt Kornatz, erst kommt der Hilferuf, und dann kommen wir und helfen.

Auf seiner Arbeitsstelle werden sie noch am selben Tag vom Meister und vom Parteisekretär befragt, ob das richtig sei, daß die DDR mithilft, den Sozialismus zu retten. In meiner Abteilung, sagt Kornatz, waren noch zwei, die dagegen waren. Alle anderen haben brav genickt. Jeder mußte einzeln reinkommen zur Befragung. Und er habe draußen noch agitiert. Wißt ihr denn überhaupt, wozu ihr ja sagt? Wißt ihr denn überhaupt, was da läuft? Aber alle haben genickt. Bis auf zwei.

Am Nachmittag treffen sie sich im Jugendclub. Da saßen wir alle an einem langen Tisch, sagt Kornatz, Böhme vorn an der Stirnseite. Und wir drumherum. Und dann kam die Frage: Was kann man tun? Die war an Böhme gerichtet, die Frage. Und da sagt er, er habe gehört, daß Leute in anderen Städten kleine Fähnchen trügen. So an der Kleidung. ČSSR-Fähnchen als Solidarisierung.

Das war alles, was Manfred dazu gesagt hat, sagt Kornatz. Prag – das war doch unsere ganze Hoffnung! Und nun? Da kam nichts von Böhme, sagt Kornatz. Kein Klartext, kein Vorschlag, nichts.

Also setzen sie sich hin und basteln ČSSR-Fähnchen. Sie schneiden auch welche aus Erdkundebüchern und Lexika aus. Die heften sie sich dann an die Jacke, ans Hemd, an die Baskenmütze.

Wo trug Böhme das Fähnchen?

Unser Böhmele? fragt Kornatz. Der trug keins.

Rudolf Kuhl kann sich an überhaupt keinen Protest erinnern, an dem Böhme beteiligt gewesen wäre. Nein, sagt er, da kam nichts von ihm. Er selbst erinnert sich noch, wie er mit seinem Sticker nach Hause kommt. Sein Vater ist Polizist und schwerkrank, und dessen Kollegen gehen damals ein und aus und wissen nicht, wie sie sich dem jungen Mann mit der Fahne am Kragen gegenüber verhalten sollen. Mich haben Polizisten schon immer genervt, sagt Kuhl. Ich hatte immer ein gespaltenes Verhältnis zu ihnen. Und dann noch mein Vater. Dabei war mein Vater ein ganz normaler Mensch. Der mußte nur Polizist werden, weil meine Mutter gesagt hat: Nun hast du acht Kinder in die Welt gesetzt, nun sieh zu, wie du die satt kriegst.

Am Abend treffen sich die jungen Leute im Tanzsaal von Elsterberg. Da ist ein Ruinenfest, lange geplant schon. Und da kommt dann ein Kontrolleur auf den Schlagzeuger Günter Ullmann zu, ein Polizist, und der schleppt ihn aufs Revier. Warum er das Fähnchen trage? Wieso, sagt Ullmann, die Tschechen sind doch unsere Brüder.

Drei Wochen später bekommt er eine Vorladung ins Polizeipräsidium von Greiz. Da hat mir dann ein älterer Mitarbeiter der Staatssicherheit, sagt Ullmann, lang und breit erzählt, wie im Faschismus gefoltert wurde. Danach hat er mich gefragt, wieso ich diese ČSSR-Fahne am Hemd trage. Ich habe ihm geantwortet, damit so etwas wie im Faschismus nicht mehr passieren kann.

Zu Hause schreibt er ein Gedicht:

> im herzen europas
> liegt schnee
> aus sibirischen lagern

der prager frühling
erwacht
in preußischen panzerspuren

DER MAI IST GEKOMMEN
1969
und schlägt die bäume
aus

Und Böhme? Der erzählt, daß es zwei Tage nach dem Einmarsch eine große Aktiv-Tagung der SED im Kreiskulturhaus von Greiz gegeben habe. Dort sollte jeder eine Resolution zur ‹sozialistischen Waffenhilfe der Warschauer Vertragsstaaten› unterstützen. Böhme sei aufgestanden und nach vorne gegangen, um zu reden. Aber man ließ ihn nicht reden. Da habe er gesagt: Moment mal, bitte, bevor wir hier abstimmen, möchte ich Meinungen hören. Und ich habe eine Meinung.

Er habe den Einmarsch abgelehnt und zu begründen versucht, warum der Weg Dubčeks die letzte Chance sei. Und dann habe er die Worte von Robert Havemann aufgegriffen, habe gesagt, daß der Dialog zwischen Partei und Volksmassen im Interesse einer sozialistischen Demokratie-Entwicklung durchgesetzt werden müsse. Dann will Böhme alle aufgefordert haben, gegen die Resolution zu stimmen, und sei auf seinen Platz gegangen.

Am Abend wird Manfred Böhme in der Thälmannstraße 10 abgeholt. Er will ins vierzig Kilometer entfernte Untersuchungsgefängnis von Gera gebracht worden sein. Das liegt gleich hinter dem Kino, sagt er. In den Kellern habe er dort gesessen. Ungefähr fünf Wochen. In Einzelhaft. Keine Leseerlaubnis, keine Schreiberlaubnis, keine Freistunde, keine Zigaretten. Und ich war doch ein starker Raucher damals.

Manfred Böhme im Gefängnis? Also ich könnte meine Hand dafür ins Feuer legen, sagt Jürgen Kornatz, daß Böhme damals nicht einen Tag im Knast gesessen hat.

Nun wäre Manfred Böhme nicht Ibrahim Böhme, wenn sich die Geschichte nicht auch noch anders erzählen ließe. Nämlich so: Gleich nach dem Einrollen der Panzer, noch im August, will er nach Prag fahren. Will sehen, was da los ist in der ČSSR. In Dresden wird er aus dem Zug geholt. Herr Böhme? Bitte, folgen Sie uns. Ein Auto, eine Fahrt nach Gera, Gitter schließen sich hinter ihm.

Hat man im Gefängnis versucht, ihn als inoffiziellen Mitarbeiter zu werben? Hat man ihm ein Angebot gemacht? Ja, man habe ihm angeboten, in die Bundesrepublik zu gehen, sagt Böhme. Das habe er abgelehnt. Und sonst könne er nur sagen, er habe es auch mit kleinen Leutnants und fiesen Typen zu tun gehabt, aber er sei nicht geschlagen worden.

Und kein Ansinnen der kleinen Leutnants und fiesen Typen?

Nein, kein Ansinnen, sagt er.

Keine Frage zu Ullmann, Seidel, Kuhl und Kornatz?

Nein, sagt er, die waren doch damals noch überhaupt keine Nummer.

Ein paar Minuten zuvor hatte er noch gesagt: Die Untersuchungsleute wußten alles. Wußten genau, wann wir im geheimen Jugendzirkel was gesagt hatten. Die kannten den ganzen Kreis in Greiz, Ullmann, Seidel, Kuhl und Kornatz.

Manfred Böhme wird, so sagt er, nach fünf Wochen Haft entlassen und fährt mit dem Zug nach Greiz zurück. Das ist am Ende der ersten Oktoberwoche. Er wisse das deshalb so genau, weil an diesem Tag ein großer Teil der Truppen aus der ČSSR zurückkommt, umjubelt von Hunderten und Hunderten von Greizern.

Ach, er lügt, sagt Harald Seidel, er ist wirklich ein Lügner. Die Sympathien für die Tschechen waren so groß, und sie gingen durch alle Schichten der Bevölkerung. Die hat nicht gejubelt. Wirklich nicht. Wenn er Jubler gesehen hat, dann waren das die von der Partei beorderten, die mit den Winkelelementen. Das ist möglich.

Manfred Böhme geht also vom Bahnhof in die Thälmannstraße, das sind nur ein paar Minuten, und da rollen sie an ihm vorbei, und die Massen, er will es gehört haben, jubeln.

Am 27.11.1968 legt die Staatssicherheit eine Karteikarte für den neugewonnenen inoffiziellen Mitarbeiter an. Seine beiden Decknamen für Greiz sind «August Drempker» und «Paul Bonkarz».

Paul Bonkarz, sagt Harald Seidel, den Namen kannte ich. Manfred wollte mal Eindruck machen bei mir und fragte: Du Harald, kennst du Paul Bonkarz? Der Name ist gefallen, sagt Jürgen Kornatz. Das weiß ich genau. Rudolf Kuhl kann sich sogar an beide Namen erinnern. Ich weiß nicht mehr in welchem Zusammenhang, sagt er, ich weiß nur in bezug auf Böhme. Drempker und Bonkarz, er weiß noch genau, was er denkt, als er diese beiden Namen im Zusammenhang mit Böhmes Stasi-Vergangenheit hört: Ach, sieh mal an, kennst du doch.

Mich hat es nur gewundert, sagt Regina Hartmann, daß einer, der gegen den Einmarsch in die ČSSR war, eine solche Rolle spielen konnte, wie Manfred es dann tat in Greiz. Der mußte doch verstrickt sein, dachte ich, ob er nun will oder nicht. Muß zumindest eine Art Opfer sein. Und wer Opfer ist, sagt sie, der ist auch, wenn es die Umstände zulassen, Täter. Jedenfalls ist er gefährdet, Täter zu werden.

Manfred Böhme ist jetzt vierundzwanzig Jahre alt. Der Rebell mit Schlips und Kragen kommt, wie er behauptet, zum zweitenmal aus dem Gefängnis. Nichts, sagt er, habe er von seinen Ideen aufgegeben. Und nichts habe er sich abhandeln lassen. Seine Gedanken seien unverändert geblieben. Also heißt sein Ziel noch immer: Palastrevolution.

Manfred Böhme ist aber kein Revolutionär. Nicht im Geist und schon gar nicht in der Tat. Er ist in Wahrheit wohl ein Aufrührer, einer, der nach Lust und Laune in der Welt herumstochern will, wühlen will, spielen will. «Der Aufrührer», schreibt Jean-Paul Sartre, «sorgt dafür, daß die Mißstände, unter denen er zu leiden hat, bestehenbleiben, damit er sich gegen sie auflehnen kann. Immer trägt er Elemente des schlechten Gewissens und eine Art Schuldgefühl mit sich herum. Er will weder zerstören noch überwinden, sondern sich gegen die Ordnung wenden. Je mehr er sie angreift, desto mehr achtet er sie insgeheim; die Gesetze, die er öffentlich anficht, bewahrt er tief in seinem Herzen: würden sie verschwinden, so verschwände mit ihnen auch seine Daseinsberechtigung».

Es ist Herbst geworden, und Manfred Böhme ist wieder in Greiz. Er wohnt wieder in seinem Zimmer in der Thälmannstraße. Und Frau Herold, seine liebenswerte alte Wirtin, bringt ihm morgens wieder Brötchen und Kaffee. Wie immer. Zwei Tage vor Weihnachten, am 22. Dezember 1968, schreibt er ein Gedicht. Es heißt «Sicherheit». Die zehn Zeilen sind ein Schlüssel für die nächsten zwanzig Jahre, die Manfred Böhme zwischen Sein und Schein verbringen wird, mal als Dr. Jekyll und mal als Mr. Hyde.

Wenn meine Sicherheit
sich neigt
in den Schatten
der Nacht,
bin ich nicht einsam.
Erst dann lebe ich
mit den anderen,
deren offenen Blick ich
am Tage suchte.
Erst dann.

«Er hatte etwas Messianisches»

Der Schauspieler

Manfred Böhme liegt in seinem Zimmer, die Vorhänge zugezogen, tagelang. Er ißt kaum, er geht nicht raus, er weiß ja nicht, wohin, er hat doch keine Arbeit.

Sein Zimmer, sagt Regina Hartmann, die «Quasi-Mutter», war ein Roman für sich. Es war das Speisezimmer einer bürgerlichen Familie, mit großem Eßtisch, vier bis sechs Stühlen, einer Kredenz, einem Buffet. Und ganz in der Ecke stand ein Stahlbett, und in dem lag der Manfred. Frau Herold, seine Wirtin, hat ihm morgens Brötchen und Kaffee gebracht, und er aß praktisch den ganzen Tag nichts anderes als diese Brötchen. Und auf dem Tisch stand nicht etwa Geschirr, nein, der ganze Tisch war voller Bücher, alles durcheinander. Und an der Wand hingen eben der Lenin und das Kruzifix. Dann gab es noch ein Waschgestell, und darin, so erfuhr ich von meinen Kindern, wusch er sich und seine Wäsche und auch seine Oberhemden, alles in dieser Schüssel.

So hat er von 1965 bis 1977 in Greiz gelebt, sagt Regina Hartmann. Und Frau Herold, die Wirtin, hat ihn all die Jahre betreut. Sie respektierte ihn. Auch, wenn er betrunken nach Hause kam. Und sie kümmerte sich, war voller Angst, wenn er tagelang nichts aß und nur im Zimmer auf dem Bett lag. Sie rief dann bei mir an, sagt Regina Hartmann, und ich kam. Und mein Sohn, sagt sie, der hat bei Manfred im Zimmer auch seine ersten Besäufnisse ausgebrochen. Und Manfred hat alles weggewischt, rührend war das.

Manfred Böhme hat keine Arbeit, lange keine Arbeit, sagt er. Bis es dann eines Tages bei ihm klopft. Es ist Frau Herold, die sagt: Herr Böhme, der Herr Kopp ist da, der möchte zu Ihnen. Der Herr Kopp, sagt Böhme, war ein Edelkommunist. Er hatte Buchenwald überlebt und war Bürgermeister von Greiz geworden. Aber nur für ein paar Jahre, bis es denen nicht mehr paßte, die früher in der Hitlerjugend waren und wieder Einfluß hatten. Also, dieser Herr Kopp steht nun in seiner Tür und fragt:

Kann ich reinkommen?

Aber bitte, Herr Kopp.

Walter heiß ich.

Und Herr Kopp setzt sich und sagt: Also, was du da gemacht hast, war großartig. Er meinte die Sache mit dem Einmarsch in die ČSSR und der Rede gegen die sozialistische Bruderhilfe. Er habe da einen alten Genossen bei der Post sitzen, einen KPO-Mann, Kaderleiter der Post, sagt Kopp. Geh morgen hin. Der stellt dich ein. Aber halt die Klappe, ich war nicht hier, von mir weißt du nichts. So sei er denn am nächsten Tag zur Post gegangen und eingestellt worden.

Manfred hat sofort Schulungen durchgeführt, sagt Harald Seidel, der Baßgitarrist, der später SPD-Abgeordneter im Thüringer Landtag wird. Verwunderlich war auch, daß er in kürzester Zeit Karriere machte. Er wurde Kaderleiter bei der Post. Und kurz darauf auch noch Kreissekretär des Kulturbundes. Das war eigentlich schon unheimlich. Aber Gedanken haben wir uns nicht groß darüber gemacht.

Also Manfred fing an als Briefverteiler, Greizer Hauptpostamt, sagt Jürgen Kornatz, der Flötist, der in Berlin fürs Fernsehen arbeitet. Und schon bald darauf war er ganz oben. Kaderleiter heißt Personalabteilung, und die hat natürlich immer einen heißen Draht zur Stasi gehabt. Also irgendwas stimmt da nicht, sagt Kornatz. Wenn Manfred im Knast gewesen ist, kann er so einen steilen Sprung nicht machen. Nicht in der DDR. Oder er hat unterschrieben bei der Firma. Vielleicht haben die ihm ja gedroht. Wer weiß.

Und in der Partei ist er damals auch noch, sagt Kornatz. Ausgerechnet Böhme, der im Knast gewesen sein will, fliegt nicht aus der Partei,

«Ich liebte Fürst Myschkin, den Idioten von
Dostojewski. Aber das sagte ich
niemandem. Myschkin war doch viel zu
schwach.»

Ibrahim Böhme als Kulturbundfunktionär von Greiz.

kriegt statt dessen noch eine Chance bei der Post. Sehr merkwürdig. Und dann wird er Erster Kreissekretär vom Greizer Kulturbund. Das auch noch. Also ich denke mal, sagt Kornatz, sie haben ihn unter Druck gesetzt, damals.

Aber was für eine Zeit! Manfred Böhme im Kulturclub «Alexander von Humboldt». Daran erinnern sich alle Freunde mit Vergnügen. Wir haben doch die ganze Stadt terrorisiert, sagt Pfarrer Hartmann, der Sohn von Professor Hartmann. Terrorzentrale ist die schöne Villa in der Rosa-Luxemburg-Straße. Da residiert der Club. Unten ist Gaststättenbetrieb, im ersten Stock sind die beiden großen Büroräume von Böhme und ein Versammlungssaal, ganz oben, unterm Dach, wohnt Jürgen Kornatz.

Da sitzen sie nun, der Guru und seine Jünger, trinken Tee und rauchen und machen sich einen Jux. Manfred Böhme ruft überall in Greiz an. Anonym natürlich. Immer anonym.

Ist da die Bäckerei Rosa-Luxemburg-Straße? Ich möchte den Chef sprechen. So, am Apparat. Sie sind vielleicht ein mieser Laden. Sie haben da eine Maus in den Kuchen eingebacken. Aber natürlich haben Sie. Wir sitzen hier am Kaffeetisch, und ich habe gerade ein Mäusebein ins Taschentuch gehustet.

Und dann ruft er einen hohen SED-Funktionär an, der im Dritten Reich braun gewesen ist. Der anonyme Böhme tut, als käme er aus dem Westen. Ja, Herbert ist hier, kennst du mich noch? Ich hab in Gera zu tun, laß uns doch heut abend was trinken zusammen. Also, weißt du noch, wie wir die Russen gejagt haben im Krieg? Und du immer vorneweg. Na, heute biste mit denen ja befreundet...

Er kannte doch jeden in Greiz, sagt Jürgen Kornatz. Und mit jedem duzte er sich. Und zu jedem hatte er Kontakt, zu allen SED-Köpfen. Und was waren für üble Kunden dabei. Ich verstehe nicht, daß er sich mit denen abgeben konnte. Manfred, du bist ein Kompromißler, habe ich zu ihm gesagt. Du mauschelst mir zu viel herum. So dachte ich damals, sagt Kornatz. Für mich gab es nur schwarz oder weiß. Ja oder nein. Nichts dazwischen.

Mit einem dieser Bonzen, dem Direktor des Kreiskulturhauses, hat

Böhme eine Rechnung zu begleichen. Er ruft also an. Seine Frau ist am Apparat. Ja, hier spricht das Fernmeldeamt. Sie bekommen morgen früh einen neuen Hörer, einen modernen, ja. Sie müssen das aber vorbereiten. Den alten müssen Sie abschneiden. Direkt an der Muschel. Ja, jetzt gleich, sonst klappt das morgen nicht. Das muß austrocknen. Ich bleibe am Apparat, bis Sie weg sind. Nein, es passiert Ihnen nichts. Und da schneidet sich die Gattin des Herrn Direktor aus der Leitung. Was haben wir gelacht, sagt Böhme. Und der Feind sitzt zwei Tage ohne Telefon.

Die Telefonate sind für ihn Bühnenstücke, sind seine täglichen Einakter. Egal, ob er wirklich anruft oder nur simuliert. Er spricht mit verstellter Stimme, berlinert oder sächselt, droht oder buhlt, lallt oder stottert, ganz, wie er sich die Rolle wünscht für diesen Tag. Er wollte alles sein und alles können, sagt Harald Seidel. Auch Theater wollte er spielen. Er schwärmte vom Schauspieler in Lion Feuchtwangers «Der jüdische Krieg». So wie der wollte er sein.

Der heißt Demetrius Liban und ist «der populärste Komiker der Hauptstadt, verhätschelter Liebling des Hofes, ein Jude, der sein Judentum bei jedem Anlaß betonte». Dieser Demetrius Liban spielt ohne Maske und ohne Requisiten, und das Publikum gerät in Rage über die «unerhörte, freche Realität des Spiels».

Sagen Sie mal, näselt Böhme durchs Telefon, was haben Sie gestern abend mit meiner Frau gemacht, Sie Ferkel, Sie Dreckfink? Und kaum hat Böhme den Hörer aufgelegt, klingelt es. Am Apparat der eben Beschimpfte. Sag mal, da hat mich gerade jemand angerufen, der glaubt, ich hätte gestern abend...

Perfekt. So will er es haben, der Manfred Böhme. Verstecken, verstellen, verschleiern, und das Publikum beherrschen. Wie Demetrius Liban. «Es bedurfte nur eines Wortes von ihm, und der Stein begann zu rollen. Wohin er rollen werde, wußte niemand.»

Manfred hatte eine große Gabe zu rezitieren, sagt Gabriele Kähler, die Ärztin aus Carlow in Mecklenburg. Er war ein Schauspieler, der seinen ganzen Körper einsetzte. Es hat auch etwas Teuflisches gehabt. Das hat mich fasziniert, sagt sie. Und dann seine schwarzen

Haare, der Bart, die Mimik, das Talent, in Personen hineinzuschlüpfen. Und immer geschah bei ihm alles plötzlich. Plötzlich tauchte er auf. Und plötzlich war er wieder weg.

Böhme inszeniert seinen Tag. Kommt früh um acht oder erst um elf. Hallo und Tee und Telefon. Sitzt am Schreibtisch und spreizt sich. Und die Leute, die ihn sprechen wollen, sollen warten. Erst beginnt das Spiel: Böhme nimmt den Hörer ab und wählt. Er telefoniert. Er spricht mit den tollsten Leuten, und die Gäste warten und hören, wie hier einer mit Dichtern, Malern, Bonzen redet, galant, charmant, bestimmt.

Das waren alles fingierte Telefongespräche, sagt Jürgen Kornatz. Böhmes Sekretärin hat ihm das erzählt. Der telefoniert gar nicht, der tut nur so, hat sie ihm gesagt. Und nach einer Weile dürfen die Leute dann zu ihm. Ja, Herr Böhme hat jetzt Zeit.

Manfred hatte etwas Messianisches, fast etwas Religiöses, sagt Harald Seidel. Und er benahm sich wie ein Guru. Es gab Phasen, da hat er sich sehr stark an einzelne gebunden. Das war dann wie ein Liebesverhältnis, sagt Seidel. Männer schauten zu ihm auf. Sie haben ihn vergöttert. Er selber habe vor dieser Idolisierung eher Angst gehabt, sei deshalb auf Distanz gegangen. Und immer dieses Konspirative, immer dieses Geheimnisvolle.

Einmal gehen sie spät abends durch Gera. Es ist stockfinster. Plötzlich bleibt Böhme stehen und sagt: Warte auf mich, Harald. Ich muß hier im Haus mit jemandem reden. In zwanzig Minuten bin ich zurück. Und weg ist er. Ich weiß nicht, wo er war, sagt Seidel. Vielleicht hat er mit jemandem geredet. Vielleicht hat er einen Bericht abgegeben. Vielleicht ist er auch nur aus der Hintertür raus und hat eine Zigarette geraucht. Jedenfalls war er nach zwanzig Minuten wieder da. Wir nannten ihn den Mann im dunklen Mantel.

Manfred gehört zu meinem Leben, sagt Pfarrer Hartmann. Nicht wie ein Vater, nicht wie eine Mutter, nicht wie ein Freund, auch nicht wie ein Idol, sondern wie etwas Fremdes, mit dem ich Kontakt aufnehmen konnte.

Wenn Manfred Gruselgeschichten erzählte, sagt Rudolf Kuhl, der

Werkzeugmacher und Saxophonist, passierten die kuriosesten Dinge. Wir hocken da also im Zimmer, das Licht ist aus, die Kerze brennt, Manfred erzählt: ... durch die schwarze Wand vorbeiziehender Wolken stahl sich zittriges Mondlicht. Ein ferner Schrei durchschnitt den Wind, als plötzlich... Und da sprangen die Fenster auf, sagt Kuhl. Wie in einem üblen Gruselfilm. Plötzlich sprangen die Fenster auf, und die Kerze ging aus. Alles war wie gebannt. Ob das Zufall war? Ich weiß es nicht. Aber es war so. Mit solchen Mitteln hat er gearbeitet.

Am Abend, wenn Manfred Böhme aus dem Club «Alexander von Humboldt» kommt, guckt er gerne noch bei Peter Schimmel vorbei, seinem Schüler aus der Zeit in Leuna. Er und seine Frau wohnen gleich nebenan. Sie haben inzwischen einen Sohn, Timo heißt er. Und Timo vergöttert den Onkel Manfred. Der setzte sich zu mir ans Bett, sagt Timo, der heute ein Teenager ist, und fing an zu erzählen. Grimms Märchen, eigene Märchen, verdrehte Märchen. Bei ihm war alles dramatischer als in den Büchern. Er veränderte alles, brachte alles durcheinander, das war schrecklich aufregend.

Ach, der Timo, sagt Ibrahim Böhme mit ungeahntem Sentiment in der Stimme. Und der Schimmel Peter und die Edith. Das sind auch zwei wichtige Menschen für mich gewesen. Da haben Sie also mit Peter Schimmel gesprochen. Hat er von Leuna geschwatzt?

Mehr von Greiz, sage ich.

Leuna war schöner, sagt er schwärmerisch. Aber Greiz auch. Durch sie wurde Greiz erträglich.

Und dann erzählt Böhme die Geschichte vom Gerüst. In Leuna war seine Klasse, in der auch Peter Schimmel war, einmal von der Polizei aufgegriffen worden, weil die im Schlafanzug auf der Straße spazierengingen. An einem Sommerabend in Leuna. Da kam gleich das Rollkommando. Und er, als Lehrer, mußte auf die Wache kommen.

Die Geschichte erzählt er einigen Freunden, als er nach Greiz kommt.

Was, im Schlafanzug? Fabelhaft. Das würde in Greiz niemand wagen.

Ich schon, sagt Böhme.

Im Schlafanzug auf die Straße?

Wetten? fragt Böhme und sagt: Morgen abend, 19 Uhr an meinem Haus.

Er kauft sich einen nagelneuen Pyjama, sagt er, zieht Wäsche darunter an und Hemd und Binder und steigt im Dämmerlicht über das Gerüst des Hauses auf die Straße hinab. Das Haus, sagt er, wurde damals neu verputzt. Und da wandelt er nun auf der Thälmannstraße Richtung Tannendorfbrücke, die Freunde schleichen hinterdrein, und da kommt auch schon eine VP-Streife vorbei, eine Volkspolizei-Streife.

Was machen Sie denn hier?

Ich gehe spazieren.

Ja, wie gehen Sie denn spazieren?

Na langsam, das sehen Sie doch.

Und die fühlten sich natürlich verarscht, sagt Böhme. Und einer von ihnen strahlt, jetzt hab ich dich, Bürschchen, so etwa, und sagt dann: Bürger, zeigen Sie bitte Ihr Personaldokument. Bitte schön, sag ich, und zieh mein Dokument aus dem Schlafanzug.

Um was haben Sie gewettet?

Um zwei Kästen Bier.

Das kommt wie aus der Pistole geschossen. Das gibt es einfach nicht, daß Ibrahim Böhme etwas nicht weiß. Er bleibt keine Antwort schuldig, auch nicht den Wetteinsatz von 1970. Und wenn er wirklich mal etwas nicht weiß, dann erklärt er einem, warum man das gar nicht wissen muß. Den Rest weiß er.

Er hatte ein unwahrscheinliches Gedächtnis, sagt Jürgen Kornatz. Jahreszahlen, Orte, Gespräche. Alles wußte er. Und manchmal war auch die Uhrzeit dabei, zu der Lenin was auch immer und in welcher gesundheitlichen Verfassung vor dem Deputiertenkongreß gesagt hat. Mit solchen Sachen hat er die Leute plattgeschlagen, sagt Kornatz. Und an Lenin hat ja schon mal gar niemand gezweifelt, wenn der irgendwo auftaucht und kluge Sachen sagt. Vieles wird gestimmt haben. Aber vieles war auch Bluff.

Wenn Helmut Schwenke, der Greizer Chef für Agitation und Propaganda, mal wieder große Reden schwang, sagt Harald Seidel, dann unterbrach ihn Manfred und sagte: Helmut, also das stimmt nicht. Weißt du, Lenin hat gesagt... Und dann sprudelten die Zitate mit Jahreszeit und Wochentagangabe. Er maßregelte Schwenke damit, sagt der SPD-Abgeordnete, und der konnte nichts tun. Der glaubte ja auch an die Echtheit der Zitate, die gar nicht echt waren. Und selbst, wenn er sie nicht geglaubt hätte, wie hätte er beweisen sollen, daß es Böhmesche Erfindungen waren?

Eines Tages, sagt Seidel, als wieder so ein Agitationsgerüst durch Manfred zusammensackte, wurde tatsächlich eine Parteigruppe gewählt, also eine Partei in der Partei. Die sollte den «gemeinsamen Standpunkt» erarbeiten, damit nicht einfach ein SED-Mitglied, also Böhme, auf Gegenkurs fährt. Und das mit Lenin-Zitaten. Das waren Manfreds Schildbürgerstreiche, sagt Seidel. Das hat die Leute in der SED-Kreisleitung verrückt gemacht. Die sagten ihm auch: Du bist doch einer von uns, aber du sprichst die Sprache der Gegner. Und dann erzählte Böhme menschliche Geschichten von Lenin. Auch das noch. Lenin sollte abstrakt sein. Abstrakt! Abstrakt, sagt Seidel, war Böhme in seinen Reden auch, sprach von Theoremen, von kristalliner Gestalt und Hegelscher Stringenz. Er hat doch Hegel nie gelesen, sagt Seidel.

In den Gesprächskreisen im Club «Alexander von Humboldt», erzählt Rudolf Kuhl, hat er Reden und Monologe gehalten, die bestanden nur noch aus Fremdwörtern. Ich zählte zwar zu seinen Jüngern, aber irgendwann, sagt Kuhl, ertrug ich dieses Gerede nicht mehr. Und ich habe mich dann erfrecht zu fragen: Du, Manfred, was heißt das, was du da gerade eben gesagt hast? Also das konnte Böhme nicht ertragen. Das war Verrat. Aber es ging mir einfach auf den Geist, daß ich zu etwas nicken und ja sagen sollte, was ich nicht verstand.

Da fing denn auch der Bruch mit ihm an. Vor allem, als ich merkte, ich kann mich nicht auf ihn verlassen. Auf mich, sagt Kuhl, konnte er sich verlassen. Und das wußte er. Aber das Gefühl wollte ich zurückbekommen. Ich wollte einfach, wenn ich ihm eine Frage stellte, eine konkrete Antwort bekommen. Oder ich wollte die Antwort bekommen: Das kann ich dir nicht sagen, das weiß ich nicht.

Aber den Satz «das weiß ich nicht», den gab es für Manfred nicht, sagt Rudolf Kuhl. Er wußte alles. Er wußte Zahlen, Fakten, Daten. Durch Zufall stieß man mal auf einen Fehler. Und dann brach seine ganze Beweiskette zusammen.

Er hat auch mal versucht, uns zu hypnotisieren, sagt Kuhl. Das war bei mir im Zimmer. Ich saß nur so dabei. Den anderen, ich weiß nicht mehr, wer das war, den hatte er aufs Bett gepackt. Da lag der nun, und Manfred redete ganz sanft und monoton auf den ein: Deine Arme werden jetzt schwer, und du kannst deinen Kopf nicht mehr bewegen... Und dem auf dem Bett passiert überhaupt nichts. Aber ich bin plötzlich weg, sagt Kuhl. Ich bin hypnotisiert. Ich hatte in mein Aquarium geschaut, und Manfred hatte gemurmelt, und plötzlich bin ich weg. Ich flog durchs Zimmer. Es sei kurios gewesen, und er wisse nicht, ob Manfred es gemerkt habe. Er jedenfalls habe nicht mit ihm darüber geredet.

Einmal waren französische Schüler bei uns im Jugendclub, erzählt Jürgen Kornatz. Und Manfred hielt mal wieder eine Rede. Also Russisch konnte er ja. Vietnamesisch offenbar auch. Jedenfalls sprach er mal mit Vietnamesen, und die sagten auch was zurück. Also, das konnte er wohl. Aber Französisch? Jedenfalls ging das nun los im Club. Manfred redete, die Dolmetscherin übersetzte. Und irgendwann unterbricht er sie und sagt: Entschuldigen Sie bitte, das ist gerade sehr wichtig, was ich hier sage – das sagte er natürlich auf deutsch –, ich möchte, daß Sie das etwas genauer übersetzen. Die Dolmetscherin ist völlig von den Socken, sagt Kornatz. Und Manfred? Steht wieder da, und alles schaut auf.

Aber wehe, wenn einer besser ist als er. Wehe, wenn einer mehr kann, mehr weiß, begabter ist. Reiner Kunze hatte mal eine Lesung, sagt Harald Seidel, und da wollten wir natürlich alle hin. Kunze war beliebt. Aber eher, weil er gute Gedichte schrieb. Er war eine Gestalt für uns in Greiz. Kunze war erwachsen. Böhme war nie erwachsen. Und Böhme wollte auch kommen an diesem Abend, sagt Seidel. Aber er kam nicht. Also ging ich rüber zu ihm nach Hause, wollte ihn holen. Da lag er im Bett und sagte: Nein, da geh ich nicht hin. Das will ich nicht hören. Und ich fühl mich auch nicht gut. Das war Eifersucht, sagt Seidel. Er war eifersüchtig auf Reiner Kunze.

Manfred wollte doch auch ein Lyriker sein, sagt Jürgen Kornatz. Aber seine Gedichte waren eben nicht gut. Die waren so weinerlich. Ich erinnere mich noch: Elegie einer Krisis. Na, und Balladen hat er ja auch gemacht.

Und dann denke ich an eine Diskussion, sagt Kornatz. Da war Gerhard Machnik dabei, Musiklehrer, log wie der Manfred, aber ein brillanter Kopf. Also Diskussion. Manfred laviert sich so durch, Machnik ist messerscharf, drückt Manfred an die Wand. Der steht da – ohne Argumente. Das konnte er nicht ertragen, sagt Kornatz. Da wurde er bleich und fiel um. Fiel einfach um. War ohnmächtig.

Die Freunde tragen ihn nach Hause, legen ihn aufs Bett, ziehen die Gardinen zu, reichen Wasser, halten seine Hand, sorgen sich. Er kam so oft zu meinem Vater in die Praxis, sagt Gabriele Kähler, die Ärztin aus Carlow, und wenn alle Patienten weg waren, dann redete Manfred. Mein Vater war ja ein Gutmütiger und hörte zu. Und Manfred erzählte von seinen Kopfschmerzen, seinen Ängsten, und daß er einen Hirntumor hätte. Ich glaube, sagt sie, er hat damit gespielt. Er spielte ja mit so vielen Sachen, die nicht zum Spielen sind. Auch mit Medikamenten.

Wenn er so dalag im abgedunkelten Zimmer, sagt Jürgen Kornatz, dann bat er: Reich mir doch mal einen Schluck Wasser aus der Karaffe, und dann drehte er sich etwas ab und sagte: Schau mal weg jetzt, schau dir das nicht an. Und dann tat er so, als spritze er sich was, und stöhnte da rum, das weiß ich noch. Manfred, das Böhmele, lag da wie hingegossen, hielt sich fest und stöhnte.

Er hat ja so viele Medikamente genommen, sagt Gabriele Kähler. Als sie ihn nach der SPD-Gründung im Fernsehen sieht, ist sie ganz erschrocken und sagt zu ihrem Mann: Guck den Manfred mal an, der hat ja gar keinen Blick mehr. Er hat ja auch schrecklich gesoffen früher, wie ein Loch, konnte aber auch viel vertragen, nur manchmal hatte er Absenzen, die einem als Arzt schon ein bißchen merkwürdig vorkommen. Vielleicht hat er aber auch einfach nur die Nächte durchgearbeitet, gelesen, nichts gegessen und so.

Manfred hat auch von einer Operation erzählt, sagt Jürgen Kornatz. Da sollen sie ihm den Tumor rausgeschnitten haben, in Halle war das. Also jeder hatte Mitleid mit ihm, wenn er seine Anfälle bekam.

Einmal kamen wir alle aus Warschau zurück, da hatte er einen Anfall im Zug. Da mußten die Gardinen im Abteil zugezogen werden, und der Manfred lag hingestreckt auf der Bank, und wir durften draußen stehen im Gang. Also ich fand das lächerlich, sagt Kornatz. Später, als er dann die SDP mitgegründet hatte und die Regierungsgeschäfte übernehmen wollte, da hab ich mal zu ihm gesagt: Na, Böhmele, wenn's brenzlig wird, kippst du wieder vom Stuhl. So hast du es doch immer gemacht.

Dieses Darstellen des eigenen Leids, sagt Rudolf Kuhl, der Saxophonist, das habe ich schon akzeptiert. Ich habe mich auch gefragt, was will er damit sagen? Hat er Angst? Fürchtet er unseren Liebesentzug?

Ich weiß bis heute nicht, ob das gespielt war, wenn der Manfred umfiel, sagt Harald Seidel. Wir haben ihn dann heimgeschleppt, der Kornatz, der Kuhl und ich. Makabre Situationen waren das. Die Leute standen an der Straße und guckten, und Böhme stöhnte. Vielleicht wollte er ja auch, daß die Leute guckten und dachten, Gott, was ist bloß mit dem armen Kerl los.

Manchmal alarmieren die Freunde auch einen Krankenwagen. Der bringt den Zusammengebrochenen dann ins Hospital, wo er gleich an den Tropf kommt. Er ist zwei- oder dreimal hier bei mir auf der Chirurgie gewesen, sagt Professor Hartmann. Aber das alles hatte wohl mehr mit Streß und Alkohol zu tun.

Er hatte eine chronische Entzündung im Ohr, sagt die Ärztin Beate Schwämmle, Tochter von Professor Hartmann, eine verschleppte Sache aus der Kindheit, die nie behandelt worden war. Das hatte nichts mit einem Tumor zu tun.

Die Schwestern im Krankenhaus schwärmen noch heute von ihrem Patienten Manfred Böhme. Unmöglich, daß der jemanden verraten hat, selbstlos, wie der war. Kaum konnte er wieder aufstehen, half er auch schon. Rasierte die alten Männer auf der Station, fütterte sie, wusch sie, machte auch die unappetitlichsten Arbeiten, einfach so, zur Entlastung der Schwestern.

Woher kamen Ihre Kopfschmerzen? frage ich Ibrahim Böhme.

Welche Kopfschmerzen?

Haben Sie in Greiz nicht Zusammenbrüche gehabt wegen Ihrer Kopfschmerzen?

Ach, das hing mit meiner chronischen otitis media links zusammen.

Ihrer wie bitte?

Meiner Mittelohrvereiterung, linke Seite. Aber das war wohl auch psychosomatisch bedingt, sagt er.

Einmal machen sie alle gemeinsam eine Bergtour in die sächsische Schweiz. Zuerst fahren sie nach Dresden, schmökern im Buchantiquariat herum und kaufen Philosophen. Kant, Fichte, Hegel, Reclamausgaben. In einer Scheune am Berg übernachten sie. Und da stank es dann bald wie im Bordell, sagt Jürgen Kornatz. Manfred hatte nämlich seine Wässerchen mitgebracht. Er sprühte alles ein, sich und das Heu. Wir legten uns einfach so hin. Aber Manfred? Der hatte einen Schlafanzug eingepackt und legte sich ein Handtuch unter den Kopf, damit der Geruch gemildert wurde. Und jeder von uns hat sich einen Philosophen genommen und gelesen. Und danach hat Manfred Geschichten erzählt. Geheimdienstgeschichten. Die halbe Nacht hindurch. Er schwärmte doch von Canaris, dem Chef der Abwehr im Reichskriegsministerium, sagt Günter Ullmann, der Lyriker. Alles Konspirative übte einen großen Reiz auf ihn aus.

Am nächsten Tag, sagt Kornatz, sind wir losgegangen. Es war ein einfacher Weg. Hoch, aber einfach. Wir haben auch Manfred angeseilt und sind nach oben gestiegen. Plötzlich wurde er kreidebleich, zitterte, wollte keinen Schritt weiter. Natürlich haben wir gefeixt, sagt Kornatz. Unser großer Böhme. Will alles, weiß alles, kann alles.

Wir haben ihn also ein Stück runtergelassen und auf einen Felsen gesetzt. Da konnte er nicht weg, aber da konnte ihm auch nichts passieren. Warte hier, sagten wir ihm, wir holen dich auf dem Rückweg wieder ab.

Und da sitzt er nun, Manfred Böhme, sitzt auf einem Felsbrocken zwischen Himmel und Erde. Ein Blender, ein Schaumschläger, ein Komödiant, der sich die dankbarste Rolle in der Tragödie reserviert hat – den Verräter. Und in diese Rolle wird er das ganze Spektrum seiner Begabungen investieren: Intelligenz, Phantasie, Charme, Witz, Larmoyanz, Eitelkeit und ein glänzendes Gedächtnis. Ein paar Jahre hat er nun schon an seinen Freunden geübt. Alle mögen ihn, alle bewundern ihn, alle vertrauen ihm. Er kann sie aushorchen, anzapfen, manipulieren. Der Sündenfall liegt schon hinter ihm. Die ersten Berichte über Reiner Kunze sind längst geschrieben, Elly-Viola Nahmmacher, die Bildhauerin, ist inzwischen diffamiert, Charlotte Stadtmann, die Frau seines Arztes, schon als «moralische Stütze» der Opposition denunziert.

Was Manfred Böhme anvertraut wird, das landet bei der Staatssicherheit. «Reiner Kunze verwies darauf...», «die Deutschlehrerin sagte mir...», «es wurde mir auch mitgeteilt...» So steht es in den Berichten von 1971 – untertänig und devot.

Und nun sitzt er da auf dem Felsbrocken zwischen Himmel und Erde: Ibrahim Böhme, ein eiskalter Engel, der den Teufel nicht fürchten muß, weil er an Gott nicht glaubt.

«Er war wie Bel ami und Raskolnikoff»

Der Prozeß

Es ist Herbst 1970. In Berga, ein paar Kilometer von Greiz entfernt, arbeitet Peter Michel als stellvertretender Kulturhausleiter. Der Posten scheint für den jungen Mann die Rettung zu sein aus einem Alptraum. Zwei Jahre dauert der nun schon. Er begann am 21. August 1968.

Peter Michel kommt Ende Juli aus dem Urlaub zurück. Seine slowakische Freundin Viera und er haben wunderbare Tage am Scharmützel-See bei Berlin verlebt. Sie sind unsterblich ineinander verliebt, wollen sich so schnell wie möglich wiedersehen, am liebsten gleich noch einmal im August, also vor Beginn des Herbstsemesters.

Dafür braucht der Student Geld. Er fährt nach Reichenbach, wo seine Eltern leben, dort jobbt er zwei Wochen. Am Samstag bestellt er die Eisenbahnkarte nach Bratislava. Am Mittwoch, in der Nacht zum 21. August, rollen Panzer durch Reichenbach in Richtung Grenze. Alle Welten brachen in mir zusammen, sagt Peter Michel. Ich habe nur geheult, tagelang nur geheult.

Die Ereignisse in der ČSSR bringen ihn völlig aus dem Gleichgewicht. Er vernachlässigt sein Studium an der Technischen Hochschule in Ilmenau. Er denkt an Flucht. Aber er denkt auch an seine Mutter und an seine Angst und verwirft den Gedanken. Ihm kommt sogar die tollkühne Idee, sich mit dem System zu arrangieren. Warum nicht die Flucht nach vorn? Man kann doch nicht ein Leben lang mit zwei Seelen in der Brust herumlaufen, ein Leben lang mit dieser Lüge. Er möchte auf eigentümliche Weise dazugehören. Andere können das doch auch. Warum er nicht?

Er hört Akklamationsveranstaltungen in der Universität. Er hat die «2000 Worte» der Literární Listy im Kopf, kann ihn fast auswendig, jenen Aufruf vom 27. Juni 68, in dem siebzig Künstler und Intellektuelle der ČSSR vor der Zerstörung des Prager Frühlings warnten. Und Professoren und Studenten der DDR, die sich auch Intellektuelle nennen, begrüßen nun den Einmarsch, bejubeln die Rettung des Sozialismus.

Ich war wie von Sinnen, sagt Peter Michel, ich taumelte herum, hatte den ‹Mut›, während der Beifallsbekundungen im großen Hörsaal die Hand nicht zu heben. Mit Freunden diskutiert er, wird immer ungehemmter, und irgendwann, im Januar 1969, schreibt er einen Brief an die Staatsratskanzlei, an Walter Ulbricht. In diesem Brief, sagt er, kotzte ich mich aus. Ich schrieb über Ehrlichkeit und Wahrhaftigkeit und Gott und die Welt und meine Vorstellungen vom Sozialismus.

Einen Monat später wird er ins Hochschulsekretariat gerufen. Auf dem Schreibtisch liegt der Brief. Und man liest ihm Berichte vor, Sätze, die er gesagt haben soll, die er gesagt hat, natürlich, er erkennt das wieder, das hat er doch alles gesagt in den letzten Wochen. Er ist wie gelähmt, wie erschlagen, erkennt, daß es zwischen den Kommilitonen, zwischen seinen Freunden Spitzel gibt.

Wer hat das alles notiert? Wer hat ihn verraten? Man sagt ihm, daß einer wie er nicht geeignet sei, an einer Sozialistischen Hochschule zu studieren. Aber da bei ihnen niemand fallengelassen werde, habe er die Chance, sich in der Produktion zu bewähren; und wenn er zu einem festen Klassenstandpunkt zurückgefunden habe, wolle man weitersehen.

So war das, sagt Peter Michel. Und er ist auf eigentümliche Weise froh, all dem und auch sich selbst entfliehen zu können. Aber dann kommt die Angst wieder, auch die Scham, versagt zu haben, und die Eltern sind enttäuscht, und er weiß nicht, wohin, er schreibt Bewerbungen, sucht einen Job, mal ist Interesse da, dann werden die Unterlagen nachgeschickt, und schon ist das Interesse wieder weg. In Schönbrunn wird eine Talsperre gebaut. Da fängt er als Betonarbeiter an. Nur nicht nach Reichenbach, nur nicht nach Hause. Ich wollte meine Mutter vor dem täglichen Anblick meines ‹Elends› bewahren, sagt er.

Er ist hellwach, aber gelähmt. Er weiß nicht, was er mit sich anfangen soll. Er vergräbt sich in Bücher, zerstreut sich bei Frauen, meidet die alten Freunde, denkt immer wieder an Flucht. Und im Sommer 1970 ist er das alles so leid, er will wieder kämpfen.

Er geht zur SED-Kreisleitung nach Ilmenau, sagt, daß er zwar kein Mitglied der Partei sei, sich aber nun lange genug bewährt habe, er wolle jetzt eine wirkliche Chance, es könne doch nicht im Sinne der Partei sein, einen jungen Menschen derart vergammeln zu lassen. Und tatsächlich, es bewegt sich etwas. Peter Michel wird stellvertretender Kulturhausleiter im kleinen Berga. Es sollte die Vorstufe sein für ein erneutes Studium.

Er lernt, diplomatisch zu sein. Er orientiert sich an Themen und Personen, die sich an der äußersten Grenze dessen bewegten, was als ‹humanistisches Erbe› gelten konnte, sagt er. So ist es möglich, sich in brenzligen Situationen auf die Klassiker Marx, Engels und Lenin zu berufen.

Und dann, eines Tages, taucht im Vestibül des Clubhauses auf – Manfred Böhme. Alles an ihm, sagt Peter Michel, hat mich augenblicklich fasziniert. Sein schwarzer Mantel, der Schal, das Gesicht, der Bart, die unheimlich lebendigen, beinahe durchdringenden Augen, die warmherzigen, wissenden Blicke, alles. Er war ein Paradiesvogel, sagt er, und ich war entzückt.

Sie reden über die Arbeit im Clubhaus, über Lesungen, die man machen könnte. Und Peter Michel hat den Eindruck, es interessiere Böhme, was er da erzählt. Und so verabreden sie sich wieder, wollen sich in Greiz sehen.

Michel hängt an Greiz. Greiz, sagt er, hatte ein freies Klima, ein gutes Theater, hatte vor allem Reiner Kunze. Ja, natürlich, den kannte er, hatte ihn bei einer Lesung gehört, hatte fast all seine Gedichte auf Schreibmaschinendurchschlägen zu Hause, so eine Art Samisdat war das. Außerdem gab es in Greiz immer mehr einzukaufen als in Reichenbach. Wenn meine Eltern was Besonderes suchten, sagt er, dann fuhren sie nach Greiz. Und so freut er sich denn auf die Stadt, freut sich vor allem auf Manfred Böhme.

Sie sehen sich zwischen November 1970 und Mai 1971 häufig, sehen sich im Club «Alexander von Humboldt», im Restaurant, überall ist Böhme bestens bekannt, im Hotel «Thüringer Hof» wird er mit Namen angeredet. Er ist regelrecht umschwärmt, und er scheint das zu genießen, und Peter Michel beobachtet es neidvoll-ehrfürchtig.

Er war für mich einfach die Inkarnation eines Universalgeistes, sagt Michel. Er kam ohne die eindimensionalen Erklärungsmuster und Lebensansichten aus, die mich sonst umgaben und deren Dürftigkeit mir die Kehle zuschnürte.

Er sprach fließend Russisch, war immer ernst, hochgeistig, bedeutungsschwanger und immer von einer Art Schwermut getragen, sagt Michel. Aber die zog nicht nach unten, die zog hoch. Nie habe er ihn in ausgelassener Stimmung erlebt, kann sich auch an keinen Witz erinnern, den er gerissen hätte. Aber er konnte stundenlang über Filmmusik von Tiomkin dozieren, Stunden auch über chinesische und russische Geschichte, und was er zu Heinrich Heine sagt, und wie er es sagt, das begeistert den Studenten auf Bewährung. Er hatte keinen Hang zu oberflächlichem Luxus, sagt Michel. Er brachte mir einen ganz anderen Luxus bei, den ich so nicht kannte, nämlich Musik zu hören bei einem Glas Wein.

Von sich selbst habe Böhme nie etwas erzählt. Und Michel habe nie danach gefragt. Dafür aber sei ihm der Mund übergegangen. Er habe über alles geredet. Über seine Exmatrikulation, über seine Liebe zu Viera, über seine Schwierigkeiten mit dem Sozialismus, über seine Ängste, über seine Wünsche, über alles. Nur nicht über seine Fluchtabsichten, die noch immer im Kopf sind. Sonst öffnet er sich ohne jede Hemmung. Und er fühlt sich mit seinem Weltschmerz und seiner Hilflosigkeit bestens bei ihm aufgehoben.

Böhme gibt sich selber nur in Versen preis. Die folgenden schenkt er seinem Freund Peter Michel:

> Daß...
> Daß mich die Zeit nicht ewig trenne,
> von dem, was mir die Liebe scheint;
> daß ich im Kampf die Kraft erringe,
> die mich mit meinem Traum vereint;
> daß Straßen sich nach vorn bewegen,
> auf ihnen ich im flotten Schritt!
> Dafür nur gilt es mir zu leben,
> und dafür zwing' ich mein Geschick!

Dieses Gedicht, sagt Peter Michel, beschwört ein bißchen die Zeit von damals, gibt einen kleinen Einblick in sein Innerstes, in die verborgenen, individuellen Sehnsüchte und Kümmernisse, die sein, mein und das Leben so vieler ausmachten. Und er müsse betonen, daß er trotz des bösen Endes ihrer Verbindung keinen Haß ihm gegenüber empfinde. Vielmehr habe die Verworrenheit der Seelen ein feines, dünnes Band der Verbundenheit geknüpft.

Eines Abends, Böhme hat ihn mit zu einer Veranstaltung in den Club «Alexander von Humboldt» genommen, ist es spät geworden, und es fährt kein Zug mehr nach Berga. Da sagt Böhme, er könne bei ihm bleiben. Sein Zimmer, sagt Michel, strahlte Individualität aus, die alten, schweren Möbel, der abgeschabte Teppich, der einmal wertvoll gewesen sein muß, und ein Tisch, übersät mit Büchern und Papieren. Es war die Bude eines Feinsinnigen.

Manfred Böhme zündet eine Kerze an, schenkt Rotwein ein, und dann liest er einen Essay, den er selbst verfaßt hat. Es geht um Lew Tolstoi, der die Uraufführung der «Apassionata» von Peter Tschaikowsky miterlebt in Petersburg, Tolstoi, der dasitzt in der ersten Reihe und vor Ergriffenheit weint. Und ich war vollkommen gerührt, wie Böhme das bei Kerzenschein vortrug, sagt Michel. Es war ihm, als schwebte faustischer Weltgeist durch den dunklen Raum.

Dann liest der Freund Lermontow vor, liest aus dem Roman «Ein Held unserer Zeit». Der Held heißt Petschorin und ist kühl bis ans Herz. Er zieht Männer und Frauen in seinen Bann – und stößt sie von sich, verrät sie. «Ist das Böse wirklich so anziehend?» fragt Petschorin. Er liebt Feinde, er liebt es, Absichten zu erraten, Verschwörungen zu zerstören, «sich getäuscht stellen und plötzlich mit einem Schlag das ganze riesige, mit soviel Mühe errichtete Gebäude aus feiner List und Tücke zum Einsturz zu bringen – das nenne ich Leben!»

Das sagt Petschorin, der unter der Maske des Freundes auf das Unglück seiner Freunde wartet. Am Ende fragt er sich: Warum habe ich gelebt? Zu welchem Zweck bin ich geboren worden? Und Petschorin antwortet, er sei das Beil in den Händen des Schicksals gewesen. «Wie die Henkerwaffe bin ich auf das Haupt der verurteilten Opfer herabgefallen, oft ohne bösen Willen, immer ohne Bedauern. Meine Liebe hat niemandem Glück gebracht, weil ich denjenigen, die ich liebte, nichts opferte. Ich liebte für mich, für das eigene Vergnügen.»

Spät in der Nacht gehen die beiden jungen Leute schlafen. Sie liegen in dem großen Bett unter klammen Federdecken. Und Manfred Böhme berührt den Freund, der ihn so sehr bewundert und der ihm so ergeben ist. Und der ist verwirrt, hat eine unbestimmte Angst und weiß nicht, wie er dem begegnen soll. Er liegt da wie erstarrt und ist dankbar, als sein Freund ihm eine gute Nacht wünscht. So blieb nichts zwischen uns, sagt Peter Michel, auch am Morgen, als Frau Herold leise an die Tür klopfte, spielte das keine Rolle mehr.

Sie sehen sich auch weiterhin, bereden Dienstliches, und Böhme liest in Berga, und Michel lädt ihn nach Hause ein, zu den Eltern nach Reichenbach, und er ist stolz, als es endlich klappt, als Böhme am Kaffeetisch sitzt. Peter Michels Schwester wird es später spöttisch kommentieren, das ‹große Ereignis›, und sie macht sich lustig über den Bruder, der diesen Manfred so vergöttert.

Ja, das tut er. Er sieht seinen Freund wie einen Helden von Puschkin durch die weißen Nächte von Sankt Petersburg schlendern, sieht auch Maupassants ‹Bel ami› in ihm, ein Stück Raskolnikoff von

Dostojewski, einen Sommergast von Maxim Gorki, der beflügelt vom bloßen Ästhetizismus schwärmend durch die Felder streift.

Und weil dieser Manfred Böhme nie einen Zweifel daran gelassen hat, daß der Sozialismus seinem Idealbild doch noch einmal ähnlich werden kann, pflanzt er auch in Peter Michel jene verlorengegangene Zuversicht, deren Nichtherstellbarkeit ihm immer schwerer zusetzt. Aber die von Böhme gespeiste Phantasie und die Wirklichkeit in Berga driften immer weiter auseinander. Im Juni entschließt Peter Michel sich, über Bulgarien in den Westen zu fliehen.

Er sagt es niemandem. Aber er sieht noch seine Mutter aus dem Fenster schauen, als der Vater ihn zum Bahnhof fährt. Und er sieht, daß die Mutter es weiß.

In der Nacht zum 2. Juli 1971 will er auf ein Schiff flüchten. Alles ist verabredet. Bei strömendem Regen überwindet er am Strand von Burgas die Hafenmauer, rennt den Laufsteg hoch, ist fast an Deck, es fehlen noch zwei Schritte – Halt! Es ist aus. Er ist entdeckt. Er wird festgenommen, in die DDR zurückgeflogen, in Handschellen, zunächst nach Karl-Marx-Stadt. Da kommt er in die Zelle zu einem, der in der Nacht zuvor seine Mutter ermordet hat. Ich dachte, sagt Michel, ich sterbe. Dann wird er nach Gera gebracht und von der Staatssicherheit verhört.

Er soll Leute nennen, zu denen er Kontakt gehabt hat in den letzten Monaten. Er nennt die Leute aus Berga. Das weiß ja jeder, daß er mit denen zusammen war.

Sie sind in Greiz gesehen worden.

Er schweigt.

Wen haben Sie in Greiz getroffen?

Er weicht aus. Nennt die Eltern, nennt die Schwester. Zu allen wird er peinlich genau befragt.

Und wen haben Sie in Greiz getroffen?

Er nennt Böhme. Warum nicht? Böhme ist doch stadtbekannt, ist doch fast schon eine Person der Öffentlichkeit.

Böhme?

Kaum habe ich den Namen gesagt, sagt Peter Michel, da grinst der

Vernehmer zum erstenmal, das weiß ich noch genau. Grinst und fragt nicht weiter. Zu jeder Person haben sie mich gefragt. Zu ihm nicht. Nicht, wann, warum und wie oft wir uns gesehen haben. Keine Frage.

In der Zelle denkt er darüber nach. Es macht ihn stutzig. Und plötzlich wird ihm alles klar, ohne daß er einen Beweis hat. Sie kennen Böhme. Sie grinsen bei seinem Namen. Er ist ihnen also bekannt.

Später wollen die Vernehmer etwas über eine Rede wissen, die er geschrieben haben soll.

Welche Rede?

Sie nennen Einzelheiten.

Aber das war doch keine Rede, das war ein Konzept für eine Rede.

Sie sind gewarnt worden wegen dieser Rede, sagen die Stasi-Leute.

Wieso gewarnt? Über das Konzept habe ich doch nur mit Manfred... So ist das also. Aber Böhme hat es doch gut gefunden, was ich da sagen wollte. Aber er hat – natürlich, er hat gesagt, ich solle es mehr auf gegenwartspolitische offizielle Verlautbarungen abstellen.

Vor dem Gerichtssaal werden Peter Michel die Handschellen abgenommen. Ich kam mir vor wie ein Schwerverbrecher, sagt er. Drinnen sieht er seinen Vater, den Ankläger, dessen Diplomarbeit er zur Hälfte geschrieben hatte, sieht noch ein paar Leute und – Böhme. Das, sagt Michel, raubte mir den Rest meiner Fassung.

Er hört nur noch Wörter, hört ‹Staatsfeind› und ‹Gesellschaftsschädling›. Und dann soll er sich erklären. Er stammelt mehr, als daß er redet. Und dabei will er doch keine Schwäche zeigen, doch nicht hier. Er zitiert Rosa Luxemburg, er zitiert Nicolai Bucharin, sagt, was der über Lenin gesagt hat: «Man zerschnitt seine Gedanken für balsamierte Reden...» Da fährt der Richter ihn an, brüllt: Nun setzen Sie sich mal, Herr Philosoph, das reicht uns!

Und Böhme sitzt in der zweiten Reihe und sieht mich nicht an. Er sitzt da, den Ellenbogen auf die Banklehne gestützt, den Kopf geneigt, den Blick nach vorn. Manfred Böhme sagt als Zeuge aus. Er beschreibt Peter Michel als einen Wirrkopf, berichtet von der Rede und deren negativer Tendenz. Ich weiß die Worte nicht mehr, sagt Mi-

chel. Es schwamm doch alles vor meinen Augen. Und seine größte
Enttäuschung ist – ich weiß, sagt er, das klingt naiv –, daß er kein
gutes Wort über mich sagt. Ich wußte, daß es am Urteil nichts geän-
dert hätte, aber ein positives Wort war das einzige, was ich von ihm
erwartet hätte.

Peter Michel wird am 1. Oktober 1971 vom Kreisgericht Greiz zu
zweiundzwanzig Monaten Freiheitsstrafe wegen ‹versuchten unge-
setzlichen Grenzübertritts› verurteilt.

Ich frage Manfred Böhme, warum er gegen Peter Michel ausgesagt
habe. Er sagt: Ich habe nicht gegen Michel ausgesagt. Ich wußte doch
gar nichts von seiner Flucht.

Das ist richtig. Aber von seinen Nöten wußte er. Und daß er politisch nicht mehr zuverlässig war.

Böhme sieht kühl an mir vorbei und schweigt.

«Wenn man es zugibt, ist man verloren»

Die Ersatzfamilie

Auf dem Ball zum Tag des Gesundheitswesens, im Herbst 1970, lernt Familie Hartmann den jungen Manfred Böhme kennen. Der erste Eindruck war mir nicht angenehm, sagt Dr. Regina Hartmann. Er küßte mir in dieser Umgebung die Hand und benahm sich eigentlich wie ein Dandy.

Ihre Tochter Beate sieht den damals Sechsundzwanzigjährigen noch genau vor sich: sehr zierlich, schwarzer Anzug, weißes Hemd, Schlips, Handkuß, total alte Schule, ein hervorragender Tänzer, ein glänzender Gesellschafter. Das erste Bild – ungewöhnlich.

Als Beate Hartmann und ihr Bruder Rainer den neuen Freund mit nach Hause nehmen, ist da zuerst Mißtrauen. Vor allem bei Professor Hartmann, dem Chefarzt des KKH, des Kreiskrankenhauses in Greiz. Denn Manfred Böhme hält damals in der Ärzteschaft Vorträge. ‹Rotlichtbestrahlung› nannten wir das, sagt Gerhard Hartmann. Die Ärzte waren ja nicht gerade linientreu.

Aber eigentlich waren wir immer ganz froh, wenn der Böhme unser Weiterbildungsleiter war. Der brachte uns den Marxismus-Leninismus etwas lockerer bei, der war nicht so dogmatisch stur. Und weil ich mich lieber über Literatur als über Lenin unterhielt, sagt er, habe ich ihn dann auch mal ins Krankenhaus eingeladen.

Da hat er vor den Schwestern gesprochen, auch über Bücher, die nicht populär waren bei uns, also über Michael Bulgakows «Meister und Margarita», diese herrliche Satire, in der ein freier, genialer

Mensch sich den Heuchlern, Spießern und Bürokraten unterwerfen soll. Böhme ist so weit gegangen, wie er es verantworten konnte. Aber es war nicht immer einfach, ihm zu folgen. Er schürfte sehr tief. Und vor allem waren seine Vorträge sehr lang. Für die Schwestern war das schon anstrengend. Aber sie mochten ihn. Und auch uns, so kann man sagen, wurde er langsam ein Freund.

War er frei und offen, wenn er privat bei Ihnen war?

Nein, sagt Regina Hartmann. Manfred war immer ein Stück Politik. Er sprach über Begegnungen mit politischen Leuten, berief sich auf Fakten, die mir fremd waren, benutzte Abkürzungen, die mein Mann zwar verstand, aber irgendwie war das alles sehr ermüdend.

Er trank ja auch gern und viel in jener Zeit, und er war ein pausenloser Redner. Er redete, ohne zuzuhören. Das habe sie ihm dann auch später einmal vorgeworfen. Ungerechterweise, sagt sie, zu ihrem sechzigsten Geburtstag, wo Böhme die Wohnung mit Girlanden geschmückt und sich um alles gekümmert hatte. Aber auch das habe sie schon wieder gestört, daß er die Honneurs machte, die ja eigentlich ihr oblagen, und daß er sich wie ein Butler benahm. Und am Abend, als er dann schon einiges getrunken hatte und wieder nur über Politik monologisierte, sich selbst fragend, wer wohl wann wessen Nachfolger werden könnte, da sei ihr der Kragen geplatzt, und sie habe ihm gesagt, daß sie es schrecklich fände, daß er so überhaupt nicht zuhörte und auch nicht auf die Anliegen anderer einginge.

Das hat gewirkt, sagt sie, denn in Zukunft hat er doch des öfteren direkt nachgefragt und ist auch wirklich ein Zuhörer gewesen. Einmal hat er mir auch gesagt: Die Leute wissen gar nicht, daß sie viel weiter gehen können. Viel weiter.

Regina Hartmann glaubt, daß er selbst dieses ‹Weitergehen› praktiziert habe. Ich glaube auch, sagt sie, daß hier die Ursache für sein Trinken lag. Er hat es wohl einfach nicht ausgehalten, hatte wohl auch Angst.

Wir Ärzte, sagt Professor Hartmann, wußten doch, daß überall Spitzel saßen, wußten, daß wir wirklich nur zwei oder drei Menschen gegenüber offen sein konnten. Wenn ich ins Krankenhaus ging, sagt er, hatte ich immer eine Maske auf. Immer. Und was bei der ‹Rot-lichtbestrahlung› geredet und diskutiert wurde, das war am nächsten Tag bei der Staatssicherheit. Das wußte jeder, sagt er. Auch Böhme.

Einmal habe er dem gesagt: Herr Böhme, nun sagen Sie mir doch mal, der Marxismus-Leninismus ist nach Ihrer Auffassung eine Wissenschaft. Eine Wissenschaft aber, die überholt sich doch nach fünfzig Jahren, spätestens aber wohl nach hundert Jahren. Nur bei Marx soll es keinen Zweifel geben? Und weil Böhme kein Dogmatiker war, hat er geantwortet: Richtig. Da müsse man sicherlich auch mal über dies und jenes nachdenken. Das, sagt Gerhard Hartmann, hat ihn uns sympathisch gemacht. So sprach sonst kein Bonze.

Aber Professor Hartmann wußte natürlich, daß Manfred Böhme schon qua Beruf mit der Staatssicherheit zu tun hatte. Er war Kulturfunktionär. Und dann und wann – da duzten sie sich dann schon – habe Böhme ihm auch mal gesagt: Gerd, bedenke, was du sagst! Ja, das habe er schon auch als Warnung begriffen.

In all unseren Gesprächen, sagt Regina Hartmann zu ihrem Mann, hast du dein Mißtrauen immer durchblicken lassen. Ich erinnere mich noch, daß du ihm einmal sogar gesagt hast: Na, Manfred, vielleicht bist du sogar einer von denen. Und am Ende, sagt sie zu ihrem Mann, hast du mit all deiner Skepsis recht behalten. Ja, sagt er, aber ich habe wirklich nie geglaubt, daß der Manfred Seiten und Seiten, Hunderte von Seiten für die Stasi geschrieben hat. Wirklich nie.

Manfred Böhme hat auch über die Hartmanns Berichte abgeliefert, über die Menschen, die er seine «Quasi-Eltern» nennt und von denen er sich wünschte, ihr «Quasi-Sohn» sein zu dürfen. Das ist Hartmanns nie schwergefallen. Manfred B. war Kind im Hause, wie es Beate und Reiner H. waren, seine «Quasi-Schwester» und sein «Quasi-Bruder».

Wie sehr er Sohn im Hause Hartmann ist, beweist, daß Regina Hartmann ihm Briefe zeigt, die Tochter Beate schreibt. Beate Hartmann, die Ärztin geworden ist, hat inzwischen geheiratet, heißt Schwämmle und lebt mit ihrem westdeutschen Mann seit 1976 in der Bundesrepublik bei Tübingen.

Am 24. August 1977 spricht der Inoffizielle Mitarbeiter «Paul Bonkarz» der Staatssicherheit einen Text aufs Tonband «zu einem Gespräch bei Familie Hartmann, Betreff Reiner Kunze». Reiner Kunze lebt zu dieser Zeit seit vier Monaten in der Bundesrepublik. Und Manfred Böhme, der den Lyriker jahrelang in Greiz bespitzelt und den Bonzen geholfen hatte, ihn aus dem Land zu ekeln, nimmt die Gelegenheit wahr, der Staatssicherheit erneut ein paar Brocken vom ehemaligen Volksfeind anzuschleppen.

«... Interessanter war aber vor allem ein Fakt: Frau Dr. R. Hartmann zeigte mir einen Brief, in dem B. Hartmann davon berichtete, daß sie mit Dr. Elisabeth Kunze, Gattin des R. Kunze, vor unlanger Zeit zusammengetroffen wäre. R. Kunze halte sich zur Zeit zu einer Kur in der Schweiz auf... Frau Dr. E. Kunze, so ging es aus diesem Brief hervor, hält sich etwa 100 km von Tübingen entfernt auf. (Ein genauer Ort war im Brief nicht angegeben, so wie man immer nur von Elisabeth sprach.) Auf jeden Fall wollten an dem im Brief genannten Tag das Ehepaar Schwämmle (Beate und Kurt) die Frau Dr. Kunze in ihrer Praxis abholen... Als Schwämmles verspätet, zumindest später als angekündigt, in der Praxis von Dr. E. Kunze eintrafen, befand sich ein Zettel an der Tür, wo sich Frau Dr. Kunze wohnhaft aufhalte. Sie besuchten sie in einer 2 ½-Zimmer-Wohnung, die z. Z. von Frau Dr. Kunze bewohnt wurde. Dort haben sie längere Zeit, d. h. von 18.30 Uhr bis 0.30 Uhr gesprochen.

Aus dem Brief ging hervor, daß Schwämmles und Kunzes weiter in Kontakt bleiben wollten.

Dr. E. Kunze bat vor allem, sowohl das Ehepaar Hartmann als auch den als Kreissekretär in Greiz ausgeschiedenen (Kreissekretär des KB) Manfred Böhme recht herzlich zu grüßen. Es stand u. a. darin, ‹wir haben über M. sooo lange und wohlwollend gesprochen›.»

Damit signalisiert der IM «Paul Bonkarz» der Staatssicherheit, wie gut er gearbeitet habe, damals, als Kunzes noch in Greiz lebten, so gut nämlich, daß die ‹Opfer› den ‹Täter› herzlich grüßen lassen, weil sie ihn eben nicht erkannt haben. Wenigstens diktiert Böhme es so in seinem Bericht.

Schon 1975 sprudelt die ‹Quelle› Böhme und berichtet, wie sein «Quasi-Vater» als junger Assistenzarzt gedacht habe. Woher er das erfahren haben will, bleibt unklar. Böhmes Berichte strotzen von Hypothesen und Vermutungen: immer wieder «glaubt» er, weiß nicht genau, aber «ahnt» und «schließt nicht aus».

Ende Dezember 1976 erzählt «Paul Bonkarz», wie bitter enttäuscht Hartmanns gewesen seien, als ihre Tochter Beate aus West-Deutschland nicht einreisen durfte. Am Telefon habe Hartmann ihm sein Leid geklagt, und er, Böhme, habe versucht, beruhigend auf ihn einzuwirken. Und dann fügt er perfide hinzu, welchen Tip Regina Hartmann von einem netten Beamten bekommen habe und wie der Major T. versuchen wolle, die Einreise der Tochter beim nächsten Mal zu ermöglichen. Den Leser der Akten wundert es kaum, daß neun Monate später wieder eine Absage auf den Antrag der Tochter erfolgt, und Manfred Böhme weiß denn auch von einer «miesen Stimmung» im Hause Hartmann zu berichten.

Und wieder schlägt er zu, wieder plaudert er ein Geheimnis aus, das Regina Hartmann ihm, dem sie vertraut, erzählt hat:

«... Vor längerer Zeit bereits hatte Frau Dr. Regina Hartmann mit dem Wissen des Professors G. Hartmann etwas verschlüsselt mit Beate Hartmann vereinbart, daß sie sich zu Pfingsten am Hermsdorfer Kreuz treffen wollten; gemeint Fam. G. Hartmann und Kurt und Beate Schwämmle. Aus Anlaß des 29. Geburtstages von Beate Hartmann sollte dieses Treffen stattfinden. Anwesend waren außerdem noch Rainer und Edda Hartmann, Sohn und Schwiegertochter. Beide hatten sich aber ab Hermsdorfer Kreuz von Hartmanns abgesetzt. Ob sie ein eigenes Fahrzeug hatten oder ein anderes, weiß ich nicht. Auf jeden Fall hätte das Treffen stattgefunden, Schwämmles wären allerdings etwas verspätet eingetroffen... Im Hermsdorfer Kreuz hätten sie Mittag gegessen und hätten auch einige Geschenke getauscht. Frau Dr. Hartmann hatte für Beate Schwämmle eine Decke gekauft zum Geburtstag. Schwämmles ihrerseits hatten zwei Wünsche erfüllt; für Frau Dr. Hartmann ein Rädchen für eine Junghans-Uhr, für Prof. Hartmann 5 Bücher, u. a. Reiner Kunze und Adorno.»

Nach dem Treffen an der Autobahnraststätte werden Hartmanns angehalten, zwei Stunden verhört, und alle Geschenke werden konfisziert, und Frau Hartmann, so notiert es Böhme dann noch einmal in seinem Bericht, «hatte noch sehr darum gebeten, daß man ihr doch wenigstens das Rädchen für die Junghans-Uhr beließe».

Man beließ es ihr nicht. Und scheinheilig fragt Böhme das Ehepaar, ob es sich bei der Durchsuchung vielleicht um den Zoll gehandelt haben könnte.

Nein, habe Herr Hartmann gesagt, es seien Personen der Staatssicherheit gewesen, und selbige hätten sich auch als solche ausgegeben.

Und damit die Herrschaften von der Stasi auch wissen, wie Professor Hartmann und seine Frau das Ganze einschätzen, gibt Böhme ihre Vermutungen zum besten:

«Die vernehmenden Personen» hätten offenbar in Routine gearbeitet, die Namen Kunze und Adorno seien den Herren allem Anschein nach unbekannt gewesen, und die ganze Sache am Autobahnkreuz sei wohl nur deshalb bemerkt worden, weil Schwämmles mit soviel Verspätung gekommen seien, denn dadurch sei der Kellner aufmerksam geworden. Mit einem Wort: Hartmanns seien ahnungslos – ach, wie schön, daß niemand weiß, daß ich Rumpelstilzchen heiß.

Elf Jahre später, 1988, feiert Professor Hartmann seinen 65. Geburtstag. Und Manfred Böhme, der von Greiz über Gera und Neustrelitz nach Berlin gegangen war – oder von der Staatssicherheit dorthin beordert worden war –, Manfred Böhme kommt also zum Fest nach Greiz.

Was hat er nicht alles gemacht, sagt Regina Hartmann. Er hat die Wohnung geschrubbt, die Ecken geputzt, die Gardinen abgenommen, gewaschen, wieder aufgehängt, er hat von morgens bis abends auf den Knien gelegen. Und dann hat er mit mir überlegt, was man anbieten kann, was für wie viele Personen notwendig ist, hat Wein mit mir besorgt, wußte, wo was billiger war, und er hat das kalte Buffet zurechtgemacht und den Butler gespielt für die ganze Familie. Er hat fünf Tage von früh bis spät geschuftet. Geschuftet wie ein Kind, das für die Eltern alles tun will.

Und dann, in der Nacht, als wir schon schliefen, hat er mit Beate das ganze Zeug abgewaschen in der Küche. Bis morgens um fünf. Und die Blumen hat er versorgt. Und aus der Badewanne hat er den schönsten Strauß genommen und ist in aller Herrgottsfrühe auf den Friedhof gegangen und hat ihn Willibald Müller aufs Grab gelegt. Das war der Erste Kreissekretär von Greiz, sagt Regina Hartmann. Womöglich ein Freund von ihm. Womöglich ist von dem vieles dorthin gelangt, wo es nicht hingelangen sollte.

Ich frage Manfred Böhme, warum er ausgerechnet diesem Funktionär, der Wolf Biermann als eines der gefährlichsten Subjekte der DDR denunzierte, als einen Renegaten dazu, warum er diesem Mann Blumen aufs Grab legt?

Na ja, sagt Böhme, das war schon ein Mensch, der ein bißchen dümmlich war. Nicht einer, sagt er, der Kino mit ‹ie› schreibt. Aber er hatte auch wieder keine Möglichkeit, einer der gefährlichsten zu sein.

Aber dumm ist gefährlich genug, sage ich.

Mir, sagt Böhme, hat er geholfen. Damals, als er gegen den Einmarsch der Warschauer-Pakt-Staaten in die ČSSR votiert habe, da sei in einer Parteiversammlung einer aufgestanden und habe gesagt: Leute wie Böhme müßten an die Wand gestellt werden. Da sei Willibald Müller aufgestanden und habe gesagt: Also, so ginge das doch wohl nicht. So, sagt Böhme, habe man ihm das jedenfalls später erzählt. Und deshalb habe er dem Genossen immer mal wieder Blumen aufs Grab gelegt.

Im Dezember 1990 lesen Professor Hartmann und seine Frau das Buch «Deckname Lyrik» von Reiner Kunze. Und sie entdecken darin, daß Manfred Böhme für die Staatssicherheit gearbeitet hat. Da saß er hier, der Manfred, sagt Gerhard Hartmann, und meine Frau und ich wollten ihm noch den Überzeugungstäter unterjubeln, und ich sage noch zu ihm: Manfred, wenn du es warst, warum kannst du es dann nicht zugeben?

Nie! hat er da gesagt. Nie kann man das zugeben. Wenn man das zugibt, ist man verloren.

Hier im Wohnzimmer hat er gesessen und hat das gesagt.

Manfred wollte keine Karriere machen, sagt Professor Hartmann, er war ein Gläubiger, ein Sozialist, ein Marxist. Und für die Realisierung seines Glaubens, seines Traums, hat er alles auf eine Karte gesetzt. Alles.

Manfred Böhmes «Quasi-Bruder» Rainer Hartmann liest das Buch von Reiner Kunze ebenfalls im Dezember 1990. Auch er, der Pfarrer von Beutnitz, ist entsetzt. Aber nicht über Manfred Böhme, sondern über Reiner Kunze. Ihm schreibt er zwei Tage vor Weihnachten einen langen offenen Brief:

«Es wird die Zeit kommen, da wird sich Reiner Kunze schämen. Die Presse hat sich längst nicht soviel vorzuwerfen wie er. Sie hat nur bereitwillig in das Horn geblasen, das ihr an den Mund gehalten wurde.

Ich weiß zwar nicht, ob die Zeit kommen wird, in der Ibrahim Manfred Böhme vollkommene Rehabilitierung erfahren wird, oder ob die ihn freisprechende Wahrheit ein für allemal im Schatten der unbarmherzigen Geschichte bleibt...

Manfred I. Böhme ist ein Mensch, dem es um die Menschen ging und nie um Posten für sich selbst. Er kann damit umgehen, nicht in Amt und Würden zu sein. Er war es immer nur für kurze Zeit, um dann um so tiefer zu fallen... Er hätte in der DDR höchste Posten bekleiden können, wenn er sich unter das Regime der Partei (SED) gestellt und aufgehört hätte, Unrecht beim Namen zu nennen.

Ich kenne beide, I. Böhme und R. Kunze. Ich habe in meinem Beruf und meinem Leben viele Menschen näher kennengelernt und weiß wohl zu unterscheiden, auf welche Weise ein Mensch sich Selbstbewußtsein verschafft.

I. Böhme habe ich durch die Jahre hindurch in den verschiedensten Lebensumständen erlebt. Ein Mensch, der andere Menschen größer machte und mutiger und selbstbewußter und der versuchte, niemanden aus Nachlässigkeit zu kränken.

«Wir Ärzte waren ja nicht linientreu. So bekamen wir ‹Rotlichtbestrahlung›. Böhme hielt uns Vorträge über Marxismus-Leninismus. Er machte das nie dogmatisch stur.»

Professor Gerhard Hartmann über Ibrahim Böhme,
hier 1991 in seiner Wohnung am Prenzlauer Berg.

Sicher hat auch er so manches Menschliche und Allzumenschliche in seiner Person vereint, aber ein Denunziant war er nie. Dagegen macht sich der raffinierte Ankläger R. Kunze wie ein Wurm aus. Nichts gegen seine dichterischen Verdienste, wenn sie nun auch ihr jämmerliches Ende gefunden haben dürften. Als Mensch habe ich R. Kunze als einen erlebt, der andere klein macht.

Sein Buch «Deckname Lyrik» ist nichts anderes als der Versuch, eine alte Verleumdung nun mit Hilfe der Stasi-Unterlagen zu erneuern...

Was R. Kunze dazu bewogen hat, ist nur in den Abgründen seiner Seele zu finden: Seine ganze Familie ist I. Böhme zu großem Dank verpflichtet, und Kunze weiß dies.

Wenn doch einmal alles durchgestanden sein wird, dann könnte vielleicht auch ich Verständnis für ihn finden und ihm vergeben.

Bis dahin aber ist nur zu vermerken, daß der Verrat des Judas in einer Verleumdung bestand. Auch er ist ein Mensch, aber da die Geschichte, die hier geschrieben wird, noch nicht abgeschlossen ist, kann ihm nicht vergeben werden.»

Rainer Hartmann ist sechzehn Jahre alt, als er Manfred Böhme kennenlernt. Und er hört, daß der wegen eines Robert-Havemann-Vortrags in Leuna rausgeschmissen worden ist und daß er in Greiz bei der Post wieder ganz von vorn anfangen mußte. Das beeindruckt Rainer Hartmann tief.

Und wie war sein Verhältnis zu Reiner Kunze?

Er sei mit dessen Tochter Marcela befreundet gewesen. Mit ihm habe er weniger zu tun gehabt, sagt Rainer Hartmann. Habe ihn mal gesehen, ja, habe auch mal Tee mit ihm getrunken, aber Kunze war eher jemand, der auf Distanz hielt. Was der geschrieben habe, das sei natürlich wichtig. Nur für ihn selbst sei vieles ohne Bedeutung gewesen, ohne Sinn.

Kunze war immer auf einer Ebene, auf der ich nicht war. Ich weiß noch, wie ich damals sein Gedicht «Selbstmord» gelesen habe, sagt der Pfarrer.

Die letzte aller türen
Doch nie hat man
an alle schon angeklopft

Ich dachte: Der weiß ja gar nicht, worum es geht. Er selber sei von
Selbstmordgedanken erfüllt gewesen, bevor er Ibrahim Böhme kennengelernt habe. Die Sinnfrage und parallel dazu die Frage nach der
Selbsttötung, damit habe er sich ein, zwei Jahre lang sehr herumge-
schlagen, sei auch kontaktschwach und isoliert gewesen in jener Zeit,
wie das wohl bei jungen Menschen etwas ganz Normales sei.

Und dann kam Böhme. Durch ihn, sagt Rainer Hartmann, habe er
erfahren, was Leben heißt. Dabei sei Böhme ja gar kein Lebemensch
gewesen, im Gegenteil, auch der habe irgendwo etwas Hilfloses an
sich. Aber das war Leben, sagt er. Böhme reizte eher zum Leben, als
daß er es erklärte. Wir hatten wirklich nicht dieselbe Mentalität, aber
die Reibung mit ihm war interessant. Er ist ein völlig anderer Mensch
als ich.

Und die Vorträge, die er hielt, ach ja, keiner hat was verstanden,
aber die waren gut. Er hatte nie etwas Schulmeisterliches. Aber das
Jüngerhafte, das war da, so nach dem Motto: Fragt mich, ich sage
Euch.

Und wenn wir Feste feierten, dann war er der Höhepunkt des
Abends. Und er machte dann auch so verrückte Sachen, kam und
trank einfach nur eine Karaffe Wasser aus. Komischer Vogel. Ja, aber
das war er, das war Böhme. Und er hielt es auch aus, wenn man sich
über ihn lustig machte. Aber er war nie ein Clown.

Der junge Mann ahnt damals natürlich nicht, daß vieles, was er
dem Freund Manfred erzählt, in die Romane einfließt, die der für die
Staatssicherheit schreibt. Elend lang sind die schwatzhaften Berichte.
Am 24. Dezember 1977 sei er zu einer Silvesterfete eingeladen worden, an der die Greizer «media nox»-Musiker Kuhl, Seidel, Ullmann
und eben auch Hartmann teilnehmen sollten. Erst am 31. 12. habe er
erfahren, daß dieses Fest nicht stattfinden würde. Und erzählt dann,
wo wer statt dessen das Jahresende verbringen werde.

Und plappert weiter drauflos, wie Rainer Hartmann ihn Silvester um 10 Uhr 15 mit dem Auto abgeholt habe und in Richtung Kreiskrankenhaus gefahren sei und daß er kurz zuvor noch den ersten Konzertmeister des Sinfonieorchesters getroffen und mit «einer Flasche entsprechenden Alkohols» auf ein gesundes neues Jahr angestoßen habe. Von 11 Uhr bis gegen 14 Uhr 30 hätte dann ein Gespräch mit Rainer Hartmann stattgefunden, der über sein Theologie-Studium geredet und gesagt habe, daß er sich «von vornherein offener» halten wollte, woraufhin er, Böhme, «um eine genauere Akzentuierung, Erläuterung des Sich-offener-Halten» bat.

Und nach langen Böhmeschen Ausführungen heißt es am Ende: «Marxisten wären für Hartmann durchaus Bündnispartner. Marxisten wären ihm aber in dem Punkt nicht ernst zu nehmen, indem sie der Weltanschauung des Christentums nichts Gleichbedeutendes entgegenzusetzen hätten.» Und geradezu geschäftsmäßig schließt er, daß Hartmann ihn zu einer Fortsetzung des Gesprächs nach Saalfeld, Promenadenweg 1 eingeladen habe, wo er und seine Ehefrau Edda wohnten.

Wie war das, als Rainer Hartmann begriff, daß sein Freund ein Verräter ist?

Es war, als wäre ihm ein großes Unglück geschehen. Und nach langer Pause sagt er, er habe sich bis jetzt aber nicht hintergangen gefühlt. Sagt, Manfred hätte ja auch sagen können: Rainer, wenn du gewollt hättest, du hättest es ahnen können. Deshalb sei er auch nicht verletzt. Eher wütend, ja, furchtbar wütend. Aber Angst habe er nicht, daß die wirklichen Gespräche wiedergegeben worden seien. Unsere Worte zwischen den Sätzen, sagt er, unsere Wege zum Leben hin, auch zum Chaotischen, auch zum Beängstigenden hin, das sei doch kaum als Bericht wiederzugeben.

Und was heißt denn ‹Stasi›? Du, der ist bei der Stasi, hat ihm mal einer während der Armeezeit gesagt. Ja und? Dem sind wir doch nicht nachgegangen. Damit haben wir gelebt. Wir wären doch sonst unserer gesamten Menschlichkeit beraubt worden. Die größten Erfolge, sagt Hartmann, die hatte die Stasi doch durch Verdächtigungen. Aber er müsse auch dazu sagen, er habe keine bedrohlichen Erfahrungen gemacht mit der Staatssicherheit.

Und Böhme? Sein eigenes Leben hat er uns doch nie geöffnet. Und wer heute sagt, er hat uns angelogen, der lügt sich selbst etwas vor. Jeder wußte von Anfang an, daß er uns etwas vorspielt. Er hat uns mal gesagt: Ich bin die graue Eminenz im Hintergrund.

Seinen offenen Brief an Reiner Kunze aber, den hat Rainer Hartmann nach Einsicht in die Akten korrigieren müssen:

«Mit Erschrecken lese ich durch einen Zufall oder durch unbewußten und doch zielgerichteten Willen meine Zeilen vom 22.12.90... Ich möchte mich am liebsten verschlucken, daß manche dieser Worte von mir geschrieben worden sind...

Es tut mir leid... Und das nicht deshalb, weil ich so viel Gutes über Ibrahim Böhme geschrieben habe, sondern weil ich so viel Entwürdigendes über Reiner Kunze gesagt habe. Mein einziger Trost dabei ist, daß die Entwürdigung auf mich selbst zurückfällt und nicht auf den von mir Beschriebenen... Ich entschuldige mich förmlich bei Reiner Kunze, wohl wissend, daß es nicht meine Sache ist, mich von Schuld loszusprechen.»

«Auftragsgemäß lenkte ich das Gespräch»

Reiner Kunze wird bespitzelt

Manfred Böhme geht über die Friedensbrücke, geht am unteren Schloß vorbei, läuft den Hainberg hoch, der ziemlich steil ist, kommt in die Beethovenstraße, die Vater-Jahn-Straße, biegt von dort in die Franz-Feustel-Straße ein und klingelt am Haus Nummer 10 unten rechts bei Reiner Kunze. Nein, er möchte nicht reinkommen, er möchte mit dem Dichter reden, draußen. So machen sie einen Spaziergang.

Böhme tut wie immer geheimnisvoll, ergeht sich in Andeutungen, er hätte da was gehört und müßt ihm sagen und wollte nur warnen, und sein Hinweis ist schließlich in doppelter Hinsicht interessant:

Der Kreissekretär des Kulturbunds gibt Reiner Kunze zu verstehen, daß auf seine Tochter ein Spitzel angesetzt wurde. Marcela Kunze lebte damals in Jena. Ein Jahr vor dem Abitur war sie von der Schule abgegangen, weil sie die vom Spieß und Mief vergiftete Umgebung einfach nicht mehr ertragen konnte. Buße tun vor der Klasse. Weil sie auf der Kirchentreppe einen Freund geküßt hat. Öffentlich vor den Schülern bereuen. Und die sagen noch vorher: Keine Angst, Marcela, wir helfen dir, wir sagen was. Und dann sitzen sie da mit gesenktem Blick und verschlossenem Mund – so feige. Und auf einem Elternabend regen sich Väter und Mütter über ihres Vaters Gedichtband «Brief mit blauem Siegel» auf. Einer sagt: Wir lassen es nicht zu, daß unsere Kinder durch die Tochter eines solchen Vaters verseucht werden.

Sie muß raus aus der Schule, raus aus der Stadt, die ihr die Luft zum Atmen nimmt, seit Jahren schon. Sie geht nach Jena, arbeitet als Aushilfskraft bei der Post. Und da holt die Lüge sie schon wieder ein.

Also ein Spitzel wurde auf sie angesetzt. Diese Information habe Manfred Böhme bekommen, und er möchte, daß Kunze sie kennt, denn ein Spitzel bei der Tochter bedeutet, die Staatssicherheit erhofft sich Neuigkeiten über den Vater.

Warum aber sagt Manfred Böhme das? Was bezweckt er damit? Er wollte Marcela vor etwas retten, bewahren, möglich. Er hat ja auch immer mal geholfen, wenn es Krach und Ärger gab in der Schule. Aber gleichzeitig gibt er doch sich selber preis. Ich mußte doch den Eindruck haben, sagt Reiner Kunze, und den hatte ich auch, daß Manfred Böhme für die Staatssicherheit arbeitet. Oder wenigstens enge Beziehungen dorthin hat. Woher sonst sollte er diese Information haben?

Als Reiner und Elisabeth Kunze ihrer Tochter davon erzählen und sie warnen wollen vor allzu engen Beziehungen, erklärt Marcela ihre Eltern für total verrückt. Ihr habt ja einen Verfolgungswahn, sagt sie.

Der junge Mann aber nimmt sich kurz darauf das Leben. Und Manfred Böhme, sagt Reiner Kunze, kam wieder vorbei und sagte mir: Da sei ein Brief gefunden worden. Marcelas Freund habe einen Abschiedsbrief hinterlassen, und der sei von der Staatssicherheit sofort beschlagnahmt worden. Er wisse aber, was drinstehe. Und so erzählt Böhme ihm denn folgende Geschichte: Der Spitzel habe sich in Marcela verliebt, habe sich geschämt, weil er zum Aushorchen bereit gewesen sei, und nun wolle und könne er nicht mehr leben.

Diese Version, sagt Reiner Kunze, stammt von Böhme. Sie kann stimmen, muß aber nicht stimmen. Damals, sagt er, haben wir ihm natürlich geglaubt. Aber heute sieht das alles anders aus. Auch die Gründe für den Freitod waren wohl andere.

Interessant ist, daß in Kunzes Akten immer wieder zu lesen ist, wie sehr die Stasi-Vertreter den Inoffiziellen Mitarbeiter Böhme gedrängt haben, das Vertrauen von Reiner Kunze zu gewinnen. Sie wollten unbedingt wissen, sagt Kunze, wo die Manuskripte liegen.

Unbedingt. Vielleicht haben sie ihm gesagt: Komm, mach eine Andeutung, sag ihm irgendwas, vielleicht auch, daß du für die Firma arbeitest – aber auf seiner Seite stehst. Vielleicht so. Jedenfalls steht in den Akten immer wieder: Vertrauen erwecken. An seine Manuskripte herankommen. Ja, sagt Kunze, an die wollten sie ran.

Das alles spielt sich um das Jahr 1975 herum ab, da ist Reiner Kunze längst ein Staatsfeind, umstellt von Spitzeln und Denunzianten. Begonnen hat die Observation lange zuvor. Einmal liest Reiner Kunze in der Evangelischen Kirche aus seinen Gedichten. Das muß so 1969 gewesen sein, sagt Charlotte Stadtmann, und sie erinnert sich noch genau an diese aufregenden Postgedichte.

> (dem tod)
> Eines Morgens
> wird er läuten als
> briefträger verkleidet
>
> Ich werde ihn
> durchschauen
>
> Ich werde sagen: warte bis
> der briefträger vorüber ist

Diese Gedichte, sagt sie, hätten sie bewogen, nach der Lesung zu ihm zu gehen und ihm zu sagen: Herr Kunze, Sie kennen mich nicht, aber wenn Sie sich einmal zurückziehen wollen, mein Mann und ich, wir haben da ein Haus. Denn eines, sagt sie, war mir nach der Lesung klar: Die Stasi haßt den und beobachtet den. Und Kunze, sagt sie, habe gedankt und gesagt, das würde wohl nicht nötig sein. Und ein paar Tage später stand er vor meiner Tür und sagte: Ich bin am Ende, ich kann nicht mehr, darf ich Ihr Angebot annehmen? Und ich sage zu ihm: Ja, bitte, Herr Kunze. Sonnabend fahren wir rauf nach Kottenheide, gucken Sie, ob es Ihren Vorstellungen entspricht.

Sie mögen sich und vertrauen sich, der Dichter und die Frau des Arztes. Was ich an Kunze so sehr geschätzt habe, sagt Charlotte

Stadtmann, das war seine Wahrheitsliebe. Und da ich auch ein Wahrheitsfanatiker bin, fühlte ich mich verpflichtet, ihm zu helfen. Und in ihrem Hause schreibt er:

> Kottenheide
>
> Die zeit
> fällt aus den fichten als
> reine zeit
>
> Die losung des wildes ist
> die einzige

Immer, wenn Reiner Kunze nun in Kottenheide ist, schreibt er der «lieben Meisterin der Gartenzaun- und Komposthaufenbaukunst» kleine Zettelchen und Briefe und macht Zeichnungen dazu: Frau Stadtmann in der Erde wühlend mit Schmetterlingsflügeln. Und Kunzes kochen Rhabarber ein und hüten das Haus, und er mäht und gräbt den Garten um, und Frau Stadtmann sagt: Herr Kunze, Sie sollen doch arbeiten. Und wenn Elisabeth und Reiner Kunze spazierengehen, liegt der Schlüssel unter der Zwiebelschale.

Eines Tages – Stadtmanns sind in Greiz, Kunzes auch – steht die Stasi vor der Tür in Kottenheide. Sie klingeln den Hausmeister raus, und einer sagt: Wenn du uns nicht sofort ins Haus läßt, legen wir dir Handschellen an. Der Hausmeister sagt, er möchte Stadtmanns anrufen, die seien in einer Stunde hier, die hätten ein Auto. Hier wird niemand angerufen, sagen die Eindringlinge und schieben ihn zur Seite. Sie durchsuchen das Haus von oben bis unten.

Als sie wieder gehen, sagen die Schnüffler: Wenn die Leute im Dorf fragen, wer die Herren waren, die hier im Haus gewesen sind, dann hast du zu sagen, die wollen hier mal Urlaub machen. Da sagt der Hausmeister: Das nimmt mir niemand ab. Die Stadtmanns vermieten nämlich nicht. Dann geht er ins Nebendorf, weil er nicht weiß, ob er beobachtet wird, ruft von dort aus Frau Stadtmann an und sagt:

Erschrecken Sie nicht, aber...

Ja, was ist denn?

Also, wir hatten hier einen...

Wasserschaden? Einen Brand...

Nein. Besuch.

Da wußte ich Bescheid, sagt Charlotte Stadtmann. Und dann gab's eine Vorladung beim Bürgermeister, Vorwürfe stundenlang, das Haus sollte enteignet werden. Und da waren doch nicht nur Kunzes, sagt sie, da waren doch auch Kinder, die wir dort unterbrachten und Pfarrer mit ihren Frauen, die mal ausspannen mußten, und Günter Ullmann und seine Frau.

Erst 1990, als Charlotte Stadtmann das Buch von Reiner Kunze liest, «Deckname Lyrik», erfährt sie, wie alles zusammenhing. Manfred Böhme hatte Bericht erstattet.

«Greiz, den 11.10.1971

Reiner Kunze befindet sich nach wie vor... wenig zu Hause und ist meist in Kottenheide im ‹Landsitz› von Stadtmanns, um dort zu schreiben... Kunze fühlt sich diesen Kräften wie der Frau Stadtmann... gegenüber dankbar, weil sie ihn 1968 moralisch sehr unterstützt haben.

gez. August Drempker.»

Wir standen immer im Blickfeld der Stasi, sagt Charlotte Stadtmann. Sicherlich auch, weil wir vor dem Staate nicht zu Kreuze krochen. In der eigenen Praxis haben wir nur Nachteile gehabt. Mein Mann wollte in den Westen gehen. Aber ich habe gesagt: Nein. Wir bleiben, wo die größere Not ist.

Und auch Manfred Böhme, sagt sie, war ja in Not. Das merkte man doch an seinen Nervenzusammenbrüchen. Er wollte menschlichen Kontakt haben, Bindungen, er war doch ein Wildwuchs. Und deshalb haben wir auch immer Zeit für ihn gehabt.

Und Böhme? Er schreibt, daß Kunzes die Freundschaft zu den Stadtmanns abgebrochen hätten, weil die «so geschwätzig» seien. Etwas merkwürdig findet der Herr Böhme das schon: Erst monatelanges Asyl, und dann der schroffe Rückzug, wobei er allerdings «einschätzen möchte», schreibt er, daß Frau Dr. Kunze die Frau Stadtmann «nie gemocht» habe. Wenn Frau Stadtmann zu Besuch gewesen sei in der Franz-Feustel-Straße, dann wäre Frau Kunze stets gegangen, «grüßte zwar sehr höflich mit slawischem Charme, aber verließ dann demonstrativ als Hausfrau die Stube».

Nie, sagt Elisabeth Kunze, hat es ein Zerwürfnis zwischen mir und Frau Stadtmann gegeben. Wir verdanken ihrer mutigen Hilfe viel, sagt Reiner Kunze. Daß er später einen anderen Unterschlupf fand, war für Stadtmanns eine große politische Erleichterung, sagt Kunze; denn dank Manfred Böhme war die Staatssicherheit nachdrücklich auf Kottenheide aufmerksam geworden.

So ist das: Böhme weiß alles, hört alles, sieht alles. «Fakt ist, ... daß Reiner Kunze zu dieser Zeit gerade in einem sehr harten und sehr offenen Briefwechsel mit Christa Wolf stand zu ihrem Roman ‹Nachdenken über Christa T.›... Dieser Roman wurde einer sehr harten Kritik unterworfen... Reiner Kunze warf Christa Wolf vor, daß sie in diesem Buch sehr viele Probleme ungelöst stehen ließe, während Christa Wolf sich dahingehend äußerte, daß sie als Genossin und nach wie vor Mitglied der SED sich nicht damit einverstanden erklären kann, daß Probleme, die sich einfach für Diskussionen heute noch nicht anbieten, so in die Diskussionen eingebracht werden können, daß politisch mehr dabei herausspringt für den Gegner als an Erkenntnissen für die Werktätigen der DDR. So war ungefähr der Brief, den mir Reiner Kunze 1969 zu lesen gab, Christa Wolf an Reiner Kunze gerichtet.»

Warum hätte Christa Wolf das wohl schreiben sollen? Das Ganze klingt eher nach dem sozialistischen Oberlehrer Böhme, der hofft, Christa Wolf denke beim Schreiben zuallererst an den Gegner im Westen und an die Werktätigen in der DDR. Warum sollte sie, wenn Reiner Kunze ihr zuvor einen Brief wie diesen geschrieben hatte:

«Liebe Christa,

es ist schon gegen Morgen, ich habe das Buch zu Ende gelesen. Vielleicht, nein – sicherlich liegen allzu große Entfernungen zwischen uns (äußere, innere), trennt uns allzuviel Fremdes, Fremdheit, um unbefangen sagen zu können, welche Gedanken und Empfindungen mir beim Lesen gekommen sind. (Mit «sagen» meine ich «sagen». Vom Schreiben ganz zu schweigen.) Abgesehen davon, daß vieles im Unbewußten agiert, sich also der Formulierung, auch der vagen, entzöge.

Das Buch hat mich äußerst (innerst) berührt. Und zwar, so scheint mir, viel mehr im Hinblick auf die Nachdenkende, als auf Christa T. Es war für mich (und ist für mich und wird für mich noch lange sein) ein Nachdenken über Christa W. (Womit ich – das nur noch einmal um der Eindeutigkeit willen – nicht etwa meine, T. sei W., sondern, wie schon gesagt, die Nachdenkende nahm mein Hauptinteresse gefangen. Sie ist die ‹Heldin›.)

So langsam, so bedacht (bedenkend), ja fast behutsam, habe ich seit langem kein Buch gelesen. Ich brauche Dir nicht zu sagen, daß Du ganz große Prosa geschrieben hast.

Aber meinen Dank möchte ich Dir schon aussprechen, in einem weiteren Sinne, als nur für das seltene Exemplar.

Herzliche Grüße, auch an Gerhard,

Reiner»

In den ersten Jahren, das muß Reiner Kunze sagen, mochte er diesen theatralischen Manfred Böhme durchaus, der immer so reinwehte, immer den Schal so umgeworfen. Böhme, das war für ihn eine Mischung aus russischem Roman und Wiener Operette. Er hatte eine Aura, sagt Kunze. Aber er brauchte Anerkennung und Verehrung, und die bekam er nicht von mir, sondern von den jungen Leuten. Für die war er so etwas wie ein Rattenfänger von Hameln, wobei ich ihm nicht unterstellen will, daß er sie fangen wollte. Aber er hat sie gebraucht. Er hat sie um sich geschart.

Ihm gegenüber, sagt Reiner Kunze, gab Böhme sich wie einer, der sehr viel mehr weiß, als er sagen darf, der alle Informationen besitzt. Er war so etwas wie eine graue Eminenz. Und so habe ich ihn auch genommen. Und immer der Herr von Welt, charmant mit Handkuß, ja. Aber wenn ich heute daran denke, sagt Kunze, dann hat das natürlich etwas Diabolisches. Wenn ich heute lese: Habe mich durch folgende Legende an die Frau von Kunze herangeschlichen... dann denke ich natürlich an den Handkuß, den er meiner Frau gab.

Aber damals? Immer galant und höflich bis zum letzten, und immer geheimnisvoll, geheimnisumwittert, machte nur Andeutungen, nein, darüber könne er nicht sprechen. Und sagt sich bei Dr. Elisabeth Kunze zur Zahnsteinentfernung an. Küß die Hand, Madame.

Kunzes Frau ist Kieferorthopädin, aber Danilo Dostojewski kommt angeweht und läßt sich die Zähne reinigen. Fragt dies und das, sagt auch, er könne helfen. Und wer ist nicht froh über einen, der helfen will?

Ich habe ihm doch geholfen, sagt Ibrahim Böhme kühl, als ich ihn nach Reiner Kunze frage. Der ganze Ärger mit der Tochter. Wenn er da nicht immer wieder vermittelt hätte. Also, ich könnte Ihnen da Sachen erzählen, sagt er und schweigt. Und was den Dichter anbelangt, da sei er voll Bewunderung gewesen. Immer.

In seinen Berichten an die Staatssicherheit kann von Bewunderung keine Rede sein. Da schreibt der Spitzel, daß der Dichter einen «gewissen Neid» habe, weil die jungen Schriftsteller «zur Qualität des Epikers Hermann Kant ein besseres Verhältnis finden als zur Lyrik, zu der sehr rationellen Lyrik Reiner Kunzes». Schreibt, daß Kunze gern in die Kulturpolitik eingestiegen wäre, aber «mit Verlieren der Massenbasis» auch die «realen Ufer» verloren habe und sich nun über die «Fernleihe Werke von Ästhetikern besorgt hat und dabei wie gesagt nur am Rande der Ästhetik grast» und eine schwache Kenntnis der ästhetischen Schriften des Marxismus besitze. Schreibt, daß nur noch die bösen Studenten «das andere, das Abseitige und das am Wege Stehende in Reiner Kunze vermuten». Und: «Diese Welle der Sympathie wird, so stellte ich persönlich fest, immer noch dadurch

«Er ist anders als alle Spitzel in meiner

Akte. Er hat sich eine Welt geschaffen mit

lebendigen Menschen. Er wollte Gott sein.»

Reiner Kunze über Ibrahim Böhmes Stasi-Berichte aus der Akte
mit dem Decknamen «Lyrik», hier in Kunzes Wohnung bei Passau.

bestärkt, daß Reiner Kunze es ausgezeichnet versteht, seine Zuhörer in Bann zu halten.»

Schreibt, daß Kunze ein Scharlatan sei, weil er in seinem Gedichtband «Brief mit blauem Siegel» Gedichte aus verschiedenen Schaffensperioden vereint hat. Schreibt, daß «Reiner Kunze sich zwar philosophisch mit Albert Camus und Jean-Paul Sartre und anderen Renegaten beschäftigt», nicht aber mit den marxistischen Philosophen der UdSSR und der DDR. Schreibt, daß Kunze sich nicht um Politik, sondern um «Qualitäts-Literatur» bemühe, aber gerade damit «in einer sehr geschickten Form – allerdings zu unseren Ungunsten – Politik» mache.

Das klingt nach einem eilfertigen Möchtegernintellektuellen, der mit theatralischer Geste Fußtritte verteilt. Und schwatzhaft ist er, der Manfred Böhme. Pappt seinem Opfer auch noch das Etikett eines schroffen Finsterlings an, der seine Nachbarn vor den Kopf stößt:

«Als Reiner Kunze nach Greiz kam... hängte er in seinem Treppenhaus und der Nähe seines Hauses an einem Baum Zettel auf, auf denen stand, ‹ich wohne hier seit dem soundsovielten in Greiz, ich wünsche außer dienstlichen und postalischen Gesprächen keine persönlichen Gespräche mit mir›.»

Reiner Kunze sagt, als die Zahl der unangemeldeten Besucher immer größer wurde, brachte er an der Wohnungstür ein kleines, graviertes Schild an, auf dem in etwa stand: Im Interesse meiner Arbeit bitte ich, von nicht vereinbarten Gesprächen absehen zu wollen. Vielen Dank für Ihr Verständnis. Den Mitbewohnern seines Hauses steckte er einen Brief in den Kasten, in dem er sie bat, dieses Schild nicht auf sich zu beziehen. Sie seien jederzeit herzlich willkommen. Und wenn jemand von ihnen Hilfe benötigte, seien Kunzes Tag und Nacht zu helfen bereit. Das war wichtig, sagt er, weil meine Frau Ärztin ist.

Manfred Böhme war ein Hochstapler, sagt Reiner Kunze. Er hat eine Analyse über Kunze angefertigt, die 105 Seiten lang ist. Abgegeben hat er die vier Teile am 18. und 24. Juni und am 9. und 20. Juli 1976 unter dem Titel: «Zusammenfassung aller bisherigen erlebten oder zur Kenntnis gelangten Informationen des Reformismus / Revisionismus unter zeitlicher Eingliederung / Würdigung / Einflußnahme des Reiner Kunze und seiner bzw. über ihn in Kenntnis gelangten Verbindungen / Aktivitäten zu Erscheinungen und Bestrebungen des Reformismus / Revisionismus und ihrer personifizierten Vertreter.»

Und da zeigt Böhme nun, welchen Fisch er an der Angel hat. Und weil Kunze ihm so wenig liefert, erfindet er, verfälscht, verdreht, verkürzt. Und lügt.

«In dieser Zeit», Böhme meint die Zeit nach dem Einmarsch der Warschauer-Pakt-Staaten in die Tschechoslowakei, «war ich fast täglich... bei Reiner Kunze zu Gast... So forderte er mich auf, doch das gleiche zu tun und meinen Austritt aus der Partei zu erklären... Als ich es ablehnte, kam es zu einem sehr harten Streit... In der Zeit vom 21. August... 1968 bis Anfang / Mitte September 1968 hatte meines Wissens außer mir an fremden Personen niemand groß Zutritt zur Wohnung bei Reiner Kunze.»

Eine glatte Lüge. Reiner Kunze ist damals gar nicht in seiner Wohnung. Er gibt sofort nach dem Einmarsch in Prag sein Parteibuch zurück und taucht – unbemerkt von der Staatssicherheit – im Hause des Pfarrers Hans-Joachim Wuth in Ponitz bei Meerane unter. Vor allem aber die Behauptung, Kunze habe Böhme gebeten, ebenfalls aus der Partei auszutreten, ist eine besonders gefährliche denunziatorische Erfindung.

Übrigens hat Böhme fast all seinen Freunden später erzählt, er habe nach dem Einmarsch in die ČSSR sein Parteibuch demonstrativ zurückgegeben.

Als ein Jahr darauf der Lyrikband «Sensible Wege» im Westen erscheint, schreibt Manfred Böhme, daß «Reiner Kunze mit Abzügen, also hektografiert oder Schreibmaschine verfielfältigt, wieder in Aktion» getreten sei.

Ich hatte nie Gelegenheit, Hektografien herzustellen, sagt Kunze. Er habe auch nie jemand anderen darum gebeten, schon um niemanden in Gefahr zu bringen. Und Abschriften auf der Schreibmaschine? Nie hätte er so etwas verbreitet. Er wußte doch, daß Schreibmaschinen nur unter Vorlage des Personalausweises erworben werden konnten, wußte, daß jede Maschine registriert und am Schriftband erkennbar war.

1973 kann Reiner Kunze noch einmal durchatmen. Bei Reclam in Leipzig dürfen seine Gedichte erscheinen. «Brief mit blauem Siegel» heißt der Band, und die 15 000 Exemplare der ersten Auflage sind in wenigen Tagen verkauft, die nächsten 15 000 ebenfalls. Arnold Vaatz, Umweltminister im Sächsischen Landtag, der damals in Greiz lebt und in die 12. Klasse geht, sagt: Als das Buch erschien, hat Manfred Böhme uns gegenüber zum Ausdruck gebracht, wie sehr er das Buch schätzte. Allerdings hat er auch den Eindruck vermittelt, daß Kunze ein völlig introvertierter, elitär eingestellter Mensch sei. Ein Mensch, in dessen Nähe man sich gar nicht wagen dürfe. Er hat bei uns eine unheimliche Hemmschwelle gegenüber Kunze aufgebaut. Erst später, sagt Arnold Vaatz, ist mir aufgegangen, daß Böhme es fertiggebracht hat, Kunze von unserem Kreis völlig fernzuhalten.

Auf diesen Vaatz hat Manfred Böhme auch bald ein kritisches Auge geworfen. Einmal, als er und Vaatz bei Kunze in der Wohnung sind, schreibt «Paul Bonkarz» anschließend der Staatssicherheit: «Es ging um das Unternehmen Interview RIAS... In dem Interview, das Mitte September ausgestrahlt wird, werden vermutlich zwei Gedichte von Arnold Vaatz mit vorgelesen werden, die ich in Durchschrift beifüge... Vaatz muß unbedingt unter strengere Kontrolle genommen werden, da er in Polen und zweimal in der DDR kleinere ‹Wege› für Kunze erledigte. Größte Vorsicht und Diskretion... Informationsquelle wäre leicht zu ermitteln.»

Doch Reiner Kunze ist und bleibt Böhmes Hauptkunde, bleibt die «Nr. 1», an der er sich erproben soll. Die Organisatoren der Staatssicherheit in Gera legen das auch schriftlich fest, als sie die «Rang- und Reihenfolge seiner Aufgaben» bestimmen. Und sie präzisieren: «Der IMV ‹Bonkarz› muß zur Verunsicherung des K. verstärkt genutzt werden, aber nur soweit, daß er nicht das Vertrauen des K. verliert.» Und wie groß das Vertrauen bei Reiner Kunze zu sein scheint, davon erzählen Böhmes Berichte:

«Er besitzt in seinem Wohnzimmerschrank ein Wertgelaß, und in diesem Wertgelaß liegen also diese Gedächtnisprotokolle. Ich hatte die Möglichkeit, zweimal welche zu lesen, d. h. also einmal ein Gedächtnisprotokoll 1974, als er mit Joachim Hoffmann verhandelte... und 1976 am zweiten Mai... Ich bin mir nicht mehr ganz sicher, ob er auch ein solches Gedächtnisprotokoll von Gaus... angefertigt hatte. Ich glaube, er erwähnte, daß Gaus ein ausgezeichneter Gesprächspartner für ihn wäre, so ungefähr und daß er dazu auch ein Gedächtnisprotokoll angefertigt habe... Auf jeden Fall habe ich den Hefter in der Hand gehabt, und die Gespräche, die Reiner Kunze mit DDR-Persönlichkeiten des kulturellen Lebens geführt hat, sind alle im Gedächtnisprotokoll vorhanden.»

Dieser Bericht dürfte den Herrschaften von der Staatssicherheit große Hoffnungen gemacht haben. Leider sind die von Böhme erwähnten Fundstücke – bis auf ein Gedächtnisprotokoll – reine Erfindungen. Und wie kühn präsentiert er den vergrabenen Schatz: In Mappen habe er das alles gesehen, er sei sich zwar nicht ganz sicher, habe es aber auf jeden Fall in der Hand gehabt, und er glaube und erwähne und meine – so ungefähr. Was stimmt tatsächlich?

Einmal, das ist richtig, zeigt Reiner Kunze dem Kreissekretär Böhme Aufzeichnungen, die er nach der Unterredung mit dem Minister für Kultur, Joachim Hoffmann, gemacht hat. Das war 1974. Es war ein schreckliches Gespräch, in dem zwischen Schmeichelei und Morddrohung alle Register gezogen worden waren. Und das kam so.

Als Reiner Kunze 1974 zum Mitglied der Bayerischen Akademie der Schönen Künste gewählt wird, hat er am 14. Juli ein dreieinhalbstündiges Gespräch unter vier Augen mit Minister Hoffmann in Berlin. Auf dessen Schreibtisch liegt Kunzes Bestseller «Brief mit blauem Siegel». Herr Kunze, sagt der Minister, was ich von Ihnen brauche, sind zehn solcher Bücher. Aber, fährt er fort, selbstverständlich müssen Sie die Wahl für diese Akademie zurückweisen.

Warum? fragt Kunze und zählt Namen auf, berühmte Mitglieder, wohlgelitten auch in der DDR: Erich Kästner, Heinrich Böll... Und er verschweigt nicht, daß er in der Mitgliedschaft auch einen gewissen Schutz für seine Person sieht.

Da macht ihm der Minister Angebote. Man könnte über eine finanzielle Abfindung sprechen, natürlich in West-Mark. Man könnte auch über ein West-Auto nachdenken, und innerhalb von vier Wochen sei eine Wohnung in Berlin zu bekommen, und innerhalb eines Jahres sogar ein Grundstück am See.

Reiner Kunze ist nicht bestechlich. Er lehnt ab. Und in dem Moment, sagt er, war alle Aufregung von mir abgefallen. Da nennt der Minister Kunze einen Hysteriker und winkt unmißverständlich mit einer psychiatrischen Behandlung. Er beschimpft ihn und droht: «Wir haben hier Kammern, in denen überleben Sie bei Ihrer Konstitution nicht.» Und als das nicht fruchtet, fügt Joachim Hoffmann noch hinzu: «Herr Kunze, dann kann Sie auch der Minister für Kultur nicht mehr vor einem Unfall auf der Autobahn bewahren.»

Der Schock, sagt Kunze, kam auf der Rückfahrt. Bei Naumburg verläßt er die Autobahn, stürzt aus dem Wagen und speit Galle. Alle vier Wochen muß er an den Tropf, weil sein Immunsystem immer wieder zusammenbricht. Nachts liegt er wach. Er legt sich Verteidigungsreden zurecht wie damals, als der S. Fischer Verlag seinen Gedichtband «zimmerlautstärke» angenommen hatte.

Seit dem 14. Juli 1974 überzieht er die Radkappen seines Autos mit einem feinen Vaselinefilm, um sofort sehen zu können, ob sich jemand an seinen Radmuttern zu schaffen gemacht hat. Und vor jedem Start schaut er unter die Motorhaube, um nachzusehen, ob der Splint noch in der Lenkung steckt.

Die Angst sitzt Reiner Kunze von nun an im Nacken. Er kann nicht mehr ausschließen, verhaftet zu werden. Er übt Kopfstand, damit die Durchblutung auch in der kleinsten Zelle funktioniert. Er lernt alle Tricks der Schmerzablenkung. Und ein Arzt erklärt ihm, wie man sich ohne Strick und Messer umbringen kann.

Aber nie, sagt Reiner Kunze, hat er etwas zu verheimlichen. Natürlich registriert er das Stasi-Auto auf der anderen Straßenseite und die wechselnden Mannschaften mit ihren Stullenpaketen. Er weiß, daß sein Haus bewacht, ahnt, daß sein Telefon abgehört wird. Aber nie hat er deshalb verschlüsselt geredet. Er wurde schlauer, umsichtiger, das ja, ließ sich besonders dünnes Schreibpapier von einem Kollegen in Westfalen besorgen, um ein ganzes Buchmanuskript in 20-Gramm-Briefe zerlegen zu können, die er in verschiedenen Städten aufgab. Und alle Empfänger im Westen begriffen die Aktion und schickten die Briefe an den S. Fischer Verlag nach Frankfurt weiter, wo das Manuskript wieder zusammengesetzt wurde.

Und immer neue Spitzel sind bereit, den Staatsfeind zu beschatten, zu belauschen. Auch Kunzes Wohnungsnachbar, der den Leuten von der Staatssicherheit, die eine Tatortbesichtigung vornehmen, sogar sein handwerkliches Geschick anbietet: «Ich könnte doch ein Loch in die Wand zu Kunzes bohren...» So steht es in den Akten.

All das kann Manfred Böhme nicht verborgen geblieben sein, die Angst und der Schrecken. Und doch erzählt er unverdrossen weiter, diktiert Seite um Seite. Kunze habe über Jahre hinweg intensive Kontakte zur Sowjetunion gepflegt, vor allem zum Sänger Bulad Okudshawa. Nie, sagt Kunze, habe er Bulad Okudshawa kennengelernt. Aber Böhme behauptet, Kunze und Okudshawa hätten bis 1971 einen ausführlichen Briefwechsel miteinander geführt. Dabei habe Kunze den Liedermacher «als Menschen» gar nicht sehr geschätzt, habe ihn für einen sowjetischen Wolf Biermann gehalten. Und Biermann, das weiß jedermann in der DDR, lebt damals wie Kunze unter der Käseglocke staatlich verordneter Verfemung.

Was weiß er noch, der Böhme? Daß Reiner Kunze «einmal eine sehr gute Verbindung» zu Hermann Kant gehabt haben muß, dem Präsidenten des Schriftstellerverbands. Ausgerechnet Kant, der Kunze später aus dem Schriftstellerverband jagen und – auf Kunze gemünzt – sagen wird: Kommt Zeit, vergeht Unrat.

Kunze habe ihm, Böhme, «an einigen literarischen Fragmenten» gezeigt, daß er, Kunze, die Eröffnungsrede Kants vor dem 6. Schriftstellerkongreß habe lesen dürfen. Er allein. Und der Erfinder von tausendundeinem Stasi-Märchen weiß natürlich auch, warum Kunzes Verhältnis zu Kant kaputtging, nachdem nämlich «Wolf Biermann Reiner Kunze in diesen revisionistischen Kreisen denunziert hatte als einen Zuträger für MfS und dergleichen». Deshalb also zog sich Kunze von Kant zurück, aber «vielleicht auch bestärkt durch seinen Stasi-Tick», schreibt Manfred Böhme.

In jeder Hinsicht eine Erfindung Böhmes, sagt Kunze. Aber Böhme weiß ja noch viel mehr. Er weiß, daß Reiner Kunze und Robert Havemann – auch ein Verfemter damals – in Beziehung zueinander stehen. Für ihn, Böhme, sei es «schmerzhaft», mit ansehen zu müssen, «in welch perfider Form» Kunze die Freundschaft nutze. Kunze habe nämlich, so schreibt Böhme, «immer etwas Belächelndes» für Havemanns «revoluzzerhaften» Stil übriggehabt. Ansonsten notiert er, daß sich die beiden seit Ende 1973 persönlich kennen.

In zwei Briefen beklagt Robert Havemann, daß Kunze und er sich bislang nicht persönlich kennengelernt haben. Am 4.10.1976 schreibt er:

«Lieber Reiner Kunze,

es ist manchmal sehr merkwürdig. Als Sie mir Ihr Buch ‹Sensible Wege› schickten, habe ich mich sehr darüber gefreut... und faßte den Plan, Sie bald einmal persönlich zu besuchen. Aber es kam viel dazwischen, Krankheit, persönliche Konflikte mit guten Freunden – so ging die Zeit vorüber... Und dann verdrängt man den guten Willen leicht...

Mit der Hoffnung, daß wir uns nun doch bald persönlich kennen lernen werden, und den herzlichsten Grüßen, auch an Ihre Frau

Ihr Robert Havemann»

Und am 14.4.1977:

«Lieber Reiner Kunze, wann wird es endlich doch gelingen, daß wir uns auch persönlich kennen lernen, wie wir es ja im vergangenen Jahr geplant hatten!»

Manfred Böhme ist nicht zu bremsen. Kunze, so schreibt er, kollaboriere mit der Prager Opposition, bekomme Briefe von Pavel Kohout,

übersetze ihn auch. Keine Spur, sagt Kunze. Kohout habe er nur einmal im Leben gesehen, bei einem Mittagessen in Prag. Übersetzt
habe er Milan Kundera. Aber Kohout paßte Böhme besser ins Bild.
Kohout war der junge Held. Der kämpfte gegen den wiederaufflam-
menden Stalinismus. Warum sollte nicht auch Reiner Kunze zu dieser aufsässigen Bande gehören? Schließlich hat er ja auch eine Frau
aus der Tschechoslowakei.

Was Böhme über uns geschrieben hat, sagt Kunze, ist unglaublich.
Nach den Stasi-Berichten wäre er der «Held», der Oppositionelle und
seine Frau Elisabeth die Staatstreue. Und das ist ja nun wirklich eine
völlige Verkehrung der Verhältnisse.

Ich komme aus einem Arbeiterhaus, erzählt Kunze. Bei uns gab es
keine Bücher. Aber ich war begabt, wurde gefördert, durfte ein
Schuljahr überspringen, kam in die Aufbauklasse, ins Internat. Wir
konnten doch nicht wissen, daß wir Werkzeuge werden sollten, sagt
Kunze. Noch während meines Studiums habe ich fest daran geglaubt,
für das Beste einzutreten.

Dann und wann habe ich gezweifelt. Habe auch mit zwanzig ein
Gedicht geschrieben, das ging so: «Genossen, Freunde, Folgendes.
Die Sache, die ist die. Da sie gezeugt und also nicht mehr überzeugen
will...» Aber sonst? Ich war treugläubig. Ich habe mich wirklich erst
mal durch alles hindurchdenken müssen, durch dieses ganze System,
sagt Reiner Kunze. Diesen Bruch hat meine Frau nie gehabt.

Mein Vater, sagt Elisabeth Kunze, stammt aus Iglau, einer ehemals
deutschen Sprachinsel im Westen Mährens. Meine Mutter ist eine in
Wien geborene Tschechin. Ich selbst stamme aus Znaim in Südmäh-
ren. Meine Eltern waren keine Nationalsozialisten, aber auch keine
antifaschistischen Widerstandskämpfer, wie Böhme in seinen Berichten schreibt. Zwei Onkel meiner Mutter waren katholische Priester.
Und politisch, sagt sie, wurde ich von meinem Vater geprägt, der
1946 aus russischer Gefangenschaft zurückkam und ständig vor dem
Kommunismus warnte.

In der Familie meiner Frau, sagt Reiner Kunze, gab es auch nicht
den Hauch von kommunistischem Denken. Meine Frau ist eine ganz

klare Person. Nie in ihrem Leben hätte sie Äußerungen tun können, wie Böhme sie ihr in den Mund legt, weder von der Diktion noch von ihrer politischen Haltung her. Böhme habe in den Akten eine Figur aufgebaut, sagt er, die sich glaubhaft von ihm, Kunze, hätte distanzieren können, wenn er verhaftet worden wäre.

Manfred Böhme fängt früh an, Differenzen zwischen den Eheleuten Kunze zu skizzieren. 1971 schreibt er: «Wie sich in einigen Gesprächen bemerkbar gemacht hat, ist seine Gattin, Frau Dr. Kunze, mit seiner Haltung und Isolation bei weitem nicht in allen Punkten einverstanden. Beispielsweise in der Frage, sich in Krankheiten zu verkriechen...»

Also, wenn mein Mann krank war, sagt Elisabeth Kunze, dann mußte ich ihn eher bitten, sich zu schonen und weniger zu arbeiten.

Zum 100. Geburtstag von Lenin habe Reiner Kunze sich mokiert, schreibt Manfred Böhme, und Frau Kunze habe gesagt: «Aber Reiner... du kannst deine persönlichen Erfahrungen doch nicht mit der Frage Lenin, SU, in Einklang bringen.»

Es ist wirklich absurd, sagt Elisabeth Kunze, daß ich eine andere Meinung als mein Mann zu Lenin und der Macht der Sowjetunion hätte haben sollen. Außerdem, sagt sie, hätte ich nie so primitiv argumentiert.

Und daß Böhme schreibt, sie habe Pavel Kohout «einmal als Verräter bezeichnet... weil er nach 1968, nach den August-Ereignissen nicht in die ČSSR zurückgekehrt war, sondern in der BRD verblieb und von dort aus nach Meinung von Frau Dr. Kunze auch Lügen verbreitete über die Wirklichkeit in der ČSSR», ist ganz einfach eine infame Verleumdung.

Aber Böhme schreckt vor keiner Lüge zurück: Auch Marcela Kunze, die Tochter, habe angeblich die Mordbuben in der DDR, die den Befehl zur «Hilfe» gaben, gelobt.

«Im Sommer 1972 war M. (Marcela Kunze) bei ihren Großeltern in der ČSSR, und in der Unterhaltung mit ihr gab sie sich erfreut, daß es in der ČSSR nach 1968 eine positive Entwicklung gebe. Sie sagte auch, daß sie ihren Vater in seiner Haltung zur ČSSR nicht mehr verstehe und ihre Rückkehr ins Elternhaus... sei für sie ein Grauen.

M. hatte noch Anfang September die Absicht, das Elternhaus und die EOS (Erweiterte Oberschule) zu verlassen und einen Beruf zu erlernen, um nicht mehr diese Heuchelei ertragen zu müssen.

Dieser Bericht wurde von mir auf Tonband gesprochen. ‹August Drempker›.»

Als Marcela Weiß-Margis, die heute mit ihrer Familie in Köln lebt, diesen Böhme-Bericht liest, schreibt sie an ihre Eltern:

«Tschechoslowakei. So ein schweißtreibender Quatsch. Je länger ich darob nachdenke, desto mehr könnte ich mich in eine unangemessene Erregung hineinsteigern, und desto mehr verstehe ich Euch, daß Ihr da nicht drüberstehen könnt. Daß ich mit der post 68er Entwicklung zufrieden bin, habe ich nie und nimmer geäußert. Ich war an diesem 21. 8. da, hab zusammen mit dem Opi vorm Radio gestanden und miterlebt, wie ein Sender nach dem anderen russisch wurde, bis ganz hinunter auf der Skala in unserem alten Radio, ich habe die Panzer vorbeirasen sehen mit einer Geschwindigkeit, die ich nie für möglich gehalten hätte, und ich habe die aufgepflügten Straßen gesehen. Und ich habe mit wildfremden Menschen auf der Straße geweint, nicht so recht wissend, warum, aber aus dem Bauch heraus, ich habe sie umarmt und meine Trikolorka getragen. Und daß diese Driss DDR dabei mitbeteiligt war, hat mir dieses ungeliebte Land keinen Deut näher gebracht, es hat höchstens dazu geführt, sie mehr zu hassen und mich mehr denn je als Tschechin zu fühlen. So.»

So ist das. Manfred Böhme – ein Lügner, ein Falschspieler, der unter dem Deckmantel der Konspiration erzählt, was ihm die Phantasie oder die Infamie in den Kopf spült: «Fakt ist aber, daß er seine Frau nach Aussagen von Elisabeth Kunze kennengelernt hat – zum Teil zumindest über die revisionistischen Kräfte...»

Ach, Manfred Böhme! Alles falsch. Reiner und Elisabeth Kunze haben die schönste Liebesgeschichte miteinander erlebt, sind sich auf Flügeln der Poesie begegnet, ohne alle revisionistischen Kräfte.

Es war einmal eine junge Frau, die lebte in Ústí nad Labem. Die hörte im Radio ein Gedicht und vergaß den Klang nicht mehr. Da schrieb sie eine Postkarte an den Dresdner Rundfunk und bat um die Verse von einem gewissen «Kunz». Als Kunze die Karte nach vielen Wochen in der Hand hält, denkt er an eine ältere Dame, eine Germanistin vielleicht, weil die Zeilen aus Aussig an der Elbe in tadellosem Deutsch geschrieben waren.

Er schickt das Gedicht und bekommt vier Seiten retour. Die Dame, so alt wie er, ist Deutsch-Böhmin, ist Ärztin. Sie schreiben sich vierhundert Briefe und schicken auch eine Fotografie. Sie schickt ein Bild aus jungen Jahren, das er schrecklich findet. Aber ihm ist es gleich, wie die Frau seines Herzens aussieht. Er weiß, wie sie denkt. Und ohne sie je gesehen zu haben, ruft er eines Nachts bei ihr an und fragt: Willst du meine Frau werden? Sie sagt bedenkenlos ja. Als er sie zum erstenmal sieht, steht sie da – die schöne Elisabeth.

> Jeder Tag
> (Für Elisabeth)
>
> Jeder tag
> ist ein brief
>
> Am abend
> versiegeln wir ihn
>
> Die nacht
> trägt ihn fort
>
> Wer
> empfängt ihn

Manfred Böhme hat versucht, mit seiner Schreckens-Prosa gegen diese Kraft anzugehen. «Auftragsgemäß lenkte ich das Gespräch auf ihr Verhältnis zu Reiner Kunze...» Und «auftragsgemäß vereinbarte ich mit Dr. Elisabeth Kunze telefonisch einen Termin... mit Legende». Am 19. November 1976 liest Reiner Kunze zum letztenmal in Greiz. Eine kleine Lesung soll es werden mit höchstens zwanzig Personen, zuverlässigen Leuten, Freunden. Aber der Andrang ist so enorm, daß die Veranstaltung in den Gemeindesaal der Katholischen Kirche verlegt werden muß. Manfred Böhme steht an der Kirchentür und begrüßt jeden persönlich. Von der anderen Straßenseite her fotografieren die Ledermäntel der Staatssicherheit. Und Reiner Kunze liest an diesem verbotenen Abend aus seinem verbotenen Buch «Die wunderbaren Jahre». Ein Text heißt «Draht»:

«Sie bedauerte es, nicht an einer Sehstörung zu leiden. Wenn sie an einer Sehstörung litte, könnte sie eine Nickelbrille tragen. Die Eltern eines Schülers, der in der Schule eine Nickelbrille getragen hatte, sind verwarnt worden. Nickelbrillen seien imperialistischer Modeeinfluß, Dekadenz. Zum Beweis hatte der Klassenlehrer Bilder aus einer Westillustrierten vorgelegt, die langhaarige männliche Nickelbrillenträger zeigen.

An dem Morgen, an dem sie mit Nickelbrille zur Schule gehen könnte, würde sie gern gehen. Ihr Urgroßvater trug eine Nickelbrille. Er war Bergarbeiter. Ihr Großvater trug eine Nickelbrille. Er war Bergarbeiter. Zum Beweis würde sie die Fotos hinblättern.»

Manfred Böhme stand im Hintergrund, sagt Regina Hartmann, seine «Quasi-Mutter». Er stand da wie einer, der sich wirklich interessiert, der bewegt ist. Und die Erinnerung an dieses Bild, sagt sie, ist jetzt ganz schrecklich für mich. Denn nun muß ich davon ausgehen, daß sein Interesse nicht der Lesung galt, nicht der Brisanz dieses Abends, sondern seinen Stasi-Berichten.

Manfred Böhme steht im Hintergrund und speichert Namen, Zahlen, Zitate, Texte. Am Ende steht er wieder an der Tür und verabschiedet ein ergriffenes Auditorium. Und während die meisten nach Hause laufen, weil im Fernsehen das Konzert von Wolf Biermann übertragen wird, der zwei Tage zuvor aus dem Land gefeuert worden war, während sie sein «Wandlitz-Lied» hören

Die Finsterlinge – na grade die!
Reden vom Morgenrot...

diktiert Manfred Böhme seinen langen Bericht für die Staatssicherheit über jenen Abend mit Reiner Kunze:

«Die Veranstaltung begann 20.00 Uhr und endete 21.20 Uhr. Genau 242 Personen waren der Einladung gefolgt... Kunze gab vor dem Lesen von etwa 20 Kurzprosastücken aus seinem letzten Buch BRD eine Erklärung ab...

Er erklärte mit allem Nachdruck, daß er nicht als Schriftsteller der DDR in einer Kirche spreche, sondern zu den Menschen komme, die ihn eingeladen hätten, zu einem Gespräch über seine Literatur...

U. a. las Kunze die Kurzprosa... mit den Reißzwecken und den Gänsen, die Angelegenheit mit der Sauberkeit der Tochter in den eigenen Zimmern, die Kurzprosa zur Pornographie Paul und Paula, die Kurzprosa zum kurzen Rock und dem langen Schal, die Kurzprosa zur Nickelbrille...

Unter den Anwesenden waren mir bekannt... fast der gesamte Kreis «media nox», Günter Ullmann... Frau Dr. Regina Hartmann...

Die Zusammensetzung von der Altersstruktur war so, daß etwa 60% der Anwesenden Gemeindemitglieder waren, die über 40 Jahre alt sind und mir dem Ansehen nach größtenteils bekannt sind...

Natürlich war bei einigen Pointen Kopfnicken, Lächeln und dergleichen zu bemerken.

Etwa 40% waren Leute, die nicht aus religiösen Bindungen heraus, sondern aus Interesse an Reiner Kunze gekommen waren...

gez. ‹Paul Bonkarz›.»

Einen Monat später ist es dann soweit. Der Spitzel vermeldet der Staatssicherheit «physische und psychische Zerrüttung». Er schreibt: «Während ich vor Monaten noch daran glaubte, daß Reiner Kunze eine Ausbürgerung oder Übersiedlung in die BRD als die... unliebsamste Maßnahme gegen sich betrachtete, gewann ich am 20. 12. 76 endgültig den Eindruck, daß sich Reiner Kunze geistig bereits damit abgefunden hat.»

Einen Tag nachdem Manfred Böhme diesen «Eindruck» gewonnen hat, teilt er der Staatssicherheit mit, daß Reiner Kunze ihm eine Widmung in «Die wunderbaren Jahre» geschrieben habe, ein Kafka-Zitat. Es heißt:

«Ein Buch muß die Axt sein für das gefrorene Meer in uns. Daran glaube ich.» Und er verschweigt auch den persönlichen Zusatz des Dichters nicht: «Für Manfred, einem derer, die kein gefrorenes Meer in sich tragen, von Reiner»

Manfred Böhme war ein fleißiger Spitzel in Kunzes Akten. 54 Seiten schrieb er unter dem Decknamen «August Drempker» und 264 Seiten unter dem Decknamen «Paul Bonkarz». Er ist ein Sonderfall unter den Inoffiziellen Mitarbeitern, sagt Reiner Kunze, denn bei ihm ist alles möglich. Es gibt die ganz exakten Berichterstatter, es gibt die schlichten, die spießigen, die sich unter Legende anmelden und dann brav zitieren. Bei Böhme ist alles anders.

Bei ihm gibt es das exakt wiedergegebene Gespräch, die tendenziöse Einschätzung, Halbwahrheiten, böse Lügen. Und oft schreibt er, was ich nicht gesagt habe, was ich aber hätte sagen können, wenn ich nicht geschwiegen hätte. Böhme, sagt Reiner Kunze, ist anders als alle Spitzel in meiner Akte. Er hat sich eine Welt geschaffen mit lebendigen Menschen. Und die hat er manipuliert. Manfred Böhme, sagt er, wollte Gott sein.

«Er hat es so gewollt»

Evelyn Böhme erzählt von ihrer Ehe mit Manfred B.

Als Manfred Böhme 1975 Evelyn Bachmann heiratet, glaubt ihm das niemand. Manfred hat geheiratet? Unmöglich, sagt Harald Seidel, der SPD-Abgeordnete. Und Vater wird er auch noch? Ausgeschlossen. Der hat doch noch nie mit einer Frau geschlafen.

Als ich hörte, daß Manfred heiratet, sagt die Ärztin Gabriele Käh-ler, ich glaube, er hat mir das auf dem Bahnhof erzählt, da dachte ich: Das tut er aus Mitleid. Weil die Evelyn ein Kind bekommt, heiratet er sie aus Mitleid. Also, mir war das alles komisch, sagt sie. Manfred hatte doch nie Frauengeschichten. Darüber hab ich mich immer ge-wundert, aber Frauengeschichten? Nie. Und homosexuelle Verhält-nisse? Ich weiß nicht. Ich glaube nicht. Für uns, sagt Gabriele Kähler, war er ein Neutrum.

Aber ein komisches Neutrum, sagt Kornatz, der Flötist und Ton-techniker, und erzählt, wie Manfred Böhme nach einem langen Abend im Club «Alexander von Humboldt» oben bei ihm unterm Dach geschlafen hat.

Kann ich bei dir schlafen? hatte er gefragt.

Na klar, hab ich gesagt.

Ich war eingeschlafen – und schrecke plötzlich hoch. Und was seh ich? Direkt vor mir der Kopf von Manfred Böhme. Hockt vor meinem Bett und glotzt mich an. Und das war auch irgendwie wieder witzig, sagt Kornatz. Er fragt Böhme: Kannst du nicht schlafen oder biste schwul? Da hat er denn was gebrummelt und hat sich schlafen gelegt.

Als ich dann eine Freundin hatte, die Carola, oder auch Freunde, die bei mir blieben, da wurde Manfred tierisch böse. Er schrieb mir wilde Briefe, was für einen Umgang ich hätte, und beschimpfte mich. Ich hab ihm daraufhin gesagt, daß mein Briefkasten kein Mülleimer sei.

Gleichgültig waren ihm Frauen nicht, sagt Rudolf Kuhl, der Saxophonist und Werkzeugmacher. Aber als es dann hieß, der Manfred hat geheiratet, da war ich doch erstaunt.

Ich weiß noch, sagt Günter Ullmann, der Lyriker, als Manfred im Club einen Anruf von Evelyn erhielt, in dem sie ihm offenbar gesagt hat, daß sie ein Kind erwartet. Er war wütend und sagte nur: Du hast mich reingelegt.

Heiraten, sagt Harald Seidel, das paßte doch gar nicht zu ihm, das haben wir ihm auch nicht geglaubt. Er war doch einer, der mit der Wahrheit ohnehin auf seine Weise umging. Alles, was er sagte, mußte man durch ein Sieb gießen und erst einmal prüfen, was man übernehmen wollte. So war das auch mit Evelyn.

Kennengelernt, sagt Evelyn Böhme, haben wir uns im Januar 1972. Aber da streiten wir uns immer, ob es der 6. oder der 10. Januar war.

Es war der 8. Januar, sagt Ibrahim Böhme. Ich weiß, wir haben immer gestritten, ob es der 7. oder der 9. war. Am 7. war ich krank. Da stand Evelyn Bachmann zum erstenmal vor meiner Wohnungstür. Sie war Schülerin der 12. Klasse und bat mich, ihr bei der Aufnahmeprüfung zum Theater zu helfen. Aber ich war krank und mußte sie auf den nächsten Tag vertrösten.

Evelyn Bachmann, die heute in der Dramaturgie am Theater von Gera arbeitet, möchte Schauspielerin werden oder Theaterwissenschaften studieren, sei aber abgelehnt worden. Und einer der vielen jungen Männer, mit denen Böhme sich im Kulturclub umgab, sagte, Manfred würde helfen. Sie hat dann mit Manfred Böhme zusammen die Rollen einstudiert. Es war eine sehr, sehr glückliche Zeit für uns, sagt sie. Danach bestand sie die Schauspielprüfung.

Sie mag den ungewöhnlichen Manfred Böhme sehr, mag seine

Vortragsweise, seine Intelligenz. Aber 1973 trennt Böhme sich wieder von ihr. Er sei für ein Leben zu zweit nicht geschaffen. Ich glaubte es nicht, sagt sie. Ich wollte es nicht glauben. Ich habe all die Jahre gebraucht, um das einzusehen und mich von ihm scheiden zu lassen. Ich bin darüber nicht böse, sagt sie. Es ist die Erfahrung, die ich machen mußte. Aber damals wollte ich ihn heiraten.

Was bedeutet Heirat für Ibrahim Böhme?

Er sagt so hölzern er nur kann: Es war das spät begonnene Projekt, eine Zweisamkeit einzugehen. Und das unter Preisgabe einer Distanz, die ich nicht mehr hätte preisgeben sollen in dem Alter.

Sie waren jung, sage ich. Sie waren 31 Jahre.

Aber ich hatte über lange Phasen keine Zweisamkeit gehabt, sagt er. Ich hatte nur kurze Liebschaften hinter mir.

Wer hat Sie aufgeklärt?

Wir sind nicht aufgeklärt worden, sagt Böhme. Was wir an Aufklärung genossen haben, verdanken wir Direktor Schlüter, dem Biologielehrer.

Also Aufklärung über den Umweg von Bienen und Schmetterlingen?

Nein. Herr Direktor Schlüter, sagt Böhme, habe sich über das Maß der pädagogischen Vorgaben zentraler Volksbildungseinrichtungen gestellt. Aber richtig sei natürlich, daß sie eine prüde Erziehung genossen hätten. Dennoch sei er froh, daß es damals noch keine Pornohefte gegeben habe und daß ihnen die Sexualität, wenn sie ihnen denn beigebracht wurde, als die höchste und wichtigste Verinnerlichung von Zweisamkeit erklärt worden sei.

Klingt ziemlich abstrakt, sage ich. Wie war denn das damals in Leuna im Lehrlingswohnheim, durften Sie da mal jemanden mit aufs Zimmer nehmen?

Nein, sagt er. Wir hatten einen Jungentrakt und einen Mädchentrakt. Und wenn er kurz vor 22 Uhr wieder ins Männerlehrlingsheim zurückkam, dann hatte die Erzieherin von drüben schon angerufen, um Mitteilung zu machen: Der Manfred war wieder hier, hat wieder mit der Susanne rumgemacht, und sie haben sich geküßt. Oh, Gott, sagt er, wenn wir uns mal auf der Bank geküßt hatten! Das war ja gleich rum. Aber es habe auch was Schönes, Kribbelndes gehabt, dieses Versteckspiel.

Prüde, sagt er, sei er noch heute. Und für ihn gelte immer noch: Pastoren und Politiker müssen eine klare Haltung haben. Das versteckte Fremdgehen lehnt er ab. Das ist für mich das höchste Maß an Unehrlichkeit, sagt er, egal, ob man verheiratet ist oder nicht. Vielleicht ist das prüde, meint er. Ja, sicher, das ist wohl prüde.

Aber diese Prüderie sei immer noch besser als das, was täglich über den Bildschirm flimmere. So schmutzig sei das. Das ist für mich eine Preisgabe des Schönsten, was Menschen, so sie körperlich und geistig gesund sind, ausüben können – nämlich den Geschlechtsakt. Und er fügt hinzu: Von freier Liebe halte ich nichts. Das ist immer auch ein Verrat an der menschlichen Würde. Und so gesehen finde er es gar nicht so schlecht, wie er erzogen worden sei.

Und Sie haben nie Probleme gehabt?

Warum? fragt er. Den Unterleib gab es doch nicht. Es gab doch den Unterleib in der Erziehung der DDR bis in die sechziger Jahre nicht. Der wurde doch erst später entdeckt.

Und haben Sie nie in irgendwelchen Büchern herumgeblättert?

Doch, sagt er. Ein Buch gab es. Das war von Danuta Weber und hieß «Du und ich». Vorne drauf waren die Konturen eines männlichen und eines weiblichen Körpers. Nur die Konturen. Das war schon viel für damals.

Was stand denn in dem Buch?

Da wurden Menschen von sechzehn, siebzehn Jahren an den eigenen Körper und an den des heterosexuellen Partners herangeführt. Und ohne eine Pause zu machen, fragt Ibrahim Böhme: Nun wollen Sie doch sicherlich auf meine homoerotischen Beziehungen kommen?

Gern, sage ich.

Also gut, sagt er. Er habe sie praktiziert. Aber eines möchte er doch hier gleich einmal feststellen: Wer auch immer denken mag, er sei für die Staatssicherheit erpreßbar gewesen, weil er fragwürdige Affären gehabt hätte – also das sei unter seinem Format. Im übrigen sei er weder homosexuell noch bisexuell, fühle sich auch zu keinem Mann hingezogen, wohl aber zu einem schönen Männerakt, zu dem genauso wie zu einem schönen Frauenakt. Und er kenne auch niemanden – so er denn Sinn für Ästhetik habe –, der nicht bis ins hohe Alter hinein homoerotische Begehrlichkeiten ab und an in sich aufkeimen fühle, sagt er, und er denke dabei an Thomas Mann.

Natürlich, sagt Jürgen Kornatz, an Gustav Aschenbach denkt er im «Tod von Venedig». Den Schluß hat er gemocht, diesen theatralischen Schluß bei Thomas Mann, den fand er wunderbar, wo der Tod in der Schönheit aufgeht. Der Schriftsteller Gustav Aschenbach hat sich verliebt in den polnischen Jüngling Tadzio, begehrt ihn mit Blicken, wünscht zu gefallen, will sich verjüngen, geht zum Coiffeur, betrachtet sich gequält im Spiegel, sagt nur: «Grau.» Der Figaro färbt ihm die Haare, frischt die Gesichtshaut auf, legt Himbeerfarbe über bleiche Lippen, läßt Runzeln und Furchen unter Cremes verschwinden, und mit Herzklopfen erblickt Aschenbach «einen blühenden Jüngling».

So betrachtet er die süße Jugend Tadzio. Sitzt auf einem Stuhl am Strand, und der Wind weht, und die Flut steigt, und er schaut dem Knaben zu, bis sein Kopf auf die Brust sinkt. «Und noch desselben Tages empfing eine respektvoll erschütterte Welt die Nachricht von seinem Tode.»

Er liebte den «Tod in Venedig», sagt Harald Seidel, und er liebte die homoerotischen Attitüden. Er benutzte doch auch Kosmetika, Wässerchen und Tinkturen und hatte trotz aller Distanz ein großes Zärtlichkeitsbedürfnis. Einmal sind sie in seinem Zimmer in der Thälmannstraße. Es ist warm, und Böhme ist in einer gewissen Stimmung. Harald, netz mir doch mal die Stirn, sagt er zu seinem Freund. Reich mir doch mal die Karaffe rüber. Und Harald Seidel wischt die Stimmung mit einem Lacher weg, sagt: Spinnst du, Manfred?

Wer diese Begehrlichkeiten leugnet, sagt Ibrahim Böhme, kennt es eben nicht anders und ist arm dran. Oder er lügt. Aber ich fühle mich ganz normal und habe nicht nur in meiner Jugend, sondern auch in meiner Jungmännerzeit nicht nur homoerotische Begehrlichkeiten gehabt, sondern auch homoerotische Erlebnisse. Ich habe sie nie gesucht, sagt er. Sie haben sich ergeben. Und dazu bekenne ich mich auch. Und natürlich, sagt er, gibt es diese Männer noch. Und wenn wir uns begegnen, müssen wir uns nicht genieren.

1976 bekommen Evelyn und Manfred Böhme eine Tochter. Das Kind wird an jenem Tag geboren, an dem Böhmes Freund Rainer Hartmann, der Pfarrer, Hochzeit feiert. Ich erinnere mich noch genau, sagt Beate Schwämmle. Mein Bruder feierte im Club «Alexander von Humboldt», und irgendwann am Abend kam Ibrahim rein und sagte uns, daß er Vater geworden sei. So, sagte er, ich habe jetzt eine Tochter.

Wie war das, Manfred Böhme und ein Baby. Konnte er damit umgehen?

Nein, sagt er und lacht. Nein, damit konnte ich nicht umgehen. Es ist das erstemal in unseren langen Gesprächen, daß er zugibt, etwas nicht zu können.

Sie nennen die Tochter Tatjana.

Ja, sagt er, das war der Wunsch meiner Frau.

Manfred, sagt Evelyn Böhme, hat mir von Puschkins Tatjana erzählt. Tatjana sei die schönste Frauengestalt der Weltliteratur. Wir redeten doch immer über Literatur, wenn wir uns sahen. Sie habe daraufhin Puschkins Poem «Eugen Onegin» gelesen und es bestätigt gefunden. Tatjana, die Liebende, die schwermütige, scheue, schöne Person

«Am Fenster saß sie oft allein
Bis in die tiefe Nacht hinein»

Sie liebt Onegin, diesen stolzen und geheimnisvollen Heuchler, der schmachtend schweigt oder große Reden schwingt und «der sogar erlogner Tränen fähig war». Ja, da wird Ibrahim Böhme sich selbst wohl aufs prächtigste beschrieben gesehen und wiedergefunden haben.

«Steht plötzlich, wie der Nacht entstiegen,
Gespenstisch groß, mit finstern Zügen
Und Feuerblick, vor ihr – Eugen!
Und starr vor Schrecken bleibt sie stehn»

Mochte Manfred Böhme Vater sein, verheiratet sein? Also das Kind, sagt Evelyn Böhme, das ist mein Kind. Ist es immer gewesen. Er kam doch so selten. Er hatte doch so wenig Zeit. Wie oft haben wir gewartet, immer wieder gewartet. Und er kam dann nicht. Und wenn ich das schon kaum verkraften konnte, dann das Kind noch viel weniger. Immer gewartet. Mit dem Kind gewartet. Ich glaube, sagt Evelyn Böhme, Tatjana ist der einzige Mensch, der nicht von ihm fasziniert ist. Ich hör das doch, die Frauen um ihn herum: Oh, Böhme, oh, Manfred, oh, Ibrahim. Tatjana nicht.

Und als dann der ganze Rummel mit der Wahl war, sagt sie, und als es in allen Zeitungen stand, in den Boulevardblättern ‹First Lady gesucht›, und als er dann sagte, wenn er Ministerpräsident werde, dann heirate er seine Evelyn wieder – und sie hätte das auch mitgemacht –, da hat Tatjana gesagt: Ich weiß wirklich nicht, wer von euch beiden blöder ist, du oder er.

Na ja, sagt Evelyn Böhme, als er die Wahl dann verloren hatte, wollte er auch nicht mehr kommen. Und sicher geht es mir mit Tatjana ohne ihn auch besser. Also, Tatjana hat ihn immer kritisch gesehen, obwohl sie ihn liebt, durchaus. Aber ohne alle schwärmerische Attitüde. Dabei hat er sie doch kaum gesehen. Er weiß doch gar nicht, was er mit ihr verpaßt.

Man hatte uns eine Wohnung versprochen im Neubaugebiet Politz, sagt Ibrahim Böhme. Das liegt oben über Greiz. Die hätten wir gerne genommen, auch wegen der Fernwärme. Aber dann wurde ihm die Arbeit im Kulturbund aufgekündigt, und aus sei es gewesen mit dem Angebot. Später ziehen sie dann zu den Schwiegereltern nach Triptis.

Mit Manfred traten Vorkommnisse auf, die merkwürdig waren, sagt Evelyn Böhme. Die Autos zum Beispiel. Also draußen stand immer wieder dieses Auto. Oder es traf mit Manfred zusammen ein. Die Nachbarin hat immer das Fenster geöffnet, wenn Manfred kam. Das zeigte genau auf unser Wohnzimmer. Vielleicht gab es da Richtungspeiler, die auf unsere Wohnung eingestellt waren. Ich kann es nicht sagen. Und man fragt natürlich auch nicht in den eigenen vier Wänden.

Also ich fragte nicht. Nicht mehr. Und auch, weil Manfred meinte, es sei besser, nicht zu fragen. Natürlich, sagt sie, hat es Zeiten gegeben, wo ich es nicht in Ordnung fand, aus all dem ausgeschlossen zu werden, was um uns herum passierte. Und er war doch in diesen oppositionellen Kreisen. Das wußte ich. Und mir war klar, daß sein Engagement für die Opposition die Bedrohungen hervorrief. Und eines Abends kommt er nach Hause und ist blutig geschlagen, und sein Hemd ist zerrissen, und er sagt: Ich bin die Treppe hinuntergefallen. Fast beschwörend sagt er das und signalisiert: Frag mich nicht, ich kann es dir nicht sagen.

Und da war für mich langsam der Zeitpunkt gekommen, wo ich nicht mehr fragte. Ich kannte ihn doch. Ich kannte seine Intelligenz und dachte mir, er wird schon wissen, warum. Und warum sollte das nicht auch bei uns so sein können wie bei Lohengrin und Elsa? «... nie sollst du mich befragen noch Wissens Sorge tragen, woher ich kam der Fahrt, noch wie mein Nam und Art». Und Elsa singt: «Nie, Herr, soll mir die Frage kommen. Man muß einander doch einfach glauben und vertrauen können.» Aber seine Andeutungen, sagt sie, waren manchmal schrecklich. Von einem Autounfall und wie schnell man den haben könne, hat er manchmal gesprochen. Und daß dann ja auch nichts nachzuweisen sei.

Und als er so vor mir stand, mit blauem Auge, blutiger Nase und zerrissenem Hemd und nur sagt, ich bin die Treppe hinuntergefallen, das war schon schrecklich, sagt sie. Und ich konnte doch nichts in die Welt setzen, wenn ich keine Beweise hatte. Und es gab ja auch Leute, die sagten, der Böhme hat einen Verfolgungswahn, der ist nicht ganz in Ordnung, und dann haben sie mich immer ganz mitleidig angeschaut, so, als wollten sie sagen: Die kann das ja gar nicht einschätzen, die ist ja mit ihm verheiratet.

«Ich weiß wirklich nicht, wer von euch

beiden blöder ist, du oder er.»

Tatjana Böhme über ihre Eltern Evelyn und Ibrahim Böhme, die
wieder heiraten wollten, wenn Böhme 1990 die Volkskammerwahlen
gewonnen hätte. Hier 1979 in einer Hollywoodschaukel, fotografiert
von der vierjährigen Tatjana.

So habe sie sich also mit vagen Andeutungen begnügen müssen. Und dafür müsse sie heute wohl dankbar sein. Sie hätte sich doch nur schrecklich aufgeregt und gar nichts ändern können. Und was sie jetzt alles höre und lese, was sich so zugetragen haben soll, nein, sie hätte das nicht wissen wollen, schon des Kindes wegen nicht. Und daß er ihr nichts gesagt habe, das zeige ihr schließlich, wie sehr er sie geliebt habe.

Ostern 1978 wird Manfred Böhme verhaftet. Er will Flugblätter aus dem Zug von Leipzig nach Magdeburg geworfen haben. So jedenfalls erzählt er es. Wie erfährt Evelyn Böhme davon? Das ging ganz ordnungsgemäß, sagt sie. Wir waren ja verheiratet. Da standen plötzlich Leute vor der Tür und sagten: Ihr Mann ist verhaftet. Und dann fand die Hausdurchsuchung statt. Die haben zu mir gesagt, ich müsse zwei Zeugen holen. Und ich war doch völlig durcheinander, sagt sie, auch naiv, ich habe die Leute in der Wohnung allein gelassen und habe Zeugen gesucht. Ich weiß nicht, ob die inzwischen Wanzen installiert haben oder was.

Sie haben ein Buch von Reiner Kunze mitgenommen, «Brief mit blauem Siegel», den Reclam-Band. Sie darf ihrem Mann Briefe schreiben, auch Pakete schicken und etwas Geld für Zigaretten und Weinbrand. Und dann plötzlich, sagt sie, konnte ich ihn in Berlin besuchen.

Der Besuch fand in Lichtenberg statt, nicht in dem Gefängnis, in dem er saß. Man hatte ihm gesagt, er würde zu einem Verhör gefahren werden. Er war völlig schockiert, als dann plötzlich seine Frau dasaß. Und auch sie sei ziemlich überrascht gewesen. Die hatten ihm die Haare geschoren, dadurch sah er so elend aus.

Da sitzen sie nun zu dritt, sie, er und ein Stasi-Offizier. Und sie weiß, daß sie nichts von ihm erfahren wird. Es ging doch um «staatsfeindliche Hetze», sagt sie, da habe man kein Recht, etwas zu erfahren. Im schlimmsten Fall stand die Todesstrafe darauf.

Und Sie befürchteten das Schlimmste?

Ja, das Schlimmste.

Und worüber haben Sie miteinander geredet?

Über Literatur.

Wie bitte?

Über Literatur, ja sicher. Über Persönliches kann er doch gar nicht reden. Er hat mich an diesem Nachmittag nach einem bestimmten Buch gefragt. Ob ich das gelesen hätte. Nein, habe sie gesagt. Was, das hast du nicht gelesen? Alles, was man nicht liest, ist ungelebtes Leben, hat er da zu mir gesagt. Und ich hatte doch nun wirklich viel gelesen. Na ja. Über Literatur haben wir also geredet.

Und über Tatjana?

Nein. Das wäre doch nichts für ihn gewesen. Aber daran hatte ich mich schon gewöhnt. Und er ist ja auch klug genug, ein Gespräch zu lenken, wie er es haben will.

Als ich Manfred Böhme frage, worüber er im Gefängnis mit seiner Frau geredet habe, sagt er tatsächlich: Über Tatjana natürlich.

Es ist das einzige Mal, daß Evelyn Böhme ihren Mann besuchen darf. Und eines Tages steht ein Stasi-Offizier bei ihr in der Bibliothek – sie arbeitet damals in der Bibliothek in Triptis – und sagt, sie müsse nach Neustrelitz fahren. Sofort.

Sie trifft dort Manfred Böhme am verabredeten Ort. Wieder ist sie nicht allein mit ihm. Er ist in Begleitung. Ich weiß nicht, sagt sie, wer das war. Er hat sich ihr nicht vorgestellt. Es wird ihr nur mitgeteilt, daß ihr Mann nicht mehr nach Thüringen zurückkäme, sondern hier in Neustrelitz bleibe. Das ginge von den Bezirksbehörden in Gera aus. Das war's, sagt sie. Keine Fragen, nichts. Schluß, aus. Und so blieb er da oben. Na ja.

Aber wir sind ja noch nicht am Ende, sagt Evelyn Böhme. Was auch immer passiert ist, sagt sie, an meinem Verhältnis zu Manfred Böhme ändert das nichts. Ich muß nicht unbedingt wissen, wie es denn wirklich gewesen ist. Ich habe ja damit gelebt. Und ich habe mich daran gewöhnt, daß es so ist. Und ich habe das auch akzeptiert. Er hat es so gewollt.

Keiner konnte so hoch kommen wie er. Aber keiner konnte auch so tief fallen wie er. Und immer, sagt sie, hat er sich für andere verwendet. Und nie hat er jemandem was Schlechtes nachgesagt. Immer hat er sich engagiert für die, denen es dreckig geht, ohne persönliche Vorteile daraus ziehen zu wollen. Nichts besitzt er. Absolut nichts. Nicht mal Bücher. Er hat sie gelesen. Er muß sie nicht besitzen.

Aber, sagt sie, er hat auch immer alles, was von außen kam, Geld oder so, als selbstverständlich genommen. Wenn es da war, war es da. Woher es kam, war egal. Und er hat es auch immer als selbstverständlich hingenommen, daß mein Kind mit mir allein aufwächst, sagt sie, und daß ich es allein durchbringe. Selbstverständlich. Es geht ja auch so. Fürs Wesentliche reicht es.

So ist das bei ihm mit Freunden, mit Büchern, mit uns – er muß es nicht besitzen. Es gibt bei ihm nur eine geistige Aneignung. Mir tut es weh, sagt sie. Auch wegen Tatjana. Wer da nicht wieder zu uns kommt, ist selbst dran schuld. So muß man es wohl sehen. Anders kann man ja gar nicht damit fertig werden.

«Da wußte ich, das ist eine Falle»

Jürgen Fuchs wird abgeschöpft

Nach der Öffnung der Mauer beginnt Ibrahim Böhme, einen Lebenslauf für sich zu entwerfen. Er verbreitet jene wundersame Geschichte vom Oppositionellen Manfred B., der zwischen Waisenhaus und Haftanstalt Koch war und Ersatzlehrer, Postbote und Hilfsdramaturg, Friedhofsgärtner und Bäumeschlepper und rastloser Prediger der Gedanken von Robert Havemann und Alexander Dubček. Und er berichtet auch von einem, der im Oktober 1973 sein Freund geworden sei – Jürgen Fuchs.

Und tatsächlich, es gibt damals, als Jürgen Fuchs nicht lesen und nicht publizieren darf, als er so etwas wie eine Zeitbombe in Jena ist, von der man nur nicht weiß, wann die Staatssicherheit sie hochgehen lassen will, damals, im Februar 1975, gibt es in Greiz eine Lesung mit Jürgen Fuchs. Und Manfred Böhme hat sie wohl ermöglicht, weil die Freunde Jürgen Kornatz und Günter Ullmann darum gebeten haben: Da wird einer in die Stasi-Zange genommen, da müssen wir solidarisch sein.

Es ist eine Lesung im kleinen Kreis im Club «Alexander von Humboldt», eine diffuse Veranstaltung, sagt Jürgen Fuchs. Er sieht Manfred Böhme noch die Doppeltüren im Raum schließen, damit nur nichts nach draußen dringt. Er selbst schien in seinem Verhältnis zu mir fast devot, sagt Fuchs. Und er wiederholt: Ja, fast devot. Aber es war auch Angst da.

Und die Angst ist berechtigt, denn was der Student aus Jena vorliest, ist keine empfindsame Reise in die Innerlichkeit. Das ist Klartext. Seine Literatur überschreitet die eng gesteckten Grenzen, nennt kunstvoll beim Namen, wenn an einem Montag gegen elf im Seminarraum 23 eine Studentin vom «wissenschaftlichen Kommunismus» redet und anfängt, Kompromisse zu machen, weil man doch nicht immer dagegen sein kann, weil man doch auch den Abschluß braucht und den Krippenplatz fürs Kind. Und Jürgen Fuchs schreibt: «Es ist nicht die Öde der Zeitungen am Morgen, es sind nicht die leeren Losungen von Frieden und Freundschaft draußen auf den Straßen, nicht die quasselnden Redner und die komischen Staatsmänner, es sind die kleinen Lügen, die eines Tages gegen elf gelogen werden, und du sitzt im selben Raum, auf einem anderen Stuhl oder nicht.»

Jürgen Fuchs liest also in Greiz. Er liest bei geschlossenen Doppeltüren im kleinen Kreis «Das Interesse», «Das Fußballspiel» und «Der Auftakt», Prosastücke aus seinen Gedächtnisprotokollen: «...aber vergessen Sie nicht, wo Sie leben, wir lassen nicht mit uns spaßen, einen Witz hin und wieder, warum nicht, ein kleines Gedicht auf die Mißstände und mißratenen Bürger verdient Beifall, aber alles hat seine Grenzen...»

Nach der Lesung kommt keine rechte Diskussion zustande. Es kommen keine Fragen auf. Auch beim anschließenden Abendessen in einer Gaststätte sind die Gespräche hektisch. Und da sitzt noch jemand am Tisch, den Fuchs nicht kennt, ja, an den erinnert er sich.

Vor allem aber erinnert Jürgen Fuchs sich daran, daß ihn ein Gefühl nicht verlassen wollte: Dieser Manfred Böhme ist nicht echt. Und das lag auch daran, sagt er, daß ich ihn nicht mochte. Ich weiß nicht, warum, aber ich mochte ihn nicht. Und ich bin von Kindheit an auf eines trainiert: Wahrheit oder nicht Wahrheit. Und Böhme? Ich wußte nicht, was er wirklich denkt, sagt Fuchs. Ich wußte nicht, mit wem er wirklich spricht und was diese Veranstaltung bedeuten sollte.

Jürgen Fuchs wird damals längst observiert. Er ist seit Jahren ein operativer Vorgang, sein Deckname ist «Pegasos». Fuchs, das geflü-

«Böhme hat ja immer mehrdeutig

geantwortet, sprach nie klar, eher

düster, vage, ahnend, fürchtend.

Also es entstand ein richtiger Nebel.»

Jürgen Fuchs, 1991 in den Stasi-Archiven von Gera.

gelte Zauberpferd? Haben die Herren der Staatssicherheit nicht gewußt, daß Pegasos, das antike Roß, unsterblich ist? Daß auch die von
Zeus geschickte Stechfliege ihm nichts anhaben konnte?

Den ersten Kontakt mit der Stasi hat der Schüler Fuchs schon kurz
vorm Abitur 1969. Sein Deutschlehrer zitiert zu viel Bloch und hat zu
viele Sympathien für den Prager Frühling gezeigt. Fuchs ist mit ihm
befreundet. Also wird Fuchs in der Schule vorgeladen. Die Herren
klappen ihre Ausweise auf und sagen: So. Was ist jetzt? Der Lehrer
ist ein Konterrevolutionär, ein Dubček-Freund. Was wissen Sie? Mal
raus damit.

Zunächst ist da ein großer Schreck, sagt Fuchs. Er sagt nur, er
stünde voll hinter diesem Lehrer, der kein Konterrevolutionär sei.
Der renitente Schüler, der Gedichte schreibt und einen Lehrer wie
jenen Altphilologen – der die Schule übrigens verlassen mußte – ver-
teidigt, muß beobachtet werden.

Nächster Konflikt: Fuchs stammt aus Reichenbach im Vogtland,
einen Sprung von Greiz entfernt. Dort lernt er auf einer Lesung im
Kulturbund Reiner Kunze kennen. Fuchs ist damals erst fünfzehn, er
bewundert den Lyriker, er besucht ihn, sie schreiben sich Briefe.

Und Fuchs weigert sich, nach dem Abitur länger als die notwendi-
gen achtzehn Monate zum Militär zu gehen. Und da steht schon das
erste Fragezeichen hinter seinem anvisierten Psychologiestudium in
Jena. Der unzuverlässige Abiturient wird zu den Grenztruppen nach
Plauen versetzt, umschwirrt von inoffiziellen Mitarbeitern. Dort hat
Fuchs im Sanitätsbereich der Stasi eine ganze Menge an Leid und
auch an Terror erlebt. Soldaten kamen zurück von der Grenze, weil
sie Leute erschossen hatten oder nicht erschossen hatten oder weil sie
psychiatrisch behandelt werden mußten. Fuchs merkt, mit wem er es
zu tun hat.

«Damit wir uns gleich richtig verstehen», sagt der Unterfeldwebel
in den Gedächtnisprotokollen von Jürgen Fuchs, «wer hier durch-
dreht und Faxen machen will, der muß sich schon etwas Besonderes
einfallen lassen, hier gab's schon alles: Aufhängen, Fenstersturz, Tabletten, auf Wache abknallen, alles schon dagewesen.» Und dann an

einem Sonnabendnachmittag im Juni – drei Schüsse. Kaum zu hören. «Na und, der Posten am Tor ist tot, das kommt vor . . .» Mich konnte man bei der Armee nicht abschießen, sagt Fuchs. Man hat es versucht.

Er soll nicht zugelassen werden zum Studium in Jena. Er sei politisch unzuverlässig. Fuchs beschwert sich und darf studieren. Das ist die Zeit, als Erich Honecker Staatsratsvorsitzender wird, die Zeit der Liberalisierung, die keine war, sagt Fuchs, weil man alles kurz blühen ließ – um es dann zertreten zu können. In seinem Studien-Jahr wimmelt es von Stasi-Spitzeln. Für Fuchs sind alle Fallen aufgestellt.

Und er schreibt und dichtet und arbeitet und sieht Reiner Kunze und lernt Wolf Biermann kennen und Robert Havemann, dessen Tochter in Jena studiert. Jürgen Fuchs ist längst aus dem Ruder gelaufen. Und eines Tages sagt jemand aus der Gruppe: Kinder, wir müssen irgendwie in die Partei rein. Und Fuchs sagt: Einverstanden. Gehen wir doch rein. Verwirrung. Die Stasi beobachtet ihn. Der will in die Partei eintreten? Abgelehnt. Wieso abgelehnt? Ich bin doch ein Arbeiterkind. Nee. Du bist jetzt Student. Intelligenz. Aber irgendwann geben sie nach: Dann komm in die Partei. Und gleich wird er in Gespräche verwickelt. Will er kooperieren? Wenn nicht, dann harte Konfrontation.

Gerüchte werden ausgestreut. Fuchs sei ein IM, ein Inoffizieller Mitarbeiter. Wie bitte? Der schreibt doch viel zu keß. Eine verärgerte Stasi, drei Parteiversammlungen, Fuchs ist ein Revisionist, ein Trotzkist, also raus aus der Partei. Und wer fliegt, sagt Fuchs, der fällt tief. Neue Zielsetzung im operativen Vorgang: Fuchs stoppen oder liquidieren. Der Begriff, sagt Fuchs, fiel schon damals.

Und nun kommen die wunderbaren Jahre. Er lernt Jürgen Kornatz kennen, der damals in Jena bei Zeiss arbeitet in der Forschungsabteilung. Und weil es da wenig zu forschen gibt, hat Kornatz viel Zeit. Er malt und macht Musik. Die Jazz-Gruppe «media nox» tritt auf. Günter Ullmann schreibt Gedichte, die Fuchs gefallen.

was sollen nur die lehrer von uns
denken
wenn du nicht
lügst
man muß sagen was sie hören
wollen
und nicht die
wahrheit

Und Fuchs besucht Kunze. Und Biermann und Havemann besuchen Fuchs, übernachten bei ihm. Und es werden nicht nur Lieder gesungen. Es werden Bücher geschmuggelt, verbotene Informationen verbreitet, Manuskripte in den Westen befördert, Tonbänder kopiert. Fuchs ist umgeben von Spitzeln und bekommt kein Telefon – Maßnahme 26a –, dafür werden Wanzen in seine Studentenbude gesetzt – Maßnahme 26b.

Im Frühjahr 1974 machten wir eine Veranstaltung, die Wirkung zeigte, sagt Fuchs. In Bad Köstritz bei Gera stellte der Maler Gerd Sonntag aus, ein ganz großes Talent. Und Bettina Wegener trat auf und sang, Gernulf Pannach war dabei und ich. Ich machte Prosa, sagt Fuchs. Der Abend konnte sich sehen lassen. Es waren viele Freunde da und staatliche Kulturvertreter und sehr viel Stasi. Das war die Vorführung des Klassenfeindes. Und die wollten nun mal wissen, wie der ist, der Klassenfeind. Wir zeigten es ihnen, sagt Fuchs. Und sie waren sehr erschrocken.

Die zweite Veranstaltung sollte am nächsten Abend stattfinden. Sie wurde verboten. Die Greizer Freunde kamen, Ullmann und Kornatz mit der Jazz-Kapelle «media nox». Sie kamen im Auto und brachten den Kulturbundfunktionär Böhme mit, der nicht viel sprach. Wir haben uns nur kurz unterhalten, und er sagte gleich: Ich muß mal weg, ich muß das klären. Und verschwand.

Aber wir handelten, wie wir wollten, sagt Fuchs. Wir mußten nicht Herrn Böhme fragen, ob es wohl einen Raum für uns gibt, das machten wir selbst. Und wir überlegten auch nicht lange, was das alles für

Folgen haben könnte. Wir sagten: Dann eben. Dann tritt eben eine Verschärfung ein. Vielleicht ist die nötig. Wir hatten bewußt diesen Ton, sagt Fuchs. Wenn Widersprüche da sind, müssen sie gezeigt werden. So war es.

Den Fuchs regelt man in diesen Monaten herunter. Vor dem Haus in der Lutherstraße 25 steht das Auto der Stasi. Und die Stasi kommt ins Treppenhaus, benutzt eine Wohnung als konspirativen Unterschlupf. Und jeder, der bei Fuchs klingelt, wird fotografiert. Ganz offen. Ganz aggressiv.

In diese Zeit, sagt Fuchs, fällt die Lesung in Greiz. Und Manfred Böhme, der damals nicht etwa einer ist, der hier und da mal etwas aufschnappt und berichtet, nein, sagt Fuchs, er ist schon ein Spitzen-IM der Staatssicherheit. Manfred Böhme also steht bereit. Und er ist die ganze Zeit über immer bestens informiert, sagt Fuchs, weil die Freunde, die ihn, Fuchs, gut kennen, dieses tiefe Vertrauen, dieses manchmal gespenstisch nahe Verhältnis zu ihm haben.

Noch unter seinem ersten Decknamen «August Drempker» schreibt Manfred Böhme 1974, wie oft Jürgen Fuchs zu Wolf Biermann nach Berlin fährt und daß er «immer eine ganze Reihe mit Schreibmaschine... getippter Gedichte und Durchschriften» mitbringt. Eins dieser Elaborate sei gegen Horst Sindermann gerichtet gewesen, der früher einmal ein Konzert mit Wolf Biermann verboten habe, weil der Liedermacher versucht hatte, «die Partei linksradikal zu überholen». Und dann notiert Böhme den Namen des jungen Mannes in Greiz, wo Fuchs die Durchschläge der Gedichte deponiert habe.

Er hat sehr viele Sachen abgeschöpft, sagt Jürgen Fuchs. Er hat in die operativen Vorgänge hineininformiert, hat Lageeinschätzungen gemacht und wird gleich zu Beginn der Akte «Pegasos» als ein ganz wichtiger IM genannt. Damals, nach der Lesung in Greiz, sagt Fuchs, besuchte ich Jürgen Kornatz, und wir unterhielten uns darüber, wie alles weitergehen wird, und er fragt mich, ob ich wisse, daß Manfred Böhme gelegentlich in Jena herumgehe und mit Leuten rede. Nein, davon wisse er nichts, Böhme sei nicht ein einziges Mal zu ihm gekommen. Und in einer so kleinen Stadt wie Jena, sagt Fuchs, sei das schon sehr merkwürdig.

Aber merkwürdig ist vor allem, daß diesem Böhme überhaupt nichts passiert. Wer sich so offen engagiert wie er, wer solche Lesungen macht, sich solidarisiert, der muß doch Schwierigkeiten bekommen. Aber Böhme, sagt er, bekam keine. Jedenfalls erzählt er davon nichts.

Dafür aber erzählt er, daß er irgendwelche Delegationen der DKP herumführe. Als ich das hörte, sagt Jürgen Fuchs, gingen alle Warnleuchten bei mir an. Delegationsbetreuer wurde nur, wer als absolut zuverlässig galt. Und solche Leuten sollten auch Leiderfahrungen haben, damit das Vertrauen in sie wächst. Böhme hatte die doch auch. 1968 will er im Gefängnis gesessen haben. Das waren Legendierungen.

Und dann passiert wieder etwas Eigenartiges. Eines Tages, sagt Fuchs, bringt mein Freund Jürgen Kornatz mir aus Greiz Kopien mit. Einen ganzen Karton mit Kopien meiner Prosaarbeiten.

Das soll ich dir von Manfred mitbringen, sagt er. Hat er für dich auf seiner Ormig-Maschine abgezogen.

He, sagt Fuchs, wieso? Die hab ich nicht bestellt.

Hat er aber gemacht für dich. Und du sollst sie verteilen, wie du's für richtig hältst.

Also das kam mir doch sehr komisch vor, sagt Fuchs. Dabei war es ja tatsächlich eine Hilfe. Wir mußten doch alles doppelt und dreifach abschreiben, selbst Biermann war gezwungen, zu den akkreditierten West-Journalisten zu gehen, und auch die hatten nur relativ schlechte Kopiermaschinen, da konnte man ja kaum was lesen. Und jetzt bekam ich von Manfred Böhme einen ganzen Schwung bester Kopien von meinen Prosastücken, die in Einzelexemplaren in Greiz kursierten. Zehn bis zwanzig Kopien pro Stück.

Fast zeitgleich, sagt Fuchs, tauchten Leute bei mir auf, die fragten, ob ich nicht etwas zu verteilen hätte, Kopien oder so. Man müsse doch langsam mal was unternehmen. Ich sagte: Ich hab nichts.

Was, nichts?

«Als ich hörte, daß er Offiziersgruppen und Delegationen der DKP herumführte, gingen bei mir alle Warnleuchten an.»

Jürgen Fuchs über Ibrahim Böhme, der hier zwischen russischen Offizieren steht, die er herumführt.

Nein, nichts. Ich habe große Schwierigkeiten mit der Partei. Und wenn ich Schwierigkeiten habe, dann ist bei mir Denkpause. Dann muß ich nachdenken und kann keine Texte verteilen.

Mir war klar, daß diese ganze Aktion eine Falle war. Hätte ich die Kopien verteilt, wäre der Strafrechtsparagraph Verbreitung von verbotenen Schriften erfüllt. Das wäre nicht mehr nur Weitergabe eines Manuskripts gewesen. Ich habe mehrfach erlebt, daß mir Bücher mit dem Stempel «Deutsche Bibliothek» gebracht wurden, das waren entwendete Bücher aus dem «Giftschrank». Kriminalisierungs-Versuche waren das. Und wie hätte ich beweisen können, das Buch nicht gestohlen zu haben?

Jürgen Fuchs erzählt solche Geschichten Reiner Kunze, und der verarbeitet sie in seinen «Wunderbaren Jahren»: Ein junges Mädchen ist auf «Jürgen» angesetzt. «Auf einmal steht sie nackt im Zimmer. Sie hätte keine Hemmungen, sich zu zeigen, weil sie in der Kunsthochschule Modell steht – die Stunde dreißig Mark, sagt sie. Und sie knallt sich auch nackt aufs Bett. Jürgen hat aber keine Lust, mit ihr zu schlafen... Am nächsten Morgen ist die Sache klar für ihn – ganz plötzlich, und sie scheint zu bemerken, was los ist, mustert ihn nur immerzu und sagt kaum was. Er macht Kaffee und legt dann von Biermann die Stasi-Ballade auf. Sie erschrickt, daß er ihre Halsschlagader schlagen sieht... und als Jürgen sie fragt, wie lange sie schon bei der Firma arbeitet... sagt sie: Warum? Wieso? und: Du mußt mir helfen... Da fragt sie ihn, ob er für sie ein Buch weitersenden würde: über absurdes Theater, Rowohlt, Stempel der Deutschen Staatsbibliothek...»

Also glatte Falle. Ringtausch. Gestohlene Bücher. Dazu Westliteratur. Und so ist das auch mit den Kopien von Manfred Böhme: glatte Falle. Verbreitung von Schriften. Staatsgefährdende Hetze. Und einer wie Böhme, sagt Fuchs, der in der Partei war, der so aktiv war und der das volle Vertrauen der Freunde hatte, da war ich schon sehr skeptisch.

Inzwischen hat Jürgen Fuchs eine Anweisung in seinen Stasi-Unterlagen gefunden: Böhme solle Fuchs meiden. So steht das da. Er sollte mich meiden, vor allem in Jena. Ich galt in ihren Beschreibungen als einer, der IM's enttarnen konnte. Deshalb auch besucht Böhme den Fuchs nicht, wenn er in Jena ist. Er fragt lieber andere über ihn aus. So wie es in den Anweisungen der Staatssicherheit steht.

Nach einem Gespräch mit Günter Ullmann schreibt Böhme für die Stasi:

«Im weiteren Verlauf brachte ich das Gespräch darauf, wer will etwas von mir und was will man von mir? Darauf sagte Günter U., daß man seit der Zeit, da Jürgen Fuchs und Wolf Biermann im Jahre 75 mir eine ganz bestimmte Periode sehr mißtraut hätten, man mich genau überprüft hätte und jetzt zu einem Vertrauen zu mir gelangt wäre.

Ich fragte Günter U., wer denn «man» wäre.

Er sagte mir daraufhin, daß es Personen wären, die durchaus ernst zu nehmen sind und die auch einen Überblick hätten über das, was ich in Greiz tun würde und was ich im Rahmen des Kulturbundes insgesamt getan hätte.

Es sind Personen, die auch vermuten, daß Reiner Kunze von mir praktisch relativ freie Bahn bekommen hätte, daß ich praktisch Reiner Kunze in einer bestimmten Art und Weise schützen würde.

Ich lachte daraufhin und sagte, daß man meine Person vollkommen überschätze...»

Vor allem aber überschätzt er selbst sich in seinen Berichten, der Manfred Böhme. Und diese Überschätzung nimmt hybride Formen an, wenn er behauptet, Fuchs vertraue außer seiner Frau und Kunze nur noch ihm, Böhme. So schreibt es «Paul Bonkarz» am 17. 7. 1975.

«Bemerkungen zur Person des Jürgen Fuchs aus Jena. ...Er teilte mir erst mit, daß die Exmatrikulation ausgesprochen wäre... Der Grundtenor seiner weiteren Darlegung war, er habe außer mit seiner Frau, Kunze und mir mit keiner... Person darüber gesprochen, er habe zu seinen Freunden um ihn herum kein Vertrauen mehr.»

Ich hatte einen sehr stabilen Freundeskreis, sagt Jürgen Fuchs. Er war zusammengesetzt aus Vertrauten, die gemeinsame Aktionen machten. Wir hatten kein offenes Haus, wollten das auch nicht. Wir waren ein kleiner Kreis, der versuchte, Öffentlichkeit herzustellen. Und die Stasi war für uns nicht irgendein Informationssystem, zu dem man mal hinging und Bericht erstattete, wie die vom Prenzlauer Berg, die darin nichts Schlimmes sahen, weil die Stasi ja ohnehin schon alles wußte. Nein, die Stasi, das waren unsere Feinde. Unsere Todfeinde, die in unseren Wohnungen herumwühlten, die Wanzen einbauten, die Fallen stellten, die bereit waren zu liquidieren.

Es ist die Zeit, wo eigentlich alles auf eine Verhaftung von Fuchs zuläuft und Wolf Biermann zu Fuchs sagt, du mußt weg aus Jena. Er packt den Freund, dessen Frau und Tochter ins Auto und fährt sie nach Grünheide zu Robert Havemann. Es ist die Zeit, wo er – noch in Jena – an den Gedächtnisprotokollen schreibt, ganz offen mit Reiner Kunze und anderen Schriftstellern zusammen ist, um nicht in der Anonymität unterzugehen, wenn die Stasi-Schlinge sich zuzieht.

Und dann tritt Robert Havemann in Aktion. Er läßt dem bedrängten Freund Fuchs einen Brief übergeben. Darin heißt es, er habe von Fuchs' Schwierigkeiten gehört, und er möchte ihm sagen, er stehe fest zu ihm. Und falls Fuchs etwas zustoßen solle, würde er versuchen, das öffentlich zu machen. Und Fuchs solle sich nicht einschüchtern lassen, er, Havemann, stehe in jedem Falle hinter ihm.

Und da, sagt Fuchs, habe ich folgendes gemacht: Ich habe Jürgen Kornatz gesagt, ich möchte nach Greiz kommen und mich mit Böhme treffen. Böhme wisse doch immer über alles Bescheid, habe doch alle Informationen, und in einer Politbüro-Sitzung sollen Entscheidungen gefallen sein über Kunze, Fuchs, Bettina Wegener, Pannach, etwa in dem Sinne: So gehe das nicht weiter, das sei ja die Konterrevolution. Und Fuchs möchte nun wissen, was Böhme dazu sagt. Ein Termin wird vereinbart, und Fuchs fährt nach Greiz.

Er geht ins Kulturhaus, aber Böhme ist nicht da. Der ist krank, sagt man ihm, der ist zu Hause. Thälmannstraße 10. Da geht Fuchs also hin, Treppe hoch, die Wirtin: Kommen Sie rein, ja, dort die Tür. Und da lag er dann im abgedunkelten Zimmer, auf dem Sofa, mit Kopfschmerzen, also ich kannte ihn ja kaum, sagt Fuchs, ich dachte nur, der muß ja schwerkrank sein. Und ich sage, daß ich auch gar nicht lange stören wolle, ich möchte nur – ich glaube, wir siezten uns – ich möchte Sie nur fragen, wie das gewesen ist nach der Lesung hier in Greiz und ob Sie Schwierigkeiten danach bekommen haben.

Böhme hat ja immer mehrdeutig geantwortet, sagt Fuchs. Also Schwierigkeiten, na ja, sagt Böhme, es sehe alles nicht so gut aus; aber er sprach auch nicht von aufhören, eher düster, vage, ahnend, fürchtend. Also, es entstand ein richtiger Nebel.

Fuchs sagt, er habe einen Brief von Robert Havemann dabei, er möchte, daß Böhme den lese. Das tut Böhme. Er studiert das Schreiben aufmerksam, begleitet es mit: Ja, ja, gut, daß ich das weiß. Und Fuchs sagt zu Böhme: Ich möchte, daß Sie das berichten, denn ich bin fest entschlossen, weiterhin das zu tun, was ich für richtig halte. Ich werde auch veröffentlichen, in der DDR oder in der Bundesrepublik. Und ich werde ganz fest zu meinen Freunden Havemann und Biermann stehen. Ganz fest. Das, sagt Fuchs, war mein Anliegen. Und dann wollte ich gehen.

Und in dieser Situation tut Böhme wieder etwas Merkwürdiges. Er zieht sich an.

Ich denke, Sie sind krank?

Nein, nein, ich möchte Sie begleiten.

Und er begleitet ihn. Sie unterhalten sich. Und irgendwann duzen sie sich dann, und möglich, daß Böhme sagt:

Gehst du noch zu Kunze?

Nein, sagt Fuchs. Ich gehe zum Bus, ich fahre zu meinen Eltern nach Reichenbach.

Also gehen wir zur Bushaltestelle. Und ich weiß noch, er sprach von sich und von einem Theaterstück, das er geschrieben habe und das gerade aufgeführt worden sei, mit den Freunden. Wir sprachen recht freundlich, sagt Fuchs, und in gewisser Weise waren wir uns auch sehr nah, merkwürdig nah, das muß ich schon sagen, Böhme kann das ja, daß man sich ihm sehr nahe fühlt. Nur weiß man bei ihm nie, woran man ist. Und dann fragt er:

Ja, was macht ihr denn jetzt?

Und ich weiß noch, wie ich ihm sage: Wir werden handeln.

Wie denn? fragt Böhme. In Gruppen? Und ich sage: Wir denken gar nicht daran, wir suchen die Öffentlichkeit. Und ich weiß auch noch, daß ich ihm zu verstehen gab, wir werden handeln – aber nicht mit dir. Denn politisch waren wir nie zusammen, sagt Fuchs. Und wir waren auch nie befreundet.

In seinem Bericht an die Staatssicherheit schreibt Böhme über diese Begegnung:

«Er sagte..., daß er sich in den letzten Wochen viele Gedanken gemacht habe und der Meinung ist, daß er... mehr tun müsse als bisher. Jetzt habe er sich immer nur auf Gedichte und... künstlerische Darstellung und Bloßstellung von Mißständen in der DDR... eingelassen, das wäre nur eine halbe Sache. Er beabsichtige jetzt, in einer sehr deutlichen Form politische Essayistik zu schreiben... und er bitte mich, in einem Kreis von Leuten aus der gesamten DDR mitzuarbeiten, die Nachdenklichkeiten anstoßen...»

Fuchs ihn gebeten? Böhme schreibt auch, daß die Aktionen in Gruppen stattfinden sollen, weil es allein zu gefährlich sei, also das Gegenteil von dem, was Fuchs ihm gesagt hat. Schreibt, daß Böhme, wenn er ihm schriebe, dies nur ganz allgemein tun solle, er, Fuchs, komme lieber selbst zu ihm nach Greiz, wenn es etwas zu bereden gäbe. Schreibt, daß Fuchs ihm jetzt voll vertraue, was er am Anfang nicht getan habe. Und er habe ihn, Böhme, gebeten, alles, was zwischen ihnen gesagt werde, «unter strengster Wahrung der Diskretion zu behandeln, besonders, was seine nächsten Schritte betrifft.»

Dann holt Wolf Biermann den gefährdeten Freund nach Grünheide, und Fuchs hat nie mehr einen direkten Draht zu Böhme. Aber Böhme einen indirekten zu ihm. Er schöpft seinen Freund Jürgen Kornatz ab.

Im Mai 1976 besucht Kornatz Fuchs in Berlin. Böhme berichtet lang und breit, wo Fuchs jetzt wohne, wie Fuchs jetzt arbeite, was Fuchs jetzt schreibe. «Fuchs hat seine Kurzprosa fertig, wobei er u. a. auch zum MfS schreibt.» Berichtet, daß Fuchs einen Autounfall mit seinem Trabant gehabt habe. Totalschaden. Frau und Tochter seien unverletzt. Fuchs habe einen Nasenbeinbruch. Und weil die Volkspolizei keinen technischen Mangel hat feststellen können, «nimmt Fuchs an, daß man an seinem Fahrzeug eine technische Veränderung vorgenommen hat».

Fuchs, so schreibt er weiter, lebe sehr isoliert. Und Fuchs' Frau sei sehr reserviert. Und von Wolf Biermann habe Kornatz eine Probeplatte seiner neuen Lieder bekommen, «die in der BRD veröffentlicht» wird. «Des weiteren hat K. eine Schrift mitgebracht... Ich komme am nächsten Dienstag in Besitz dieser Schrift.» Berichtet, wo Fuchs solche Schriften vervielfältigt, gibt plaudernd zu Protokoll: «K. bemerkte scherzhaft, wenn bei Fuchs eine Hausdurchsuchung gemacht würde, dann würden einige aufs Kreuz fallen.»

Na bitte, wenn das keine Aufforderung ist. Und erzählt, welch gute Verbindungen Jürgen Fuchs bereits in Berlin hat und wo er sie hat. Und er vergißt nicht, der Staatssicherheit einen Eindruck davon zu geben, wie hoch geschätzt auch er, Böhme, in diesen Kreisen sei, will heißen, welch guter IM er ist: «Fuchs bat K., mich herzlich zu grüßen, und ich solle doch einmal ein paar Zeilen schreiben.»

Im Juni notiert er, als hätte es den Satz vom Mai nicht gegeben: «Jürgen Fuchs befragte ihn eingehend zu meiner Person, zu meinen Verbindungen und stellte Kornatz immer wieder die Frage: ‹Wie kann sich ein Funktionär mit diesen Ansichten und dieser Wirkungsweise in Greiz so lange halten? Wie kann er das Vertrauen der Parteistellen so lange genießen?›

Kornatz beantwortete diese Frage in etwa so: ‹B. genießt gar nicht so sehr das Vertrauen der Parteistellen, doch zur Zeit brauchen sie ihn noch.

Das, was wir über einen schnellen Weg versuchten, macht Böhme in einer realistischeren Form, für ihn zwar nervenaufreibender, aber, wie ich das einschätze, auch erfolgreicher.›

Persönlich möchte ich gestehen, daß ich über diese scharfe Erkenntnis von Kornatz überrascht war. Die Frage von Fuchs, ob B. mit MfS zusammenarbeiten könnte, verneinte Kornatz eindeutig.»

Ende August 1976 berichtet Böhme von Differenzen zwischen Fuchs und Kornatz. Kornatz sei enttäuscht von Fuchs, der viel kritisiere, aber keine Alternative habe.

«Aus der persönlichen Struktur Jürgen Fuchs' möchte ich eher ableiten, daß sich nach Bekanntschaft, nach 2, 3, 4 Wochen, höchstens zwei Monaten mit Jürgen Fuchs, Personen, die an ernsthaften Änderungen in negativer oder positiver Form in unserer Gesellschaft interessiert sind, sich zurückziehen, da Jürgen Fuchs mit seiner offenen Spielart der Konspiration jedem auf die Dauer zu gefährlich erscheinen würde.»

Allerdings sollte man sich beim MfS nicht zu früh über das Zerwürfnis freuen – Freunde zu entzweien ist ja ein Lieblingsspiel der Spitzel –, denn «abschließend möchte der Berichterstatter... feststellen», daß Jürgen Kornatz eine außerordentliche «Verzeihungsfreudigkeit» besitzt, vor allem jetzt, wo seine Freundin Barbara ein Kind von ihm erwarte.

Am 17. November 1976 wird Wolf Biermann ausgebürgert. Am 19. November wird Jürgen Fuchs um 11 Uhr vormittags aus dem Auto seines Freundes Robert Havemann heraus verhaftet.

«Zeigen Sie Ihren Personalausweis. Steigen Sie aus. Schließen Sie die Wagentür. Folgen Sie uns zu diesem Fahrzeug. Steigen Sie ein!

Die Wagentür wird geschlossen und von innen verriegelt.

‹Wer sind Sie?›

‹Ministerium für Staatssicherheit.›»

So erinnert sich Jürgen Fuchs später in seinen «Vernehmungsprotokollen».

Manfred Böhme schreibt der Staatssicherheit, daß Jürgen Kornatz und Günter Ullmann Geld für «Lilo Fuchs, die Gattin des Inhaftierten» gesammelt hätten. 50 000 Mark seien schon zusammengekommen. «Als ich fragte, in welcher Höhe denn nun Beiträge gegeben worden wären», soll ihm Ullmann gesagt haben: Zwischen 5 und 50 Mark. «Daraufhin gab ich G. Ullmann von mir auch 50 Mark.»

Erfunden, sagt Günter Ullmann. Der ganze Bericht ist erfunden.

«Wer mit den Mördern pokert»

Der Greizer Kreis

Günter Ullmann erfährt aus dem Fernsehen, daß Jürgen Fuchs verhaftet worden ist. Er arbeitet damals in Berlin als Bauschreiber und fährt sofort am nächsten Tag zu Lilo Fuchs nach Grünheide. Er will fragen, was er tun und wie er helfen kann.

Das ganze Viertel, sagt der Lyriker Ullmann, war hermetisch abgeriegelt, Polizeiautos standen quer über der Straße, ich konnte gerade noch zum Haus gehen, klingeln, die Tür geht auf, ‹Ach, der Ullmann ist da›, das hör ich noch, und dann werde ich von Polizisten weggezogen, einsteigen bitte, und ab geht's.

Wir sind durch Berlin gefahren, kreuz und quer durch Berlin. Ich weiß nicht, wo wir gelandet sind, es war ein großer Komplex, und in eine der Baracken haben sie mich reingeschoben. Da wurde ich befragt.

Woher kennen Sie Fuchs?

Den kenn ich vom Fußball. Wissen Sie, ich bin doch ein Fußballfan. Den kenn ich daher.

Meine Freunde, sagt Ullmann, haben mächtig gelacht, als ich ihnen das später erzählte. Ich und Fußball. Ich haßte Fußball.

Und haben Sie Kontakt zu einem Herrn Havemann?

Habermann?

Nein, Havemann!

Lassen Sie mich überlegen, sagt Ullmann zum Vernehmer. Ich arbeite doch beim Bau. Ja, auf dem Gelände heißt, glaube ich, einer

Hasemann. Also, sagt er, ich habe die richtig auf den Arm genommen.

Lassen Sie sich dort nicht noch einmal blicken. Das ist verboten, sagen sie ihm. Und er wird entlassen.

Von diesem Stasi-Gespräch erzählt Ullmann sehr vergnügt auch seinem Freund Manfred Böhme, und dessen Meldebedürfnis regt sich stürmisch. Er diktiert einen Bericht an die Staatssicherheit:

«Dann erzählte G. Ullmann in einer sehr humorvollen Art und Weise, wie er am Montag, 22. 11. 76 von Genossen des Staatssicherheitsdienstes, zuerst von einer Streife der VP, befragt oder verhört worden ist.

Günter U. hob hervor, daß die Genossen der Staatssicherheit von ihm an der Nase herumgeführt worden seien.

Auf die Frage, was er bei Fuchs gewollt habe, antwortete Ullmann, er habe von Freunden erfahren, daß Jürgen F. einsitze.

Er hatte vorgehabt, Lilo Fuchs etwas Geld zu bringen.

Die ihn vernehmenden Genossen hätten ihn gefragt, ob er von den geistigen Dingen um Jürgen F. etwas wisse, was Günter Ullmann verneint habe.

Auf die Frage nach seiner Freizeitbeschäftigung sagte er, daß er mit den Kumpels ab und an etwas trinken gehe, ansonsten sich nicht um große Dinge einen Kopf mache.

Auf die Frage, ob und was er lese, sagte er, daß er bestimmt weniger lese, als die Leute, die ihn gerade vernommen hatten.

Er war sehr stolz darauf, daß die ihn vernehmenden Angestellten es mit einer leichten Verwarnung belassen ließen, ihn darauf hinwiesen, daß er in Zukunft solche Besuche bei Lilo Fuchs in der Wohnung oder bei der Wohnung Havemanns sein zu lassen habe. Auf mein Bemerken, daß er da die Leute der Sicherheitsorgane doch sehr stark unterschätze, wenn er meine, daß sie ihm das abkaufen, stieg sofort seine Gattin ein, die in etwa ‹siehst du, da habe ich doch recht gehabt!› reagierte.»

Aus meinen Akten, sagt Ullmann, geht hervor, daß die Stasi meinen Betrieb veranlaßte, mich nach Gera zurückzuschicken. Und für den guten Vorschlag bekam der Stasi-Mann eine Buddel Whisky, sagt er. Für 80 Mark. Hat er quittiert. Liegt auch in meiner Akte.

Sechs Wochen nach der Ausweisung von Wolf Biermann und der Verhaftung von Jürgen Fuchs wird in Gera ein Operativer Vorgang eröffnet: Deckname «Medium». Zu beschnüffelnde Personen sind Günter Ullmann, der Lyriker, Bauschreiber und Schlagzeuger, Harald Seidel, der Reparaturschlosser und Baßgitarrist, Jürgen Kornatz, der Ingenieur und Flötist, und Rudolf Kuhl, der Maurer mit Abitur und Saxophon.

Begründung für den OV: Drei Briefe gleichen Inhalts wurden konfisziert. Sie waren an das ZK der SED, an das Ministerium für Kultur der DDR und an den Schriftstellerverband der DDR gerichtet, drei Solidarisierungsschreiben mit Wolf Biermann und mit Reiner Kunze, der zu eben jener Zeit aus dem Schriftstellerverband geworfen worden war. Nur Kuhl, so steht es in den Akten, habe einen eigenen Brief geschrieben.

Stimmt, sagt Rudolf Kuhl. Der Text, den Günter Ullmann verfaßt hat, der war ja sehr gut, aber auch sehr monumental. Es hieß da: Der Sozialismus ist nicht aufzuhalten, weder von der braunen Pest noch von den rostroten Pickeln. So etwa. Das war mir zu gewaltig.

Die Ausbürgerung von Wolf Biermann, sagt Harald Seidel, war für uns wie ein Faustschlag. Er habe sofort an Willibald Müller geschrieben, den Ersten Kreissekretär der SED, Greiz. Er habe ihm geschrieben, daß er, Seidel, das als SED-Genosse nicht mittragen könne. Er erlaube sich, Kritik zu äußern. Die Entscheidung müsse zurückgenommen werden.

Ach, sagt Seidel, und ich höre noch heute, wie Willibald Müller auf einer Konferenz im Kulturbund Biermanns Ausbürgerung mit Bravo-Rufen bedenkt. Dieser Biermann sei doch ein Renegat, ein Parasit, eines der gefährlichsten Subjekte überhaupt. Jürgen Kornatz schießt daraufhin wie von der Tarantel gestochen hoch und ruft «Arschloch». «Arschloch», sagt der zu Willibald Müller. Und: Er könne sich diesen Scheiß nicht länger mit anhören, und steht auf, will raus. Da greift Manfred Böhme ein und hält Kornatz zurück: Bist du verrückt! Nimm dich zusammen. Du kannst ja deine Meinung haben, aber doch nicht hier. Und nicht so laut. Und wir müssen doch versuchen, gemeinsam... Also, er lavierte mal wieder rum.

Harald Seidel wird aus der Partei geworfen. Ein SED-Genosse hat sich nicht für Biermann einzusetzen. Auf dem 11. Plenum des ZK der SED im November 1965 war der Liedermacher doch schon erkannt worden als Störfall. Auftrittsverbot, Publikationsverbot für einen, der ohne Respekt ist vor den hohen Herren:

> «Die Eitelkeit der höchsten Herrn
> Konnt meilenweit er riechen
> Verewigt hat er manchen Arsch
> In den er mußte kriechen...»

So singt Biermann in seiner Ballade auf den Dichter François Villon.

Wenn der Seidel sich mit so einem solidarisiert – raus. Brauchen wir nicht in der Partei. Er ist ja neulich auch in der katholischen Kirche gesehen worden, auf dieser Kunze-Lesung.

Was haben Sie als Kommunist überhaupt in einer Kirche zu suchen? fragen ihn die Vernehmer der Parteikontrollkommission, die ihn vorgeladen haben.

Ich bin frei und kann hingehen, wohin ich will, sagt Seidel.

Und haben Sie nicht hinterher Nazi-Lieder gesungen? Und wer hat die Hakenkreuze an die SED-Kreisleitung geschmiert?

Es war absurd, sagt Seidel. Vollkommen absurd.

Manfred Böhme hatte damals den Auftrag, Seidel in die Partei zurückzuholen. Er besuchte Roswitha und mich bei meiner Schwiegermutter, erzählt Harald Seidel. Es war ein kalter Dezembertag, und er hatte eine wunderschöne Mütze auf, und wir haben Schnaps getrunken und rumgeflachst, und Roswithas Mutter war entzückt, das sei ja ein brillanter Mann, mit so viel Charme. Aber Seidel wehrte alle Versuche, ihn zu beeinflussen, ab. Er sagte Böhme, daß es so nicht weiterginge, und er hätte auch schon einen Brief an Erich Honecker geschrieben.

Also, den würde er doch gerne einmal lesen, sagt Manfred Böhme.

«Nach meinem Biermann-Protest flog ich

aus der Partei. Manfred sollte mich damals

auf den rechten Weg zurückholen.

Er kam an einem kalten Dezembertag,

und wir haben Schnaps getrunken.»

Harald Seidel und Ibrahim Böhme 1990 bei ihrem ersten
Wiedersehen nach der Wende.

Natürlich, sagt Seidel.

Und natürlich gibt Böhme alles an die Staatssicherheit weiter, berichtet «auftragsgemäß». Ein kühler Ton weht durch die Zeilen. «Des weiteren kam zutage...», erstens, zweitens, a und b.

«Dann hat er mir den Brief an Erich Honecker vorgelesen. Im allgemeinen legt er noch einmal seine Motivation dar, aufgrund dessen bzw. derer er den Brief an W. Müller, den 1. Kreissekretär geschrieben habe, er betonte noch einmal... daß man über diese ganze Biermann- und Havemann-Diskussion die tatsächlichen Aufgaben außer acht lasse...

Mit Schreibmaschine geschrieben wurde dieser Brief von Roswitha Kostial, der Verlobten von H. Seidel. gez. ‹Paul Bonkarz›.»

In der Psychostudie, die Böhme von Seidel für die Staatssicherheit verfaßt, heißt es: Seidel sei zwar ein überzeugter Leninist, aber in letzter Zeit habe er zuviel Trotzki gelesen.

Keine Zeile hatte ich damals von Trotzki gelesen, sagt Seidel.

Und Einflüsse von Konstantinow machten sich bei ihm bemerkbar, schreibt Böhme.

Konstantinow? Den gibt es gar nicht, sagt Seidel. Das ist eine Erfindung von Böhme. Er hätte auch Meyer oder Schulze schreiben können. Aber Konstantinow, das klingt natürlich besser.

Und Böhme zog Schlüsse aus Seidels Kindheit und Jugend. Das waren doch alles seine Probleme, sagt Seidel. Und die Leute von der Staatssicherheit habe er mit alldem wohl restlos überfordert.

Biermann war verboten, sagt Günter Ullmann, und wir hörten heimlich seine Platten. Die brachte Jürgen Kornatz aus Jena mit, von Fuchs und auch von Biermann, immer hatte er das Neueste. Und das wußte Böhme, sagt Ullmann. Wir haben ja auch über die Texte diskutiert.

Mochte Böhme die Texte?

Nein, überhaupt nicht, sagt Günter Ullmann. Die waren ihm zu fremd, zu plebejisch, zu unappetitlich, zu freizügig. Da wurde ja gelebt und geliebt:

«...oder nehmen wir zum Beispiel
meinen sexuellen Freistil...»

Schrecklich fand Böhme das. Manfred kam ja vom hohen Anspruch
Thomas Manns, sagt Günter Ullmann. Das war eher seine Welt.

Doch er lebte in der kleinen Welt der miesen Schnüffelschweine
aus Plaste und Elaste. Und die hat Biermann in seiner großen Stasi-
Ballade beschrieben:

> Menschlich fühl ich mich verbunden
> mit den armen Stasi-Hunden
> die bei Schnee und Regengüssen
> mühsam auf mich achten müssen
> die ein Mikrophon einbauten
> um zu hören all die lauten
> Lieder, Witze, leisen Flüche
> auf dem Clo und in der Küche –
> Brüder von der Sicherheit
> ihr allein kennt all mein Leid...

Den mußte Böhme ja hassen, diesen Biermann, diesen neuen Heinrich Heine aus der DDR, diesen frechen Tieftaucher im Meer der Mie-
fer und der Bonzen.

Ich frage Manfred Böhme, wie er 1976 zur Ausbürgerung von
Wolf Biermann gestanden habe.

Man muß einen Mondsüchtigen ja nicht gleich auf den Mond
schießen, sagt er. Im übrigen sei Biermann der beste Propagandist der
DDR gewesen.

Und mochten Sie seine Lieder, seine Balladen vom Panzersoldaten
und François Villon?

Ich mochte seine Sprache nicht, sagt Böhme. Die war grob und
geschmacklos.

Nein, sagt Wolf Biermann, es war nicht der grobe Villon-Ton, den
Böhme nicht mochte. Es war politisch kalte Kalkulation. Bei mir und
bei Robert Havemann. Robert und ich, wir waren die Grenzpfeiler.

Dahinter konnte man grasen. Recht oder schlecht. Und als ich weg war, war kein Rammbock mehr da. Der war weg. Da gab's nichts mehr. Ich war das absolute Schwarz, sagt Biermann. An diesem Schwarz sahen alle Neger wie Weiße aus.

Gleich nach der Ausweisung des Liedermachers kommt Eberhard Herzog, der Greizer Kulturfunktionär, in den Schlosserbetrieb von Rudolf Kuhl. Er legt den Werktätigen ein Blatt Papier hin, das sie unterzeichnen sollen: Wir sind einverstanden mit der Biermann-Ausweisung.

Und Sie, Herr Kuhl, warum unterschreiben Sie nicht? Ach, wissen Sie, sagt der, wir haben unsere Stellungnahme schon abgeschickt.

Natürlich, die ist ja längst im Postsieb hängengeblieben. Herr Herzog erteilt prompt Spielverbot für den Club «media nox», nein, sie dürfen auch nicht mehr zu den Jazz-Tagen nach Jena.

Da habe ich sofort eine Eingabe ans Kulturministerium gemacht, sagt Rudolf Kuhl, Günter, Harald und ich haben die losgeschickt. Ach, da war Manfred immer sauer, wenn wir etwas ohne ihn machten. Er wollte in alles einbezogen werden. Heute, sagt Kuhl, weiß ich gar nicht, ob überhaupt alle Briefe, die wir damals geschrieben haben, abgegangen sind. Einige hat Manfred ja für uns abschicken wollen. Angeblich. In den Akten habe ich darüber nichts gelesen. Das heißt wohl, er hat sie gar nicht erst weitergeleitet.

Wegen des Spielverbots kommt eine schnelle Rückantwort. Wir sollten nach Gera kommen zu einer Aussprache. Das habe ich Manfred erzählt, sagt Kuhl. Und der fing sofort an: Ach Gott! Das wird ganz schlimm. Ihr kriegt totales Spielverbot und sonstwas.

Wieso, sagt Kuhl. Ich habe keine Bedenken. Ich fahre nach Gera.

Allein?

Nein, ich nehme Harald mit.

Also, du mußt unbedingt mich mitnehmen, sagt Böhme. Ohne mich läuft da gar nichts.

Gut, sagt Kuhl. Wir treffen uns in Gera. Abgemacht, sagt Böhme.

Aber er kommt nicht. Hundertprozentig hatte er gesagt. Und nun steht Kuhl allein da. Unvorstellbar war das für mich, sagt er. Was nützt mir jede Aussage von den Bonzen, wenn ich keinen Zeugen habe. Und das wußte Böhme. Ich ging dann allein hin, und die sagten mir, ja, der Herr Herzog sei da zu weit gegangen, und spielen Sie man weiter mit Ihrer Band. Aber wer würde mir das im Zweifelsfall glauben?

Ich habe Manfred das sehr übelgenommen. Und er hatte wohl auch ein schlechtes Gewissen. Aber eine Entschuldigung hatte er nicht. Und dabei mußten wir bei ihm doch immer springen, immer zur Stelle sein. Komm hierhin, geh dorthin, ruf da an. Ich weiß nicht, sagt Kuhl, ob das zu seinem Auftrag gehörte.

Er wollte bei uns doch der große Revolutionär sein, sagt Günter Ullmann. Aber was war er? Der untertänige Zuträger. Was hat er nicht alles berichtet, sagt Ullmann: daß man in meiner Gegenwart nichts aus dem Boden reißen dürfe, kein Unkraut, keine Blumen, und daß ich kein Geflügel esse und es bereits als Tierquälerei empfinde, wenn Mäuse in Mausefallen gefangen würden. Das hat er geschrieben, sagt Ullmann. Solche Banalitäten. Und daneben dann meine Meinung zu Solidarnosc.

Mit der Wahrheit hat er es in den Berichten nie genau genommen. Er hat verschlimmert und verharmlost, er hat verschwiegen und erfunden. Und das Erfundene ist so übel, daß ich nicht darüber reden mag, sagt Ullmann. Wahrscheinlich kann er Fiktion und Wirklichkeit nicht voneinander trennen.

Am 18. August 1976 passiert ein Unglück. Der siebenundvierzigjährige Pfarrer Oskar Brüsewitz fährt im sächsischen Zeitz, rund 70 Kilometer von Greiz entfernt, mit seinem Wartburg vor die Michaeliskirche. Er stellt ein Transparent auf den Kirchenplatz. Darauf steht: «Die Kirchen klagen den Kommunismus wegen der Unterdrückung der Jugend an.» Dann übergießt er sich mit Benzin und zündet sich an.

Die Nachricht schreckt den Greizer Kreis auf. Und die Bildhauerin Elly-Viola Nahmmacher ist so bewegt vom Flammentod des mutigen Kirchenmannes, daß sie ein Denkmal schnitzen will. Und sie möchte, daß ihre jungen Greizer Freunde aus dem Club «Alexander von Humboldt» Gedichte machen für den toten Brüsewitz.

So hatte ich denn auch Manfred gebeten, sagt sie. Und zum erstenmal sagt der nein. Nein. Er hatte doch zu allem immer seine Meinung. Das gab es doch gar nicht, daß der zu einem Thema schwieg. Und jetzt war er wie abgeschlossen. Er wollte nicht.

Da war ich schockiert, sagt Elly-Viola Nahmmacher. Ich war so sicher, daß auch er ein Gedicht schreiben würde. Aber diese Tat war ihm offenbar fremd. Dabei waren doch die Gründe von Oskar Brüsewitz so klar. Es ging gegen Zwänge, gegen Bevormundung, gegen die DDR. Und diese Gründe, sagt die Bildhauerin, waren Böhme offenbar unheimlich. Also er wollte nicht.

Ich frage Ibrahim Böhme, wie er die Selbstverbrennung von Pfarrer Brüsewitz empfunden habe.

Ach, sagt er, Sie kennen mein Gedicht?

Gedicht?

Ja, sagt er, ich habe Frau Nahmmacher ein Gedicht gegeben.

Genau das, sage ich, haben Sie nicht getan.

Doch, doch, sagt er. Ich bin ja nicht gläubig, und deshalb lehne ich es auch ab, daß Menschen, die sich umbringen, nicht auf dem Gottesacker beerdigt werden dürfen. Ein freidenkender Mensch, sagt Böhme, hat ein Recht, sich das Leben zu nehmen. Das entsetzliche sei für den Pfarrer offenbar die Erkenntnis gewesen, daß die Jugendpolitik in der DDR völlig verfehlt war. Aber Brüsewitz hat keinen Ausweg mehr gesehen, sagt Böhme, während Leute meiner Couleur durchaus noch Auswege gesehen haben. Ja, es hat mich erschreckt. Und ich habe ein Gedicht gemacht. Und Frau Nahmmacher hat ein Ehrenmal geschnitzt.

Das stimmt. Und es stimmt auch, daß Ibrahim Böhme der Staatssicherheit alles über das Denkmal berichtet:

Wie hoch, wie lang, wie dick es werden soll. Ellenlange Berichte. Und so, wie sich Böhme die Feder gesträubt hat beim Gedanken an ein Brüsewitz-Gedicht, so sträuben sich «Paul Bonkarz» die Wörter beim Versuch, über den Tod des Pfarrers zu schreiben: «... den sich den Selbstmord unterworfenen kirchlichen Amtsträger». Oder er schreibt vom «Selbstmordbegangenen O. Brüsewitz», wenn er wieder mal «auftragsgemäß» in der Wohnung von Frau Nahmmacher nach dem Rechten sieht.

Am 11. November 77 stellt Böhme in seinem Bericht Vermutungen an, wann das Denkmal wo am Totensonntag aufgestellt werden könnte, eventuell, aber eventuell auch nicht. Und prompt wird tags darauf, am 12. 11. 77, ein Operationsplan aufgestellt. Ziel: «Verhinderung der Ausschleusung des Brüsewitz-Denkmals... in die BRD sowie einer Aufstellung... in der DDR.»

Und dann stehen an einem frühen Abend drei Männer vor ihrer Tür. Die wollten meine Arbeiten sehen, sagt die Bildhauerin. Da ich oft Besuch bekomme war das ganz normal für mich. Ich habe sie also rumgeführt. Und die gingen in einem rasenden Tempo durch meine Wohnung und dann durch mein Atelier. Und ich zeig ihnen hier was und dort was und sage, dies ist das Brüsewitz-Denkmal. Da bleiben die drei stehen. Aha. Deswegen sind wir hier. Ja, und dann haben sie mich stundenlang verhört.

Erst gegen zehn Uhr am Abend verlassen die drei Männer ihre Wohnung. Sie würden noch in selbiger Nacht entscheiden, was sie mit dem Denkmal machen werden. Am nächsten Morgen, pünktlich um zehn, wären sie wieder da.

Es war eine schreckliche Nacht, sagt Elly-Viola Nahmmacher. Ich hatte Angst, wußte nicht, was die Kerle mit meinem Denkmal vorhaben und mit mir vorhaben. Es war die größte Angst, die ich je hatte.

Am nächsten Morgen stehen die drei von der Stasi Punkt zehn Uhr wieder vor der Tür. Sie sagen: Wir haben beschlossen, Ihnen das Denkmal abzukaufen. Abkaufen? denkt sie. Das ist ja wunderbar. Ich bin den Druck los und kann jederzeit ein neues Denkmal machen. Gut, sagt sie. Einverstanden.

Dann haben die mir 3000 Mark auf den Tisch geknallt, und ich mußte das unterschreiben. Und die drei Kerle haben meinen Brüsewitz ganz vorsichtig in ihr Tuch eingepackt, haben ihn runtergetragen in ihr Auto und sind abgesaust.

Und nun habe sie gehört, daß Manfred Böhme zehn Seiten über das Denkmal geschrieben und auch eine Zeichnung dazu angefertigt habe. Ich war absolut schockiert, sagt Elly-Viola Nahmmacher. Aber er mußte wohl einfach seiner Erzählfreude freien Lauf lassen. Es hat ihn eben auch alles so wahnsinnig beschäftigt, sagt sie. Und wo sollte er denn hin mit seiner Phantasie? Er hätte besser Romane schreiben sollen. Schon. Aber nun hat er eben Stasi-Berichte geschrieben.

Ich habe ja alles für möglich gehalten, sagt Rudolf Kuhl, aber nicht, daß Manfred so ein kleiner Stasi-Spitzel gewesen ist. Wenn mir jemand gesagt hätte, der ist beim KGB, beim russischen Geheimdienst, dann hätte ich gesagt: Na ja, so war der angelegt. Das hätte ich gedacht. Der wollte doch schon immer die Welt verändern. Aber daß er so ein kleiner Stasi-Schnüffler war, das ist schrecklich. Das habe ich nicht gedacht. Und da gibt es eben kein Zurück, sagt er, vor allem, wenn ich an die Geschichte mit der Streichholzschachtel denke. Nein, da gibt es kein Zurück.

Die Geschichte ist die: Nach den Ereignissen um Fuchs und Biermann sammelt Günter Ullmann Gedichte für eine Anthologie, die im Westen erscheinen soll. Gedichte von Jürgen Fuchs, Richard Pietraß, Arnold Vaatz, Volker Müller und Günter Ullmann sollen darin versammelt sein. Also höchste Geheimhaltung erforderlich. Es sind achtzehn Tage seit der Verhaftung von Jürgen Fuchs vergangen. Ullmann ist noch Bauschreiber in Berlin, und Manfred Böhme hat dort vom 5. bis zum 7. Dezember eine Tagung, wohnt im Hotel «Stadt Berlin». Schon am 8., also kaum daß er wieder in Thüringen ist, schreibt er einen Bericht an die Staatssicherheit.

«Am 6.12.76, gegen 19.30 Uhr, rief die Rezeption in meinem Hotelzimmer 14/02 an, daß ein Kollege Ullmann mich gern sprechen möchte.

Ich bat darum, ihn in der Hotelhalle auf mich warten zu lassen.

Etwa gegen 20.00 Uhr ging ich in die Hotelhalle, forderte Ullmann zu einem Gespräch in der Hotelbar auf und vermerkte, daß ich nur eine Viertelstunde Zeit hätte, da dann die Konferenz weiterginge.»

Sie trinken einen Kaffee, und Günter Ullmann erzählt dem Freund, daß dieser recht gehabt habe. Die Staatssicherheit sei nämlich wieder dagewesen, habe also gemerkt, daß Ullmann versucht habe, sie auf den Arm zu nehmen. Böhme hört sich das an, als wollte er sagen: Na, siehst du, mein Lieber. Dabei hatte er die Staatssicherheit doch über den Jux informiert, den Günter Ullmann sich mit der Stasi glaubte machen zu können. Aber das weiß Ullmann ja nicht. Danach kommt Böhme in seinem Bericht zum brisanten Teil:

«In diesem Gespräch übergab mir Günter U. eine Streichholzschachtel.

In der Mitte einer ausgeschnittenen und eingelegten Zwischendecke und unter den Streichhölzern liegen etwa 15 Epigramme, die vermutlich mit zu der gewünschten Anthologie gehören sollen.

Ullmann bat mich, diese Epigramme niemandem zu geben, wies darauf hin, daß außer mir niemand diese Epigramme kenne...»

Ich frage Ibrahim Böhme, ob er sich an jene Situation erinnert, die ja inzwischen fünfzehn Jahre zurückliegt. Dezember 1976. Sie wohnen im Hotel «Stadt Berlin».

Richtig, sagt Böhme. Ich hatte dort eine Tagung vom 5. bis zum 7.

Und am 6. bekommen Sie in Ihrem Zimmer einen Anruf von der Rezeption.

Ich erinnere mich, sagt Böhme. Ullmann wollte mich sprechen. Ich glaube, er hatte Schwierigkeiten.

Und wissen Sie noch, was er Ihnen gab?

Er hat mir nichts gegeben, sagt Böhme.

Doch, sage ich. Eine Streichholzschachtel mit doppeltem Boden. Unten 15 Epigramme für die Anthologie und darüber die Hölzer. Und niemand außer Ihnen beiden wußte das.

Nein, sagt Böhme sehr ruhig. Ich habe im Hotel nichts von ihm bekommen.

Ich frage Günter Ullmann danach. Manfred hat recht, sagt er. Die Schachtel habe ich ihm nicht im Hotel gegeben. Das Hotel «Stadt Berlin» sei viel zu groß, zu offiziell und vor allem zu überwacht. Die Schachtel habe er ihm später in seiner Stube übergeben.

Und Böhme übergibt sie der Staatssicherheit. Die Schachtel mit der Aufschrift «Sicherheits Zündwaren» wurde in allen Lagen fotografiert: geschlossen, leicht geöffnet, mit herausgeschobenen Hölzern, auch der doppelte Boden ist zu sehen. Die Epigramme sind säuberlich entfaltet und offenbar gebügelt worden. Über einem steht:

Für meinen Freund M.

Verschweige nicht
das unrecht
werde schuldig

benenne die opfer
werde ihr
organisator

warte auf deine
verhaftung
HABE HOFFNUNG

Als ich das in den Akten gesehen hatte, sagt Ullmann, konnte ich wochenlang nicht schlafen. Wahrscheinlich war Manfred bereit, für seine Ideale alles zu geben. Alles. Aber daß er sich so besudelt hat, daß er so tief in den Sumpf gestiegen ist, daß er seinen Genius so verschenkte, das hat mich am schmerzlichsten berührt.

Aber was hatte Manfred Böhme seinem Freund gesagt? Wer seine Träume verwirklichen will, muß durch die Hölle gehen. Dann hatte er geschwiegen und geheimnisvoll hinzugefügt: Sieh dir den SS-Obersturmführer Kurt Gerstein in Hochhuths «Stellvertreter» an. So ist das mit mir.

Kurt Gerstein schleicht sich in die SS ein, weil er merkt, mit Flugblättern und Sabotage sind die Nazis nicht zu bekämpfen. Er glaubt, daß Diktaturen nur von innen aufzubrechen sind. Er sagt: Wer mit den Mördern pokert, muß ihre Grimassen schneiden.

Wie Böhme also, denkt Günter Ullmann. Auf diese Weise wollte er mir sagen: Ich lasse mich mit ihnen ein. Aber ich denke anders. Ich helfe euch. Ullmann hat ihm geglaubt.

«Vorsicht, das ist ein Paganini mit Spitzbart»

Die Entdeckungen des Politikers Arnold Vaatz

«Entsprechend Auftrag» und «auftragsgemäß» wirbelt Manfred Böhme in den nächsten Wochen durch die Szene, schreibt Berichte, ellenlang. Seit Biermanns Vertreibung aus dem Paradies der Bonzen herrscht Bombenstimmung bei Böhme.

Er muß rauskriegen, was geplant ist, welche Briefe geschrieben werden und wie die Gedichte von Günter Ullmann, Jürgen Fuchs und Arnold Vaatz – «diese Ergüsse», wie Böhme in den Akten schreibt – in den Westen geschleust werden sollen. Ob da etwa «der Kanal Reiner Kunze in die BRD mit genutzt werden könnte»? Also, er hat schwer zu tun, der Böhme.

Die meisten Gedichte besitzt er schon. Er hat sie vom treuen Ullmann bekommen. Sie liegen längst bei der Staatssicherheit. Sie liegen längst auch in einer Kopie bei Professor Wegner in Jena, Sektion Literatur und Kunstwissenschaft. Der Experte fertigt eine Expertise von sechsundsechzig «Gedichttexten» an. Ihm offenbaren sich nach der Lektüre «bedenkliche politische Auffassungen». Der Ton der Texte «läßt darauf schließen, daß die Verfasser uns Schaden bringen wollen». Sie suggerieren dem Leser auch durch Anspielungen auf «aktuelle Vorgänge» wie «Biermann, Pfarrer Brüsewitz und 1968», die DDR «sei ein Staat des Unrechts», in der die Bürger «zur Unehrlichkeit und Heuchelei» erzogen würden.

Einige der Texte «verleumden die sozialistische Ordnung, ihre sittlichen Werte und ihre geistigen Ideale». So müsse der Herr Professor denn doch am Ende, «ohne weitgehende Schlüsse ziehen zu wollen», sagen, daß diese Texte, sollten sie veröffentlicht werden, «die politische Atmosphäre in unserer Gesellschaft... vergiften sowie Ordnung und Sicherheit... stören».

parteitage

jeder ein gitterstab
von stab zu stab
fünf jahre

Das ist so ein Gedicht, das die Ordnung stört. Arnold Vaatz hat es geschrieben, damals ein junger Student aus Weida bei Greiz, später Umweltminister im Sächsischen Landtag von Dresden.

Vaatz ist ein schwerer Brocken für Böhme. Irgendwie kommt der Kulturfunktionär nicht so recht ran an ihn, und inzwischen entwischt er auch noch nach Dresden, wo er studiert. Doch am 2. Dezember 1976, als Böhme «entsprechend Auftrag» seinen Freund Harald Seidel besuchen will, kommt ein anderer Freund der Jazz-Truppe «media nox», Jürgen Kornatz, auf einen Sprung bei ihm vorbei. Kornatz erzählt Böhme dies und das und auch, daß Arnold Vaatz einen «etwas merkwürdigen Brief» aus Dresden geschrieben habe. Nein, nicht ihm, sondern Günter Ullmann.

«In dem Brief soll sogar eine Zeichnung mit verankert gewesen sein, auf der A. Vaatz in etwa markiert haben soll, wo er G. Ullmann vom Bahnhof aus abholen wolle.» Konspirativ und geheimnisvoll beschreibt es Böhme im Bericht. Und er fügt hinzu, daß er den Eindruck hatte, Kornatz wolle ihn bitten, dafür Sorge zu tragen, daß Ullmann unter keinen Umständen nach Dresden fährt. Warum? Um ihn vor «provokanten Verhaltensweisen» zu schützen.

Also dem muß Böhme natürlich nachgehen. Er versucht, Rücksprache mit dem verantwortlichen Genossen vom MfS in dessen Dienststelle zu halten, vergeblich. Der Mann ist schon weg. Feierabend. Immerhin ist es ja schon 19 Uhr 30. Was tut Böhme? Er schreibt es in den Akten: «Also nahm ich den Besuch bei Günter Ullmann... auf eigene Verantwortung vor.» Sieh an, der Held Manfred Böhme, der Palastrevolutionär stoppt in letzter Sekunde ein Scharmützel in Greiz und nimmt die Verantwortung auf seine Kappe. Chapeau.

Noch am selben Abend besucht er also Günter Ullmann. Was hat der zu berichten? Er «bestätigte, einen solchen Brief mit Besuchsaufforderung am 30. 12. 1976 von A. Vaatz erhalten zu haben». Ein Besuch also. Bei Vaatz. Böhme gelingt es, wie er schreibt, nach einem langen «taktischen» Gespräch Günter Ullmann von diesem Besuch abzuhalten. Aber: Es gäbe ja nicht nur diesen Brief von Vaatz. Beim Brief lag noch ein Zettel. Und darauf stand:

«Lieber Herr Kunze!

Ich habe seit 1973 zu Günter Ullmann ein ausgezeichnetes Vertrauensverhältnis. Ich bitte Sie herzlich darum, ihm meine Gedichte zum Abschreiben vorzulegen. Heute ist der 27. 11. 76. Dieses Schreiben gilt bis zum 31. März 1977. Ich danke Ihnen sehr herzlich.

Ihr Arnold Vaatz»

Alles erfunden, sagt Günter Ullmann. Der ganze Bericht – erfunden. Wenn er geplant hätte, zu Vaatz zu fahren, dann wäre er gefahren, selbstverständlich. Vaatz und er hätten sich aber erst 1977 wiedergesehen. Ich erinnere mich noch, wie Arnold mich hier in Greiz besucht. Und die Staatssicherheit, die damals unsere Wohnung überwacht, fährt im Auto hinter Arnold her, «begleitet» ihn von Greiz bis nach Dresden vor die Haustür. Möglich, sagt Ullmann, daß da etwas mit Gedichten war zwischen Vaatz und Kunze, die beiden kannten sich ja gut, und manchmal stimmt ja auch was in Böhmes Berichten, aber der Rest ist Märchen.

Als Arnold Vaatz den Märchenerzähler von Greiz kennenlernt, ist er kolossal beeindruckt. 1972 muß das gewesen sein, sagt Vaatz. Er selbst lebt damals im Internat von Greiz und geht auf die Erweiterte Oberschule «Theo Neubauer». Und dort taucht eben eines Tages Böhme auf und führt die Primaner in die russische Literatur ein. «Primus» wird der Deckname für den operativen Vorgang Vaatz.

Böhme, sagt er, sprach immer ganz gezielt Leute an, und mit denen ist er dann ein Bier trinken gegangen. Auch ihn habe er angesprochen, mindestens fünf-, sechsmal. Er sei zuerst eben immer sehr vorsichtig und distanziert, sagt Vaatz. Aber dann sei er eines Tages mitgegangen – und war begeistert.

Er hatte etwas Exotisches, der Böhme, sagt er, war nicht wie die Parteischachteln, war politisch, philosophisch und literarisch interessiert und gebildet. Er war ein idealer Gesprächspartner, brachte mich auf neue Gedanken, regte an, stellte mich seinen Freunden vor, ja, das hat mir Eindruck gemacht.

Aber bald schon fangen sie an, die Dinge, die den Schüler stutzig machen. Also Böhme taucht auf. Urplötzlich. Flachst, redet, blödelt rum. Nichts Konkretes. Und verschwindet wieder. Und ab und an lag ein Zettel bei mir auf dem Tisch, sagt Vaatz: Ich möchte sofort und ganz schnell zu ihm kommen. Dringende Sache. Vaatz fegt also durch Greiz, läuft durch die Rosa-Luxemburg-Straße, rein in den Club «Alexander von Humboldt», stürmt hoch in den ersten Stock, ins Büro – und da sitzt er, König Böhme, residiert am Schreibtisch und erzählt und schwätzt da schon den lieben langen Tag mit jemandem herum und blättert in den Zeitungen wie beim Friseur. Hallo Arnold, du hier, schön. Sonst nichts.

Einmal, sagt Vaatz, sind wir mit zwei Mädchen nach Dresden gefahren. Böhme hatte da einen Termin gemacht, wir sollten mit irgendeinem Professor von der Technischen Universität reden. Wir sind also in Dresden, gehen gleich zum verabredeten Ort, Böhme verschwindet, kommt zurück, sagt, der Professor habe im Moment noch zu tun, vielleicht in einer Stunde.

So zog sich das hin, sagt Vaatz. Es gab kein Gespräch. Wir sind durch Dresden gebummelt, haben dies und das geredet und sind dann nach Hause gefahren. Im Zug unterhielt er sich mit russischen Offizieren in ihrer Sprache, das kann er ja. Und auf den Termin ließ er sich nicht mehr ansprechen. Vaatz findet das zwar merkwürdig, hält das aber alles noch für einen «Spleen» von Böhme, der für ihn eben ein Exot in der Einheitssauce der DDR war.

Abstoßend findet er allerdings, daß Böhme die Parteigrößen und Bürokraten und Funktionäre in Greiz duzt. Und politisch sind sie sich auch eher fremd, die beiden. Er hat mich sogar mal einen Faschisten genannt, sagt Vaatz. Dabei stand ich damals weniger rechts als heute.

In dieser Zeit lernt Arnold Vaatz Reiner Kunze kennen. Böhme hatte ihn ja immer als völlig introvertiert und elitär beschrieben. Und nun merkt der junge Vaatz, das stimmt gar nicht. Der Kunze ist ja gar kein Denkmal. Kunze sammelt damals Material für seine «Wunderbaren Jahre», und Arnold Vaatz sammelt mit, hört hier was, kennt da jemanden, hat ja selbst auch Zusammenstöße und Schwierigkeiten in der Schule, alles Bausteine für Geschichten.

Vaatz mag den Dichter, er versteht sich bestens mit ihm, verbringt fast jeden Urlaub mit den Kunzes. Und Manfred Böhme ordnet wieder mal den großen Faltenwurf. Er sagt, er muß nach Leningrad. Also, gleich flieg ich nach Leningrad, sagt er. Ja, über Berlin und dann weiter. Das war ein Ereignis, sagt Vaatz. Ja, erzähl doch mal Manfred, sagt er. Wann fliegst du denn? Und dann ereignet sich folgendes: Manfred Böhme stürzt. Bricht auf der Treppe zusammen. Großes Durcheinander. Er wird in die Klinik gebracht zu Professor Hartmann. Gerüchte schwirren durch Greiz, sagt Vaatz. Er ist schwerkrank, kaum noch zu retten, Knochen der Stirnhöhle granulieren, Zerfallsprozeß hat eingesetzt. In Tränen aufgelöst der ganze Kreis. Aber Böhme wird bald wieder gesund. Und was stellt sich heraus? Er hat nie eine Flugkarte nach Leningrad besessen. Aber gepackt hatte er. War schon mit der Tasche unterwegs.

Und dann überschlagen sich die Ereignisse. Biermann wird ausgewiesen, Fuchs eingesperrt, Kunze zum Staatsfeind erklärt – also, das kann man gar nicht beschreiben, sagt Vaatz. Wer mit Kunze irgendwo gesehen wurde, der war umstellt. Wer mit ihm stand oder saß – war umstellt. Alles wurde beobachtet, alles registriert, jeder Schritt, jeder Tritt. Sogar in Dresden. Also, wenn ich hier in Dresden eine Zahnpasta kaufen wollte, war ich zu sechst. Fünf Mann immer dabei. Umringt. Einer kaufte vor mir Zigaretten und der hinter mir die Streichhölzer dazu.

Da wurde es dann ernst, und da habe ich zum erstenmal nachgedacht und folgendes beobachtet: Manfred Böhme hatte erreicht, daß die Freunde sich gegenseitig verdächtigen. Das sei kaum zu beweisen gewesen, sagt Vaatz, weil es nur Andeutungen waren, Halbsätze, mit denen Böhme einen gegen den anderen ausspielte und damit das unbedingte Vertrauen, das so wichtig war für den Kreis, zerstörte. Und dann schleppte er fremde Leute in den Kreis. Katastrophale Gestalten sind das gewesen, sagt Vaatz, unglaubliche Figuren. Einigen hat Böhme noch Jobs verschafft, später. An einen erinnert er sich noch, ein ziemlicher Idiot. Stieg bis zum Kreisleiter hoch.

Und diese neuen Leute, sagt Vaatz, die er da in unsere Gruppe verpflanzte, waren wie Störsender. Sie isolierten die Gruppe, versperrten den Zugang zu Kunze, bereiteten den nächsten Akt vor: Kunze aus dem Land ekeln.

Kaum ist das gelungen, am 13. April 1977, steht das melodramatische Finale auf dem Programm: Restgruppe zerstreuen und ab mit Böhme zu neuen Operationsgebieten. All diese Symptome, sagt Vaatz, waren für mich höchstes Alarmsignal. Ich sah, der zerstört unseren Kreis und haut dann ab wie Eulenspiegel.

Als Kunze weg war, sagt er, wurde es ernst für uns. Das wichtigste war, immer wieder vertrauensbildende Schritte zu unternehmen, weil man sich sonst isolierte. Und wie macht man das? fragte sich der studierte Mathematiker und fand die Lösung: Ich muß jedem die Gelegenheit geben, mir das Genick durchzubeißen. Wer die Gelegenheit hat und sie nicht nutzt, ist ein Freund. Und so haben wir das gemacht, sagt Vaatz. Wir haben uns alle möglichen Sachen über uns erzählt. Blieben sie unter uns, waren wir sicher.

So hat denn für Vaatz heute alles eine glasklare Logik. Böhme zerstört den Kreis, taucht ab nach Neustrelitz, taucht wieder auf in Berlin und hat seinen Vornamen gewechselt. Damals fiel das unter die Kategorie «Spinner». Heute ist klar, daß es Teil des Plans war.

Vaatz stöbert Manfred Böhme noch einmal in Leipzig auf. Ich glaube, sagt Vaatz, das war 1978. Es kursierten ja die tollsten Gerüchte, er sei eingesperrt gewesen und so. Und dann sagte mir irgend jemand, er habe Böhme in Leipzig gesehen. Wenn der in Leipzig sein soll, kombiniert Vaatz, kann der nur bei Undine wohnen. Die hat eine Studentenbude, und Böhme kennt sie.

Vaatz also hin, und siehe da: Böhme steht in der Tür. Als er mich sieht, sagt Vaatz, war er völlig verwirrt, daß ich ihn aufgestöbert hatte. Er behandelte mich wie den letzten Dreck. Und ich wollte doch nur endlich ein paar Dinge auf den Tisch bringen, die sich in meinem Kopf angesammelt hatten. Aber das war nicht möglich. Ich hatte meine Frau dabei, sagt Vaatz. Die hat richtige Angstzustände bekommen.

Sie gehen zurück zum Bahnhof, Vaatz und seine Frau. Aber er kann so nicht wegfahren, er muß noch mal zurück zu Böhme. Der hat sich so unglaublich benommen, nein, das kann Vaatz nicht so stehenlassen. Ich bin also zurückgegangen, sagt er, allein, wieder rauf, geklingelt und gesagt: Manfred, ich besuche dich jetzt nicht mehr. Die Geschichte eben hat mir gereicht. Wir sind geschiedene Leute. Und ich bin mir relativ im klaren über dich. Das hab ich ihm gesagt. Dann bin ich gegangen.

Später hat Vaatz gewarnt. Als er hört, Böhme sei in Berlin aufgetaucht in der Umgebung der Friedensgruppen, da hat er angerufen und gesagt: Wenn da ein Böhme bei euch antanzt, Ibrahim nennt der sich, heißt aber Manfred, dann seid bloß vorsichtig. Das ist ein Paganini mit Spitzbart, der bringt euch in Teufels Küche. Und eines Tages ruft einer bei Vaatz an und sagt: Du, der Böhme ist tatsächlich bei uns aufgekreuzt.

Na ja, sagt Vaatz, so sei das gelaufen. Böhme habe dann die SDP mitgegründet, und alle waren Feuer und Flamme. Er habe noch dezent darauf hingewiesen, daß der Ibrahim B. möglicherweise nicht sauber sei, aber beweisen konnte er das nicht. Ich bin doch nur auf Grund von Indizien draufgekommen, sagt er. Ich selbst hatte allerdings keine Zweifel mehr, daß Böhme bei der Firma war.

Und dann sehen sie sich im November 1989 in Berlin wieder, auf einer Veranstaltung der Initiative «Frieden und Menschenrechte». Böhme kommt auf mich zu, als wäre nichts gewesen. Hallo, Arnold. Moment mal, sagt Vaatz, bevor wir reden, müssen wir etwas klären.

Und da zuckt er auch schon zusammen, der Böhme. Aber Vaatz erklärt ihm: Für meine Begriffe arbeitest du für die Stasi. So deutlich, sagt er, habe er ihm das zuvor noch nie gesagt.

Und was tut Böhme? Er sprengt den ganzen Nachmittag, verschiebt alle Termine, geht weg mit Vaatz. Drei Stunden ist der mit mir durch Berlin gelatscht, sagt er, und hat versucht zu begründen, warum er nicht bei der Staatssicherheit sein kann. Da hat Vaatz zu ihm gesagt: Du, Manfred, ich nehme das zur Kenntnis. Mir ist das auch gleichgültig, ob du bei denen arbeitest oder nicht. Du hast jetzt die SDP gegründet, und das ist eine gute Sache. Über den Rest reden wir später. Dann gehen sie auseinander.

Während des Wahlkampfes trifft er ihn noch einmal in Dresden. Da ist Ibrahim Böhme mit Willy Brandt auf einer Veranstaltung. Ich bin zur Tribüne gegangen, sagt Vaatz, hinter seinem Willy her und hab gerufen: Hallo, Manfred, grüß dich. Da ist der rumgefahren wie ein Blitz. Manfred, so wollte er doch nicht mehr genannt werden. Und er ist mir ins Wort gefallen, daß ich bloß diesen Namen nicht noch einmal sage. Ach, sagt Vaatz, wenn ich an all seine Geburtsjahre denke, und er hat doch mindestens 25 Geburtstage und stammt aus sechs Ländern und hat so viele Biographien wie Freunde.

Am Ende müsse er sagen: Hier hat jemand glänzend gearbeitet. Was hätte ich getan, um Kunze loszuwerden? Um Kunze fertigzumachen? Ich hätte Manfred Böhme genommen, sagt Vaatz. Das ist eine so wahnsinnige Gestalt. Und wenn es den nicht gegeben hätte, dann hätte ich ihn einfliegen lassen. Notfalls aus Kuba.

«Dann kam ich ins U-Boot»

Die Zeit im Gefängnis

Als Manfred 1978 verhaftet wurde, sagt Dr. Regina Hartmann, die «Quasi-Mutter» aus Greiz, da waren mein Mann und ich in gewisser Weise erleichtert, konnten wir doch nun sicher sein, daß diese Anflüge von Vermutungen, die auch wir immer wieder gehabt haben, falsch waren. Er war offensichtlich nicht Täter, sondern Opfer.

Ibrahim in Haft zu wissen, sagt Dr. Beate Schwämmle, die «Quasi-Schwester» und spätere politische Mitstreiterin, das war für mich eine schreckliche Vorstellung. Es war auch das erste Mal, daß jemand aus meiner engen Umgebung ins Gefängnis mußte. Also die Zeit seiner Haft, die hat mich schon sehr mitgenommen.

Günter Ullmann, der Lyriker aus Greiz, handelt sofort, als er von der Festnahme seines Freundes erfährt. Er schreibt einen Hilferuf an Jürgen Fuchs, der 1977, nach neun Monaten Haft, abgeschoben worden war und seither im Westen von Berlin lebt. Günter Ullmann schreibt: Lieber Jügen, mein Freund Manfred Böhme ist verhaftet worden. Er ist unschuldig. Er hat sich immer für mich eingesetzt. Bitte, mach was. So etwa stand es in dem Brief, sagt Jürgen Fuchs.

Nun muß man dazu wissen, sagt der Schriftsteller, der inzwischen einer der wenigen wirklichen Stasi-Akten-Kenner ist, daß Günter Ullmann damals das ganze Jahr von der Maßnahme 26a betroffen war, das heißt, seine Telefonate wurden kontrolliert. Und Ullmann hatte darüber hinaus eine IM-Kontrolle und eine Postkontrolle. Den

Brief an mich hätte man also jederzeit abfangen können. Der Brief kam aber durch, weil man wollte, daß er durchkam. Andere Briefe, sagt Fuchs, sind abgefangen worden, die habe ich alle in meinen Akten wiedergefunden. Dieser aber kam durch. Und das signalisiert etwas – im nachhinein.

Wie habe ich reagiert? Ich habe in London angerufen, sagt Fuchs. Bei Amnesty International. Dann habe ich an Wolf Biermann geschrieben: Du, hör mal zu, da ist einer, den kenne ich, mehr kann man jetzt nicht sagen, der hat zwar Leute von der DKP rumgeführt, was mich wundert, aber jetzt ist er in Haft, und es gibt doch solche Biographien; du kennst doch den Herburger in der DKP. Biermann hat dann an Günter Herburger geschrieben, da sei einer im Knast, der heiße Böhme, der hat Leute von euch rumgeführt, mach mal was, sonst müssen wir ein bißchen öffentlich werden.

Es lief also alles bestens. Fuchs und Biermann rühren die Trommel für einen Spitzen-IM der Stasi, dann konnte der also auch bald wieder raus.

Und wie ist er überhaupt da reingekommen, der Ibrahim Böhme?

Als Schluß war, sagt er, mit dem Kreissekretär Kultur...

Warum war Schluß? frage ich.

Er sei von oben abgesetzt worden, schon 1975, sagt er. Die Neuwahl des Nachfolgers sei aber erst 1976 erfolgt, er habe sich in der Zeit vor allem mit Vorträgen über Wasser gehalten.

Als also Schluß war mit dem Kreissekretär Kultur, sei er ein paarmal abgeholt worden von der Stasi, sei auch hart bedroht worden, sagt er. Hat Angst, nachts nach Hause zu gehen. Nein, unterbricht er, keine Angst. Ich habe Ihnen ja gesagt, ich habe keine Angst mehr. Und dann sitzt er da und schweigt und sagt: Ach, schreiben Sie doch, was Sie wollen.

Sie haben dann in Gera in einer Konservenfabrik gearbeitet?

Ja, bei 60 Grad Hitze im Akkord.

Und abends liest er und schreibt. Schreibt eine Arbeit über Nikolaus Lenau: ‹Wider den Despotismus›. Der Text sei eingezogen worden. Er liest zu Brechts Geburtstag Unerwünschtes. Will auch eine

Brecht-Biographie geschrieben haben, die ebenfalls von der Stasi konfisziert worden sei. Dann wird er wieder abgeholt. Und Ostern 1978 kommt er ins Gefängnis.

Er habe, sagt er, im Zug von Leipzig nach Magdeburg Flugblätter aus dem Abteil geworfen.

Was stand drauf? frage ich.

‹Was ist mit Robert Havemann? Er saß mit Erich Honecker als Häftling in Sachsenhausen. Wer verrät wen?› So etwa, sagt Böhme. Kurze Sätze. Keine Sermone. Alles handgeschrieben. Und den Kugelschreiber habe er gleich mit rausgeworfen.

In Magdeburg wird er verhaftet, wird 17 Stunden in den Stasi-Räumen am Bahnhof verhört, sitzt vom 26. März an drei Wochen in einer Zelle in Gera, wird dann bis zum 27. Juli ins Stasi-Gefängnis Hohenschönhausen von Berlin gebracht. So sagt Manfred Böhme.

Aber manchmal sagt er auch was anderes. Dann ist er nur in Gera gewesen, in feuchten Stasi-Kellern, Einzelhaft. Oder er ist über ein Jahr in Haft gewesen. Vierzehn Monate? Waren es nicht vier? Und es haben ihn doch auch Freunde in der Zeit gesehen, da kann er doch nicht im Gefängnis gesessen haben. Dann ist er beleidigt und sagt: Ich muß es doch wohl wissen.

Ja, damals wollten sie ihn für die Stasi werben. Bei Ihren Verbindungen, bei Ihrem Gedächtnis, haben sie gesagt. Typologien sollte er schreiben über Freunde und Kollegen. Man habe ihm auch ein Haus geboten mit Garten, habe gesagt: Sie wollen doch sicher mal wieder richtig ausschlafen. Haben mit dem Westen gedroht. Mit Abschiebung. Panische Angst habe er davor gehabt. Der Westen, das war für ihn die Hölle.

Verbal sei er sehr hart angefaßt worden. Aber er müsse lügen, wenn er behaupten wolle, ihm seien alle Vergünstigungen entzogen worden. Der Hauptmann sei ein hochinteressanter, intelligenter Mann gewesen, ein sehr ausgeglichener Mensch. Zu ihm sollte man natürlich gerne kommen, sagt Böhme. Das war ja alles Psychologie. Entsetzt sei er allerdings über ‹Beurteilungen› gewesen, die über ihn eingeholt worden seien. Politisch habe ihm das sehr geschadet, und es seien Informanten darunter gewesen, denen er das nicht zugetraut hätte, nein, wirklich nicht. Er soll auch denunziert worden sein, habe ihm ein Vernehmungsoffizier gesagt. Und er habe Wert darauf gelegt, einen Prozeß zu bekommen, damit die Ungereimtheiten endlich geklärt werden könnten.

Es kommt nicht zum Prozeß, es kommt nur zu einem Urteil des Gefängnis-Psychologen. Und das, sagt Böhme, habe ihn sehr getroffen: «Psychopathen wie Böhme bleiben immer Psychopathen» steht da. Das Verfahren gegen ihn wird eingestellt. Die Begründung habe er noch genau im Kopf: «Da die angelasteten Vergehen des Herrn Böhme nicht in Übereinstimmung stehen mit der Struktur seiner Persönlichkeit.»

Die Gründe für Manfred Böhmes Verhaftung zu Ostern 1978 liegen vielleicht ganz woanders als in der Flugblattaktion, die er auf einer Bahnfahrt nach Magdeburg durchgeführt haben will. Die kann von der Stasi erfunden und von Böhme bereitwillig übernommen worden sein.

Schon am 19. 8. 1976 gibt es nämlich einen Brief, den die Bezirksverwaltung für Staatssicherheit, Gera, Abteilung XX an das Ministerium für Staatssicherheit in Berlin, Hauptabteilung XX/7 schreibt. Darin wird angekündigt, daß dem Genossen Brosche Material übergeben werde, das vom IMV «Bonkarz» stamme. Es seien Berichte über den Schriftsteller Reiner Kunze. Das möchte bitte genauestens geprüft werden, es handle sich um eine «Historische Bestandsaufnahme zur Person des Reiner Kunze». Das kann nur der 105 Seiten lange Lebensbericht sein, in dem Böhme zwischen Dichtung und Wahrheit pendelt. Alle Informationen darin sollen nun «hinsichtlich ihrer Objektivität und der Ehrlichkeit des IMV» überprüft werden. Oberstleutnant Müller aus Gera bittet am Schluß dann um «weitere Veranlassung».

Da haben sie ihn offenbar erwischt, Böhme, den großen Märchenerzähler. Und ungestraft belügt einer die Staatssicherheit nicht. Daß die Prüfer seiner Berichte ihm auf die Spur gekommen sind, ist aktenkundig. Am 6. April 1979 heißt es im Abschlußbericht des Operativ-Vorgangs «Medium», in dem Ullmann, Kornatz, Kuhl und Seidel erfaßt sind:

«Nachteilig wirkte sich bei der Bearbeitung des OV aus, daß die operativ-bedeutsamsten Informationen nur vom IMV ‹Paul Bonkarz› kamen, so daß eine Überprüfung der Berichte wesentlich erschwert wurde bzw. nicht möglich war. Die Vorgangsbearbeitung brachte jedoch auch begründete Verdachtsmomente für eine unehrliche bzw. tendenziöse Berichterstattung des IMV ‹Paul Bonkarz›, die sich später bei dessen Inhaftierung bestätigten.» Er hat doch immer gespielt, sagt Harald Seidel, der SPD-Landtagsabgeordnete. Er spielte den genialen Juden, er spielte mit dem Staat, mit der Partei, mit jungen Leuten aus der Gosse, und wenn er genug hatte, ließ er sie stehen. Er spielte uns den Freund vor und spielte mit uns Freunden, und wenn wir ihm zu nahe kamen – Schnitt. Geliebt, sagt Seidel, hat er wohl nur sich selbst.

Und jedem erzählte er doch etwas anderes, sagt Rudolf Kuhl, der Saxophonist. Was haben wir nicht für Geschichten von ihm gehört. Manfred, sagt er, war wie ein Buch, das ich irgendwo gelesen hatte. Und so manches, was er uns erzählt hat, das stammte ja aus Büchern, aus Geschichten, das waren dann aber inzwischen seine Geschichten. Also, wenn ich Böhme denke, sagt Kuhl, dann greife ich in Gedanken ins Regal, nehme hier ein Buch heraus und dort eins – alles Böhme. Überall finde ich ihn. In jeder Geschichte ist er drin.

So habe er ihn denn auch nur ein einziges Mal in seinem Leben wirklich als Mensch empfunden. Das war Silvester 1970 oder 71, sagt Kuhl, da haben wir mit Freunden bei meiner Schwester gefeiert. Die war verreist und hat uns für das Fest ihre Wohnung zur Verfügung gestellt. Einige blieben auch über Nacht, und Manfred und ich, wir schliefen kurioserweise in den Ehebetten meiner Schwester.

Da lagen wir nun nebeneinander, sagt er, und es war das erste Mal, daß Manfred über Gefühle geredet hat. Und das einzige Mal. Über seine eigenen Gefühle. Ich weiß gar nicht mehr, ob es konkret um Frauen ging, sagt Kuhl, ich habe es jedenfalls auf Frauen bezogen, weil das für mich die logische Schlußfolgerung war. Es ging um Liebe. Und es ging natürlich um Parallelen in der Literatur, in der Musik, in der Kunst, das war üblich damals, und diese Schranke wollten wir auch. Aber in dieser Nacht, sagt Rudolf Kuhl, da war Manfred wirklich ein Mensch. Da war er sensibel.

Das sei er nämlich sonst nicht unbedingt gewesen. Er habe immer nur das Fluidum des Sensiblen um sich herum verbreitet. Wie ein Parfüm. Und was für merkwürdige Autoren er empfohlen habe. Grob seien die gewesen. Die wahrhaft Sensiblen, auf die sei er gar nicht eingegangen, die habe er gar nicht begriffen. Außer in dieser einen Nacht, sagt Kuhl. Damals hatte ich das Gefühl, er ist ein Mensch, nicht ein Revolutionär, nein, ein Mensch.

Und am nächsten Morgen, frage ich, war es Manfred Böhme da unangenehm? Ja, natürlich, sagt Rudolf Kuhl. Manfred hatte das Gefühl, er sei zu weit gegangen, habe sich offenbart, habe viel zu viel erzählt. Dabei hatte er gar nicht viel erzählt, er hatte nur Gefühle gezeigt, die er sonst verbirgt.

Er wollte doch der eiskalte Mensch sein. Eiskalt, sagt Kuhl. Und das war er am nächsten Morgen auch wieder, kühl und kurz angebunden. Und ich wollte doch so gerne nachhaken. Aber war nicht. War vorbei. War nie wieder da. Er hat alles abgeblockt, war höflich, freundlich, unnahbar. Es ging ihm doch immer um eins: Wer Gefühle zeigt, zeigt Schwäche. Und er wollte keine Gefühle zeigen.

Er wußte: Wenn er mit offenen Karten spielt, dann ist er verloren. Er wollte dieser Mensch sein, den niemand genau kennt. Spricht der nun zehn Sprachen? Oder blufft der? War der mit sechzehn schon Lehrer? Was ja nicht ging, sagt Kuhl. Aber bei ihm ging alles. Er wollte außergewöhnlich sein. Er wollte Briefträger sein, damit der Aufstieg zum Kaderleiter kometenhaft ist. Er wollte beweisen: Alles ist möglich. Alles.

Und dann kommt er am 27. Juli 1978 aus dem Stasi-Gebäude, Berlin, Magdalenenstraße. Die Haftstrafe habe er in der Anstalt Hohenschönhausen verbüßt, sagt er. Und während der Haft habe er immer wieder gedacht: Wenn du hier rauskommst, dann gehst du ins Opern-Café unter den Linden. Ja, davon habe er geträumt. Und niemand holt ihn ab, sagt er, niemand begleitet ihn, er ist allein, er schlendert zum erstenmal wieder unter den Linden.

«Als Manfred 1978 verhaftet wurde, waren

wir gewissermaßen erleichtert, denn nun

schien klar, daß er nicht Täter, sondern

Opfer war.»

Regina Hartmann über Ibrahim Böhme, hier kurz nach seiner
Entlassung aus dem Gefängnis, wo ihm die Haare geschoren worden
waren.

In jenen Tagen bekommt Böhmes alter Freund Gerhard Machnik, der seit 1972 Dramaturg in Altenburg ist, einen Anruf. Der Mann am Ende der Leitung sagt aber seinen Namen nicht. Da sagt Machnik:

Böhmele, bist du's?

Ja, ich bin raus aus dem Gefängnis.

Gefängnis? sagt Machnik heute und lacht. Der war doch nicht im Gefängnis.

Wo war er denn?

Na, der hat 'ne Schulung gemacht in der Normannenstraße.

Woher wissen Sie das?

Von meiner Sekretärin, sagt er. Deren Mann war bei der Stasi. Die hat mir gesagt: Der Manfred ist auch da. Ich weiß das von meinem Mann.

Wie auch immer, sagt Jürgen Fuchs, ob Haft oder nicht Haft, ich würde sagen, die Sache war gut gelaufen. Und die Untersuchungshaft konnte man – für einen IM in Legendierungssituation – ja relativ angenehm gestalten. So eine Legendierung ist auch ein Qualifizierungsangebot. Und dann, sagt Fuchs, war er ja auch bald wieder draußen, das hörte ich. Wo ist er denn? Nicht mehr in Greiz jedenfalls. Irgendwo im Norden. Und da sind die Greizer doch sehr nachdenklich geworden.

Und Böhme? Der hat weder geschrieben noch angerufen, keine Grüße ausrichten lassen und sich später, als er dann in Berlin auftauchte, nicht bedankt für die Hilfestellung.

Jürgen Fuchs drängt den Schriftsteller Lutz Rathenow ein bißchen, Böhme mal auf den Zahn zu fühlen. Das tut Rathenow. Und er berichtet Fuchs:

Ich komme nicht klar mit ihm.

Wie meinst du das? fragt Fuchs.

Sagt Rathenow: Es gibt Menschen, bei denen ich nicht weiß, woran ich bin. Ich weiß nicht, ob es stimmt oder nicht stimmt.

Hast du ihn nach der Haft gefragt? fragt Fuchs.

Ja, sagt Rathenow. Aber Böhme habe drum herumgeredet. U-

Haft, das sei ja nicht Strafvollzug. In der U-Haft sei man so isoliert, andere könnten das gar nicht beurteilen.

Das stimmt natürlich, sagt Fuchs. U-Haft ist ein potenziertes Bespitzelungssystem. Nur, sagt Fuchs, Böhme hat sich nicht verhalten wie ein politischer Häftling. Entweder hat er gar nicht über die Haft gesprochen oder beschwichtigend oder dramatisierend, und zwar so dramatisch, daß man schon wieder dachte, der muß ja irgendwo in den Katakomben gesessen haben, wo keiner je von uns war, sagt Fuchs.

Wer weiß denn schon, wie das ist im Gefängnis, sagt Böhme zu mir, als ich es wage, die Art der Haft in Frage zu stellen, als ich es wage, von einem Agent provocateur zu sprechen, der seine Legende braucht. Wer weiß denn schon, wie das ist, sagt er da, wenn man heimlich beim Rundgang eine Handvoll Sand mit in die Zelle nimmt für die Pflanze, die man aus der Mauer gezogen hat, um nicht allein zu sein. Wer weiß das schon?

So arbeitete Böhme, sagt Jürgen Fuchs. Er hat in Kellern gestanden, in stehendem Wasser. Was sind dagegen die anderen? Was haben die schon erlebt? Immer der Superlativ. Das größte Wissen, die besten Verbindungen, die schlimmste Biographie. Und wer wird schlecht behandelt? Er. Und wer wird zusammengeschlagen? Er. Alles oder nichts. Und wer einigermaßen erfahren ist, sagt Fuchs, und die Jahre haben uns doch ein bißchen gebildet, der konnte sagen: Da stimmt was nicht.

Ich frage Ibrahim Böhme, wie es im Gefängnis in Berlin gewesen sei.

Zuerst waren ja drei Wochen Gera, sagt er. Die waren schrecklich, und darüber möchte er nicht reden. Aber gegen Gera, sagt er, war Berlin wirklich ein Sanatorium, obwohl es das U-Boot war.

Was heißt U-Boot?

Das heißt Einzelzellen und keine Fenster, nur Glasbausteine. Und dann Rauchverbot, Leseverbot, Schreibverbot, Liegeverbot. Liegen dürfen Sie auf der Pritsche nur von 22 Uhr 30 bis 6 Uhr früh. Bis es klingelt. Aber man konnte sich beschäftigen, konnte hin- und herlaufen, konnte sich selbst Vorträge halten.

Worüber haben Sie mit sich in der Zelle geredet?

Beispielsweise über die Abstammungstheorie von Heraklit bis Darwin. Aber stumm. Man durfte ja auch nicht reden in der Zelle, hatte Rede- und Singverbot. Und viel Gymnastik wurde gemacht. Und dreimal am Tag die Zelle geputzt. Nur, um beschäftigt zu sein.

Und nicht an die frische Luft?

Später, ja. Da konnte man zwanzig Minuten Luft schöpfen. Und wenn dann eine Lampe aufleuchtete, eine rote Lampe, dann mußte man sich sofort mit dem Gesicht zur Wand stellen, dann kam nämlich ein anderer vorbei, den man nicht sehen durfte. Na ja, und das Essen war gut. Und einmal die Woche duschen und frische Wäsche. Man legte ja großen Wert darauf, die Leute, die dann vor Gericht gestellt wurden, möglichst in gutem Zustand vorzuführen.

Während der ganzen Schilderung sagt Ibrahim Böhme nicht ein einziges Mal «ich».

Nach der Haft, sagt Beate Schwämmle, die «Quasi-Schwester», sei Manfred bei ihren Eltern in Greiz gewesen, bei Professor Hartmann und seiner Frau. Von ihnen habe sie erfahren, daß die Zeit im Gefängnis wohl ziemlich hart gewesen sein müsse, und ihre Mutter hätte den Eindruck gehabt, daß in der Haft Dinge passiert seien, die auch seine Physis beeinträchtigt hätten. Und das habe sie geschockt, weil sie annehmen mußte, daß in DDR-Gefängnissen gefoltert würde.

Seit seiner Inhaftierung, sagt Beate Schwämmles Mutter, Regina Hartmann, hat Manfred uns zwei bis drei Postkarten in der Woche geschrieben, ganz nichtssagende, «Ihr Lieben, wie geht es Euch, mir geht es gut» und so. Das waren Sicherungen. Damit wollte er uns signalisieren, wenn keine Karten mehr kommen, dann ist was passiert. So haben wir das gesehen, sagt sie. Er hatte ja keine Eltern, die Staatssicherheit hätte also niemanden benachrichtigen müssen. Da waren wir für ihn die «Quasi-Eltern». Und wenn die Karten nicht mehr gekommen wären, sagt Regina Hartmann, dann hätten wir etwas unternommen.

In den achtziger Jahren, sagt Beate Schwämmle, habe sie Ibrahim ein paarmal gefragt, ob er nicht über die Zeit im Gefängnis reden wolle. Und dann, auf einem Spaziergang, habe er relativ viel erzählt.

Er habe in Einzelhaft gesessen, und das sei das Furchtbarste gewesen, was man sich vorstellen könne. Er habe versucht, Gedichte aufzusagen und Texte aus Büchern zu rekapitulieren. So habe er sich über Wasser gehalten. Und immer wieder habe man ihm gesagt, er solle doch ausreisen, seine oppositionellen Freunde seien ja auch schon im Westen.

Nur wie die Verhöre abgelaufen seien, daran könne er sich nicht mehr erinnern. Ob was im Essen gewesen sei? Er sei sich da nie ganz sicher gewesen. Aber über all das, sagt Beate Schwämmle, habe er nur ganz allgemein geredet. Keine konkreten Einzelheiten. Und da sage ich noch zu ihm: Du, lies doch den Bericht von Jürgen Fuchs. Das weiß ich noch genau, daß ich ihm das gesagt habe. Lies die «Vernehmungsprotokolle» von Fuchs. Dann weißt du, wie es war.

Das wird er nicht wagen. Nicht aus den Büchern von Jürgen Fuchs wird er sich Beweise für sein Leid holen, nicht aus dessen Gedanken seine Geschichten auffüllen. Und nie könnte er wie Jürgen Fuchs die Ohnmacht beim Namen nennen, wenn der am Ende des Verhörs angebrüllt wird: Schluß jetzt. Und der Vernehmer zum Telefon greift und wählt und schneidend sagt: 754 abholen.

«Diese Ohnmacht / die Ohnmacht des Wortes / ‹aus Mündungen kommt die Macht ja und kommt aus den Mündern nicht› / Wolf, du hast recht / aber es ist schlimm / so schlimm / und es hilft nicht, recht zu haben / ich kann nicht gegen sie an / sie sagen: ‹Schluß jetzt› / und schaffen mich weg / und holen mich wieder / warum sind wir so schwach / diese Ohnmacht / aber sie haben doch gar keine Argumente.»

«Ich suchte den König Salomo»

Die Verhöre des Lyrikers Günter Ullmann

Als Wolf Biermann aus dem Land geworfen wird, als Jürgen Fuchs im Land inhaftiert wird, als Reiner Kunze dichtet

> ausgesperrt aus büchern
> ausgesperrt aus zeitungen
> ausgesperrt aus sälen
> eingesperrt in dieses land
> das ich wieder und wieder wählen würde

und dann doch den Westen wählt, weil die Alternative vergitterte Zeit wäre, als diese drei Pfeiler der anderen DDR herausgezogen werden, beginnt die Staatssicherheit damit, Günter Ullmann zu beschatten.

Tag für Tag steht das Stasi-Auto in der Beethovenstraße. Um 9 Uhr «konnte Bewegung im Wohnhaus festgestellt werden», und bewegen tut sich den ganzen Tag über was: Diverse männliche und weibliche Personen kommen und gehen, eine trägt «gelbe Jacke mit Pelzkragen», einer fährt eine «Schwalbe», also ein Moped, eine «führt Kind an der Hand», einer «verläßt Wohnung mit DIN A5-Block unterm Arm», eine ruft «schönen Gruß an deine Frau», Seiten, Seiten, Seiten – nur «M2», das heißt Nummer 2 von OV «Medium», also Ullmann, läßt sich nicht blicken. Was macht der da bloß im Haus? Gegen

17 Uhr, notieren die Spitzel, geht im Parterre das Licht an, dort, wo Ullmann wohnt. Als er bis 19 Uhr nicht vor die Haustür tritt, wird «die Beobachtung unterbrochen».

So geht das Tag für Tag. Ein Jahr später, im Dezember 1977, heißt es in einem «Zwischenbericht» der Staatssicherheit: «Durch den IMV ‹Paul Bonkarz›», also Böhme, «wurde bekannt, daß U. Verhaltensweisen zeigt, die vergleichbar sind mit einem Verfolgungswahn durch das MfS, einer Selbstüberschätzung seiner literarischen Fähigkeiten und einem ungesunden Mißtrauen gegenüber Freunden und Bekannten.»

Günter Ullmann, sagt Jürgen Fuchs, hatte ich schon Anfang der siebziger Jahre kennengelernt als einen Schriftsteller, der mir gefiel und dessen Weg ich mit einer gewissen Bangigkeit verfolgte, weil er gesundheitliche Probleme und Schwierigkeiten hatte, diesen organisierten Mißerfolg seiner Biographie zu verarbeiten, denn Ullmann war doch lange schon «OV-begleitet», wie dieser blöde Begriff heißt.

Günter Ullmann arbeitet damals auf dem Bau. Dabei hätte er so gern Malerei und angewandte Kunst in Heiligendamm studiert. Darf er aber nicht. Seine Bilder sind abstrakt, also «dekadent». Sie werden abgelehnt. Abgefunden, sagt Ullmann, habe ich mich damit natürlich nicht. Aber ich hatte ja keine Wahl. So arbeitet er also auf dem Bau. Zuerst in einer Brigade, dann darf er ins Büro, dient sich als Bauökonom hoch. Das war nicht das Gelbe vom Ei, sagt er, aber besser als die körperliche Arbeit. Und ich bin ja doch auch nicht besonders geschickt.

Auf Manfred Böhmes Anregung bewirbt er sich ans Literaturinstitut. Da wird er auch abgelehnt.

Warum?

Weil meine Gedichte nicht genehm sind. Ich sollte mich an Zeitungsgedichten orientieren.

Was sind Zeitungsgedichte? frage ich.

Das sind optimistische Gedichte, sagt Ullmann. Inhaltlich dem Sozialismus zustimmend. Bejahend. Staatstragend. Jubelnd. Und am Ende soll sich auch noch alles ordentlich reimen.

Und was schreibt er?

Staatsbürgerkunde

für dummheit und lüge
gibt es
die besten noten

genauso
wie im
leben

Der Konflikt ist programmiert. Fuchs im Gefängnis, Kunze im Westen, Böhme verschwunden aus Greiz. Der hat seine Arbeit getan, hat ihn belauscht und ausgehorcht, hat Ullmanns Gedichte der Staatssicherheit übergeben mit der Bemerkung: «Von der Form her mit unterschiedlichem Niveau, vom Inhalt her fast ausschließlich feindlicher Einstellung gegen die DDR.» Der Freund hat seine Schuldigkeit getan, der Freund ist weg. Und für Günter Ullmann beginnt die schlimmste Zeit seines Lebens.

Aus Berlin mußte er wegen der Fuchs-Affäre fort. Er arbeitet jetzt in Gera, das ist etwa 35 Kilometer von seiner Wohnung in Greiz entfernt. Und da bestellen sie ihn eines Tages wieder zum Verhör. Er wird am Arbeitsplatz von Stasi-Leuten abgeholt.

So, nun erzählen Sie mal. Aber bitte richtig. Noch mal lassen wir uns nicht an der Nase herumführen. Also, seit wann haben Sie Verbindungen zu konterrevolutionären Personen? Wie lernten Sie Fuchs kennen? Wie Kunze? Was haben Sie in Berlin gemacht? Was in Jena? Wo sind Sie noch gewesen?

Ullmann sagt, er sei in den Verhören relativ stark gewesen. Er habe aus Reiner Kunzes Buch «Die wunderbaren Jahre» zitiert, das ja verboten war. Sagt der Lehrer:

«Ich wünsche, daß die Schüler meiner Klasse optimistische Farben tragen. Außerdem sehen Ihre langen Haare unordentlich aus.

Schülerin: Ich kämme sie mehrmals am Tag.

Lehrer: Aber der Mittelscheitel ist nicht gerade.»

Grotesk, daß so etwas verboten sei, sagt er den Stasi-Leuten. Grotesk, daß Wahrheiten unterdrückt werden, daß ein Tucholsky-Wort in Kunzes Buch die DDR in Angst und Schrecken versetzt: «Es kommt nicht darauf an, daß der Staat lebe – es kommt darauf an, daß der Mensch lebe!» Und er sagt den Vernehmern, dies alles würde in ein paar Jahren jeder hier im Lande lesen dürfen.

Günter Ullmann hat inzwischen in seinen Vernehmungsprotokollen gelesen. Da heißt es: Ullmann will das Gespräch an sich reißen. Oder: Er philosophiert wieder herum. Na ja, sagt er, zu Hause sah es dann anders aus. Da war ich furchtbar depressiv, und ich fühlte mich verfolgt.

Bald holen sie ihn regelmäßig ab. Zwei oder drei Herren, sagt er, stehen dann im Betrieb und sagen: Herr Ullmann, kommen Sie mit, wir müssen mit Ihnen sprechen. Und dann haben sie mich verhört, sagt er. Sie haben mich auch bedroht. Haben gesagt: Ihr Stuhl ist nicht fest. Und ich? Ich habe tatsächlich versucht, sie zu überzeugen. Ich habe ihnen das Brecht-Gedicht «Verhör des Guten» zitiert: «Tritt vor, wir hören, daß du ein guter Mann bist...» Und am Ende ist der gute Mann ihr Feind, den sie aber in Anbetracht seiner Verdienste mit «guten» Kugeln erschießen wollen. Ullmann will tatsächlich mit den Stasi-Leuten darüber diskutieren. Die lachen ihn aus und sagen: Brecht ist tot, der kann Ihnen nicht mehr helfen. Und Ullmann sagt: Aber Brecht ist nicht Ihrer Meinung. Das ist nachzulesen in seinem Gedicht «Die Lösung». Und Ullmann läßt nicht locker, zitiert den Vernehmern auch das:

Nach dem Aufstand des 17. Juni
Ließ der Sekretär des Schriftstellerverbands
In der Stalinallee Flugblätter verteilen

Auf denen zu lesen war, daß das Volk
Das Vertrauen der Regierung verscherzt habe
Und es nur durch verdoppelte Arbeit

Zurückerobern könne. Wäre es da
Nicht doch einfacher, die Regierung
Löste das Volk auf und
Wählte ein anderes?

Nein, sie sind nicht matt zu setzen, schon gar nicht mit der Wahrheit. Ullmann schaut in ihre Gesichter und weiß, daß er zu weit gegangen ist. Das waren bedrohliche Momente, sagt er. Und dann kommen sie zur Sache. Was wissen Sie von Arnold Vaatz? Was schreibt der? Was hat Ihnen Rudolf Kuhl gestern erzählt? Leugnen Sie nicht. Der war bei Ihnen, wir wissen das.

Das sind meine Freunde, sagt Ullmann. Ich verweigere die Auskunft.

Sieh da, sagen sie. Der Herr Ullmann verweigert die Auskunft. Bitte schön. Wir haben Zeit.

«Ach, diese ganze Gesellschaft», schreibt Jürgen Fuchs in seinen «Gedächtnisprotokollen», «vielleicht hätte man lachen und einfach weggehen sollen. Locker und leicht. Aber so war es nicht... Man hatte sich zusammengefunden, um die Ordnung wiederherzustellen, Ordnung, Disziplin und Sauberkeit... Und du sitzt vor diesen Leuten, ein Würstchen, ein Nichts, das so ernst genommen wird und auch wieder nicht.»

Ich kann nicht mehr sagen, wie lange die Verhöre dauerten, sagt Ullmann. Also schon ein paar Stunden. Und immer wieder wundert er sich, was die Vernehmer alles wissen. Sie wissen, daß er Gedichte kursieren lassen will, wissen, welche Informationen er «als Köder» benutzen will, wissen, daß er mit Bettina Wegener und Sarah Kirsch «einiges zu besprechen» hat.

Das eine stimmt, das andere ist frei erfunden. Aber woher? Woher wissen die das alles? Seine Freunde sind seine Freunde. Die sagen doch nichts. Die doch nicht. Und Böhme? Nie wäre er auf den Gedanken gekommen. Außerdem ist der doch schon nicht mehr in Greiz.

Und immer wieder wird Ullmann geholt, sitzt immer wieder im

selben Zimmer. Ja, ich habe auch was zu essen bekommen, sagt er. Brötchen. Und Kaffee haben sie mir gegeben.

Kann es sein, frage ich, daß etwas im Kaffee war? Das war immer mein Verdacht, sagt Ullmann. Er habe das auch seinen Freunden gesagt. Aber die haben gelacht. Günter, du spinnst, das machen die nicht. Aber mein Wahn, sagt Ullmann, der wurde immer schlimmer. Und die Angst war doch so groß. Alles war mir verdächtig. Jeder Draht war für mich ein Abhördraht. Ich ging in den Keller und schnitt Drähte durch. Und wenn ich abends vors Haus trat und die Straßenlaternen gingen an, dann war ich in Panik: Sie strahlen mich an, sie verfolgen mich, sie wissen, wo ich bin, ich kann ihnen nicht entkommen.

> Nehmt uns nicht die
> Hoffnung
> diese ungewißheit die
> uns noch halt gibt
> legt uns nicht den
> horizont
> um
> den hals

schreibt Günter Ullmann und weiß nicht mehr, wie er sich selbst entkommen kann. Er sieht in jedem Freund einen Feind, jeder horcht ihn aus, jeder zapft ihn an. Ullmann läßt sich alle Zähne ziehen, weil er glaubt, die Staatssicherheit habe ihm Mikrophone eingebaut. Woher sollten die denn sonst alles wissen, wenn nicht aus den Mikrophonen im Mund?

Er lief damals wie in Trance durch die Stadt, sagt Harald Seidel. Er hat sich auf die Straße gekniet, hat Blätter angebetet, und alle waren schuldig, auch Geli, seine Frau, alle waren bei der Stasi, auch die Schwiegereltern, auch wir. Die ganze Welt belauerte ihn. Und eines Tages, da sagte Günter: Ich suche den König Salomo. Und da ist er in Berlin gewesen, ist den alten Pfeilen an den Hauswänden nachgelau-

«Eines Tages sagte Manfred zu mir:

Wer seine Träume verwirklichen will,

muß durch die Hölle gehen.»

Günter Ullmann und Ibrahim Böhme, hier 1990 bei ihrem ersten
Wiedersehen nach der Wende.

fen, die im Zweiten Weltkrieg zu den Luftschutzkellern führten, denen ist er nachgelaufen, und nach Stunden fand er dann ein Klingelschild, da stand «Salomo» dran.

Als ich Reiner Kunzes Buch gelesen hatte, sagt Rudolf Kuhl, «Deckname Lyrik», da hab ich gedacht: Also, wenn Manfred daran schuld war, daß der Günter so fertiggemacht worden ist, dann ist es aus. Und nun muß man wohl sagen: Ja, er war schuld. Man muß es wirklich sagen. Ich kenne den Günter doch von klein auf, sagt Kuhl. Man kann sich keinen lustigeren Burschen vorstellen. Und Böhme hat ihn ja hart beschuldigt. In den Akten hatte Günter doch die Fäden in der Hand. Die Fäden zu Fuchs, zu Biermann, zu Havemann. Und Böhme wußte doch genau, daß es nicht so ist. In den späten Berichten, sagt Kuhl, hat er dann versucht, das abzuschwächen. Aber da war es schon zu spät.

Und Rudolf Kuhl erzählt, daß sie sich früher mal darüber unterhalten hätten, ob man das machen könne, ein Kind für den Sieg zu opfern. Im Krieg. Und da gab es bei uns eine ganz eindeutige moralische Auslegung. Eindeutig. Nein. Und was Böhme auch immer wollte, ich weiß es nicht. Aber Ullmann opfern? Nein.

Nun mag es ja Leute gegeben haben, sagt er, die bei der Stasi waren, um Positives zu bewirken. Kann sein. Mag es geben. Aber spätestens als der Ullmann durchgedreht ist, hätte Böhme die Pflicht gehabt, zu sagen: Halt! Es stimmt nicht, was ich da geschrieben habe. Da hätte er sagen müssen, was er getan hat. Wir sind ja keine, die ihn erschlagen hätten.

Ach, Ullmann, sagt Kuhl. Ich weiß gar nicht, ob man das überhaupt jemandem beschreiben kann, damals, als der Wahnsinn kam. Er hat Köpfe aus Zeitungen ausgeschnitten, Köpfe, die ähnlich aussehen wie wir. Das waren Beweise für ihn. Es war eine Zeit, die war kaum zu ertragen. Ich glaube auch, daß er seine Kräfte überschätzt hat. Er hat ja versucht, die Stasi-Leute zu überzeugen. Günter dachte immer, das müssen die doch begreifen, das ist doch ganz einfach. Und weil sie es nicht begriffen, hat er den Kampf gesucht.

Wir wollten ja auch immer was bewegen, was verändern. Ach

Gott, sagt Kuhl, das sind Sachen, die wir erst soviel später begriffen haben. Am Anfang hatten wir ja nichts gegen den Staat. Der Staat hatte was gegen uns. Es ging eigentlich nur um Toleranz, die nicht da war. Und wir blieben die Staatsgegner. Aber das waren wir nicht, sagt er. Uns haben doch nur die Bonzen angekotzt. Und da neigt man dann dazu, sich ins rechte Licht zu rücken. Das hat Günter auch getan.

Es kam dann eine Zeit, sagt Kuhl, wo man nicht mehr zu ihm gegangen ist. Schon wenn man klingelte, sagte er: Ihr wollt mich ausspionieren. Mir hat das alles so weh getan, deshalb bin ich dann auch weggeblieben.

Über Ullmann schwebte ja ein dunkler Stern, sagt Arnold Vaatz, der Umweltminister aus dem sächsischen Landtag. Doch inzwischen wird für mich immer wahrscheinlicher, daß es keine Paranoia oder sonst was Angeborenes ist, sondern daß da mit Drogen gearbeitet wurde. Als Günter mir damals erzählt hat, daß er in den Straßen von Berlin den König Salomo gesucht und sich aus Angst vor Sendern die Zähne hat rausreißen lassen, da dachte ich noch: So, den haben sie jetzt geschafft. Und ich dachte auch, vielleicht liegt es in ihm persönlich.

Aber dann erfährt Vaatz von einem, der auch von der Staatssicherheit verhört worden war und der sich später das Leben genommen hat, erfährt, daß dem dasselbe passiert ist wie Ullmann. Von dem Zeitpunkt an, sagt er, habe ich nicht mehr an Zufälle geglaubt. Der war auch zur Stasi bestellt worden, der hatte auch Kaffee bekommen, der fand sich auch irgendwann auf einer Bank wieder und wollte flüchten und kam nicht vorwärts. Tagelang sei der durch die Botanik geirrt, bis man ihn schwerkrank aufgefunden habe.

«Guten Tag, Herr Fuchs», schreibt Jürgen Fuchs in seinen ‹Vernehmungsprotokollen›, «möchten Sie eine Tasse Kaffee trinken?

Nein, danke.

Ach, Sie glauben wohl, da ist was drin? Na, zu verstehen wäre es, andere Geheimdienste... haben mit Mittelchen gearbeitet, daran denken Sie sicher. Aber, zur Beruhigung, das haben wir gar nicht nötig. Wir haben nämlich Zeit.»

Manfred Böhme, sagt Jürgen Kornatz, hat ja auch mit Medikamenten und Mittelchen gearbeitet. Einmal sei ihm, Kornatz, nach einer Tasse Kaffee ganz schlecht geworden. Grün sei er im Gesicht gewesen, sei aufgestanden, rausgegangen und habe gebrochen. Später habe ihm einer aus der Runde gesagt: Du, der Manfred hat dir was in den Kaffee getan. Na ja, sagt Kornatz, kann sein, daß er was ausprobieren wollte bei mir.

Günter Ullmann wird in die Psychiatrie eingeliefert, erst nach Jena, später nach Rodewisch, dann nach Stadtroda. Es war schrecklich, sagt Ullmann. Ich wurde mit Tabletten vollgestopft, ich dachte, ich könnte nicht mehr laufen, nicht mehr sitzen, nicht mehr liegen. Ich konnte gar nichts mehr. Man muß sich das mal vorstellen, sagt er, da hat man an den Sozialismus geglaubt, an den Sozialismus mit menschlichem Gesicht. Und dann kam die Mauer. Dann kam Prag. Dann wird Fuchs festgenommen. Biermann raus. Kunze raus. Da flog die Hoffnung fort. Es kam die Eiszeit.

> Zeit der Elegie:
>
> die rose schreit
> in der nacht
> die krähen zerhacken
> den traum
> sie haben eure
> gesichter...

Und wir hatten gesagt: Das kann doch so nicht weitergehen, und es ist doch nicht richtig, daß an der Grenze Menschen erschossen werden. Da muß man doch was tun. Und was haben die Leute gesagt, viele Leute aus Greiz? Warum gehen die denn an die Grenze, haben die gesagt. Die wissen doch, daß da geschossen wird. Sollen die doch hier bleiben. So schlimm ist es doch gar nicht bei uns. Also, es war ganz furchtbar, sagt Günter Ullmann. Ich war ziemlich am Ende mit meinem Menschenbild, mit meinen Idealen, mit meiner Hoffnung.

In Rodewisch bei Auerbach im Vogtland besuchen Harald Seidel und der Dramatiker Klaus Rohleder den Freund in der Psychiatrie. Sie machen einen Spaziergang mit ihm. Wir wollten versuchen, wie früher mit ihm zu reden, über Freud, über Fromm, über C. G. Jung. Aber das waren für ihn keine Analytiker mehr, sagt Seidel, die Namen waren Begriffe geworden. Fromm war religiös, Jung war das Gegenteil von alt. Und Freud? Freud war froh, war heiter, war alles, was Ullmann nicht mehr war. Und dann diese Stimme, die ihn da plötzlich in eine furchtbare Wirklichkeit zurückholt: Zur Medikamentenausgabe!

Das war wie im Film «Einer flog übers Kuckucksnest», sagt Seidel. Wir sahen die Ärztin, hörten sie sagen: Du mußt das jetzt schlucken, du weißt das doch, wenn es dir nicht gutgeht, mußt du das schlucken. Und Günter war früher doch einmal die Heiterkeit gewesen, sagt Seidel.

Als Ullmann wieder zu Hause ist in Greiz, versucht er dreimal, sich das Leben zu nehmen. Er schluckt Tabletten, die er heimlich gesammelt hat. Und irgendwie, sagt er, ging es doch weiter. Und irgendwie hatte ich mich arrangiert. Und Jürgen Fuchs war inzwischen im Westen, und der setzte sich für mich ein, half mir, Gedichte zu veröffentlichen. Und dann kam die Stasi zu meiner Frau, die Kindergärtnerin war in Greiz, und sie sagten zu ihr: Verhindern Sie, daß Ihr Mann sich mit Jürgen Fuchs schreibt. Nehmen Sie Einfluß, daß er nicht im Westen veröffentlicht. Erfüllen Sie Ihre Aufgabe, sonst können wir Sie aus der Volksbildung entfernen. Es war schlimm für sie, sagt Ullmann. Ich war schwerkrank, und wir hatten zwei Kinder, und sie hatte Angst, natürlich. Sie sagte: Laß doch die Literatur. Geh aufs Feld und lausch den Vögeln. Das reicht doch.

Dann erscheint die nächste Veröffentlichung in einer Anthologie von Lutz Rathenow. Ullmann wird zum Kulturfunktionär Eberhard Herzog zitiert. Der sitzt da und hat alle Gedichte von Ullmann vor sich liegen, wühlt darin rum und sagt: Schändlich, zersetzend, gänzlich negativ, warum sehen Sie nicht das Positive? Und er droht mit Gefängnis. Und zieht eins der Gedichte hervor und liest es laut und verächtlich vor:

Probleme

bei müllers ist der fernseher kaputt
bei meyers das auto
herr schulz braucht neue jeans
seine frau einen neuen mantel
was wissen schon die in den gefängnissen
von unseren problemen

Also, das bringt ihn in Fahrt, den Herrn Herzog, und er zieht über die in den Gefängnissen her. Alles Verbrecher! sagt er. Gut, daß die hinter Schloß und Riegel sitzen.

Das war also die Zeit, sagt Günter Ullmann. Ich weiß nicht, wie ich sie überlebt habe. Diese Ohnmacht. Man war ja so ohnmächtig. Was blieb, war das Schreiben für die Schublade. Die Verlage in der DDR, so liest der Lyriker später in seiner Akte, waren angehalten worden, keine Zeile von ihm zu drucken.

Dann kam die Wende, sagt er. Und ich war glücklich. Wie hatte ich unter der Lüge gelitten. Und dieses Masken-Tragen, das ist mir so an die Substanz gegangen, war so unwürdig. Und nun ist der Haß weg, die Lüge weg, die Diktatur weg. Also für mich war die Wende wie ein Auferstehen.

Als Ullmann erfährt, welches Spiel der Freund mit dem Freund getrieben hat, kann er Wochen nicht schlafen. Dann schreibt er ein Gedicht für ihn:

seine ideale waren auch die
meinen
doch er ging durch die
hölle
und ich
fror

«Von da an hatte er was Gehetztes»

Bewährungsprobe in Neustrelitz

Am 27. Juli 1978 wird Manfred Böhme aus der Haft entlassen. Er geht ins Café unter den Linden, Ecke Friedrichstraße, sitzt da, raucht, denkt nach, erinnert sich an jemanden im Theater von Neustrelitz. Da ruft er denn auch gleich an, wird mit dem Verwaltungsdirektor verbunden. So, so, soll der gesagt haben, Sie interessieren sich also fürs Theater? Und Manfred Böhme habe ihm am Telefon erzählt, was er alles könne, und das ist ja so ziemlich alles, und der Herr Direktor sagt, der Posten für Öffentlichkeitsarbeit sei gerade vakant. Und er stellt ihn ein. Per Telefon. Sagt Böhme. Und so sei er denn noch am Abend seiner Entlassung nach Neustrelitz gefahren.

Monate später, nachdem Evelyn Böhme mir erzählt hatte, wie die Staatssicherheit sie davon unterrichtete, daß ihr Mann nicht nach Gera zurückkäme, sondern in Neustrelitz arbeiten werde, Monate später also sage ich Ibrahim Böhme, daß er ja nach Neustrelitz beordert worden ist.

Nein, sagt er, das war anders. Er hatte nicht nach Gera zurückgewollt. Das wußte seine Frau, das habe er ihr gesagt. Er wollte nämlich nach Rostock. Weil er da Freunde hatte. Er sei auch nach der Haft gleich nach Rostock gefahren. Kurz darauf aber nach Neustrelitz, weil dort eben diese Stelle frei war.

In Neustrelitz schreibt Ibrahim Böhme seine Berichte für die Staatssicherheit unter dem Decknamen «Dr. Rohloff». Er sei mehr als ein einfacher Spitzel gewesen, sagt sein Führungsoffizier Berthold

Freese aus Neubrandenburg 1990 dem ‹Spiegel›. Böhme habe es nie des Geldes wegen getan, er habe immer bescheiden gelebt und immer nur das von der Firma genommen, was er zum Leben brauchte. Mal 500 Mark im Monat, mal mehr, mal weniger. Böhme, so schwärmt der zwei Jahre jüngere Stasi-Mann, habe einen unglaublichen Gerechtigkeitssinn gehabt, habe sich immer für Schwächere eingesetzt. Das Verfahren gegen ihn, so erzählt er, sei damals auf Geheiß von Stasi-Chef Erich Mielke eingestellt worden, weil Böhme ein «Mitkämpfer» war. Er selbst, behauptet der Offizier, habe ihn nach der Haft abgeholt, habe ihm die Stelle am Theater in Neustrelitz besorgt und ihn von da an betreut. Gerne betreut. Er sagt: Sie in der Firma seien für ihn Bruder, Schwester, Vater, Mutter gewesen – alles.

Ich frage Ibrahim Böhme nach seinem Führungsoffizier Berthold Freese.

Ich habe keinen Führungsoffizier gehabt, sagt er. Aber Herr Freese von der Abteilung Inneres hat mich gleich am Anfang in Neustrelitz begrüßt.

Und Ihnen ein Angebot gemacht?

Ja, sagt Böhme. Und sie haben auch gesagt, wie recht ich hätte mit meiner Kritik. Und ich habe ihnen gesagt: Sie könnten es doch ändern, aber Sie schützen ja alles mit Ihrem Machtapparat. Da haben die gesagt: Kommen Sie zu uns. Hier haben Sie alle Möglichkeiten. Und wir brauchen doch von Ihnen nur Analysen.

Herr Freese, habe ich da gesagt, wenn Sie nur Analysen wollen, dann laden Sie mich doch zu sich ein. Dann sage ich Ihnen, wie ich im einzelnen darüber denke.

Sie haben das Angebot der Staatssicherheit also angenommen?

Nein, sagt er.

In Neustrelitz ist Ibrahim Böhme wieder allein, ohne Freunde, entwurzelt.

«Wenn Du mich hier erleben könntest», schreibt er am 11. 2. 1979 an seinen Freund Harald Seidel nach Greiz, «würdest Du mich wahrscheinlich kaum wiedererkennen. Im Theater gelte ich als ‹der überhebliche Spaziergänger›...» Ja, er gehe viel spazieren, aber überheblich sei er wirklich nicht, er sei nur in eine neue Phase seines Lebens getreten und wolle die mit «ernsthafter Arbeit durchleben». Gesundheitlich gehe es ihm nicht so gut. «Mein Kopf und mein Herz machen mir oft zu schaffen», schreibt er. «Aber ich lasse mir nichts anmerken, lasse mich nicht krank schreiben und lebe so, daß meine Gesundheit das Beste davon hat.»

Damals hat der vierunddreißigjährige Böhme bereits von den Gerüchten gehört, die in Greiz unter den Freunden kursieren, daß er nämlich gar nicht im Gefängnis gesessen habe, daß alles eine Inszenierung der Staatssicherheit gewesen sei. Dazu schreibt er im Brief:

«Hart traf mich das, was ich so von meinen Freunden und ihren Ansichten zu meiner Person hörte, kurz nachdem ich meinen längeren Kuraufenthalt beendete.» Er könnte auf viele Behauptungen im Detail eingehen, «aber lassen wir das», fährt er fort, «das Leben wird dadurch nicht lebenswerter».

Die Gerüchte scheinen nicht zu verstummen. Es gibt Freunde, die sehr hartnäckig eher an einen – wie Böhme selbst sich ausdrückt – «Kuraufenthalt» denken als an Haft. Dazu schreibt Manfred Böhme am 16. 9. 1980 an Harald Seidel:

«Ich erfahre von den verschiedensten ausreisenden Freunden aus dem ‹Süden›, was da wo an bösen, wenn auch haltlosen Verdächtigungen losgelassen wird. Leider sind dabei auch, und das spricht für die Qualität der Kritikaster, ehrenrührige und diskriminierende Zusammenhänge, die mich veranlassen müßten, mit Zivilklage anzutreten, wenn mir das nicht so scheißegal wäre...»

Gerhard Machnik lacht. Böhme im Gefängnis? sagt er. Nie. Der war doch nicht im Gefängnis.

Gerhard Machnik war Musiklehrer an der Erweiterten Oberschule in Greiz, war Dramaturg in Zwickau und Altenburg und kommt 1979 ans Theater von Neustrelitz, wo sein Freund Manfred Böhme bereits seit ein paar Monaten arbeitet. Machnik, so sagt man mir, ist wie Böhme. Er trinkt und spinnt. Und alles, was er sagt, müsse, wie bei Böhme, durch ein Sieb gegossen werden. Das bestätigt Machnik selbst mit angeheiterter Fröhlichkeit. Was hat der Böhme geschwindelt, sagt er. Und was hab ich geschwindelt. Mensch, was haben wir gelogen und gesoffen.

Und woher wissen Sie, daß Böhme in Berlin eine Stasi-Schulung gemacht hat?

Meine Sekretärin hat mir das erzählt.

Und woher wußte die das?

Ihr Mann war bei der Stasi. Und der wußte das mit Böhme in Berlin.

Waren Sie da nicht entsetzt?

Nein, sagt Machnik. Aber ich habe Manfred gefragt: Sag mal, bist du dabei? Da hat er nichts gesagt. Und ich: Also, wenn du dabei bist, ist mir das scheißegal. Da hat er nicht dementiert.

Und wenn er über Sie geschrieben hat?

Ist mir auch egal, sagt Machnik. Manfred ist mein Freund, und er bleibt mein Freund.

Am 26. Juli 1976 hat Böhme über den Freund und dessen Freundin Sabine an die Staatssicherheit geschrieben: «Die Beziehungen zwischen Machnik und Kränert haben sich mittlerweile zutiefst intim gestaltet. Kränert nächtigte bereits mehrmals in der Wohnung von Machnik. Mittlerweile ist das Scheidungsersuchen Frau Machniks über Rechtsanwalt Dr. R. offiziell bei Gericht eingegangen... Kränert beabsichtigt, bei realisierter Scheidung mit Machnik gemeinsam nach Altenburg zu gehen... Während ich sonst die zahlreichen Vorhaben der Sabine Kränert belächle, möchte ich diese Sache durchaus ernst nehmen.»

Das kann er auch, denn als Gerhard Machnik und Sabine Kränert 1979 nach Neustrelitz ziehen, sind sie verheiratet. Am ersten Abend, sagt Machnik, waren wir alle drei besoffen. Manfred, meine Frau und ich. Und alle drei schlafen, wie er sagt, durcheinandergewürfelt in der Kleiderkammer der Herzogin von Neustrelitz, diesem winzigen Schloßzimmer, wo Machniks wohnten und einen Biedermeiertisch aus Adelsbeständen ergattert hatten. Poliertes Kirschholz, sagt er. Für eine Flasche Schnaps.

Im alten Schloß, sagt Sabine Machnik, haben wir ein paar Monate gelebt, mit Stuck an den Decken, aber alles vergammelt. Dann zogen wir in die Pappelallee, in dieses wunderbare alte russische Holzhaus mitten im Wald, sagt sie. Ja, an den ersten Abend kann sie sich gut erinnern. Wir hatten mörderisch getrunken. Whisky. Und Manfred hat sich aufs Bett gelegt und von seiner Kindheit erzählt. Und irgendwann sagt mein Mann: Also Manfred, ich glaube, du bist dabei.

Wobei?

Na, bei der Stasi.

Er schwieg dann, sagt Sabine Machnik. Dementierte aber nicht.

Später erfährt sie, daß Manfred Böhme in Neustrelitz herumerzählt hätte, Machniks seien von der Stasi auf ihn angesetzt worden. Mir hat das nichts ausgemacht, sagt sie. Ich kannte ihn. Er erzählte ja immer, daß er verfolgt würde. Alle waren doch hinter ihm her.

Einmal, sagt Sabine Machnik, erzählte er meiner Freundin auf dem Marktplatz: Rede nicht mit mir in geschlossenen Räumen. Alles verwanzt. Ich weiß, ich werde bald abgeholt. Meine literarischen Sachen bekommst du. Er hat ihr aber nie etwas gegeben.

Das Folkloreensemble, sagt Sabine Machnik, wo mein Mann zuerst arbeitete, lag genau gegenüber dem Stasi-Gebäude. Da ging der Manfred oft rein. Wenn man ihn danach fragte, sagte er: Die haben mich wieder verhört.

Aber ich mochte ihn, sagt sie. Mag ihn auch heute noch. Er war für mich wie ein Bruder. Sonst war er ja eher ein Neutrum. Hatte aber immer ein großes Zärtlichkeitsbedürfnis, sagt sie. Und manchmal war er auch weinerlich. Er kam oft zu uns ins Holzhaus im Wald. Nebenan wohnten Russen. Er konnte ja gut Russisch. Und abends hat er dann für alle Spiegeleier gebraten.

Er selbst, sagt sie, wohnte ganz schrecklich in einem Abbruchhaus am Töpferberg. Ungemütlich war es da. Gemusterte Tapeten, anders gemusterte Gardinen. Aber er hat eigentlich nur in der Öffentlichkeit gelebt und oft auch woanders geschlafen. Er hat mir dann einen Job in der Theater-Werbung verschafft. Da kam er morgens rein, wir hatten immer eine Karaffe Wodka da stehen, einen viertel Liter, den trank er, dann ging es ihm gut. Und manchmal hat er auch mit Geld um sich geworfen, sagt Sabine Machnik. Ich habe mich immer gefragt: Woher hat er das nur? Er verdient doch nicht so viel. Das war schon merkwürdig. Da hat er abends in der Kneipe Runden geschmissen. Für meine Freunde, sagte er dann. Und noch eine Runde.

In Neustrelitz, sagt Gerhard Machnik, der ehemalige Dramaturg, der heute, wie seine Frau, in Hannover lebt, in Neustrelitz war Manfred todunglücklich. Und wir haben über das Unglück geredet. Wenn er uns besuchte, kam er rein und machte: schschscht... sei bloß leise, die hören mich ab. Er wußte mit sich nicht weiter. Und er wußte auch mit dem Staat nicht weiter. Er war ein armes Schwein, sagt Machnik. Er hat sich von meiner Frau die Haare kraulen lassen. Das hat ihm gefallen. Er ist ein Heimkind. Und immer hatte er Angst. 1968, sagt Machnik, hat man ihn erpreßt.

Womit?

Was weiß ich. Er hat mir jedenfalls erzählt, wie das war mit den drei Tagen bei der Stasi in Gera. Da war er erpreßbar. Er hat mir nur von den drei Tagen erzählt und von den Verhören. Das genügte. Mehr mußte er nicht sagen. Ich mußte auch nicht mehr nach der Stasi fragen, sagt Machnik. Mir war alles klar. Jeder Staat hat seinen Geheimdienst. Entweder gehen die Leute freiwillig hin, oder man erpreßt sie. Manfred hat man erpreßt. 1968 hatte er doch die Menschen mit der geballten Faust aufgewiegelt. Da haben sie ihn rangenommen. Das war mir klar. Und von da an hatte er auch dieses Gehetzte.

«‹Das war eine schöne Zeit›, sagte der Hase zum Igel und verschwand im tiefen Wald, um vom Fuchs gejagt zu werden...», schreibt Manfred Böhme im Februar 1982 an seinen Freund Harald Seidel nach Greiz. «Daß Ihr noch an mich denkt, hat mich sehr erfreut.» Nein, es ginge ihm nicht sehr gut in Neustrelitz, schreibt er. Wieder sei er gescheitert, wieder habe er seinen Mund nicht halten können. «Obwohl ich in keiner Weise ein Parteigänger der sogenannten polnischen Liberalisierung bin, konnte man in den letzten drei Monaten meine ‹ketzerischen› und kritischen Einstellungen zu bestimmten Vorgängen in der Kultur- und Theaterszenerie der DDR entsprechend politfizieren ... Makaber und grotesk das Ganze!» Und er legt dem Freund sein neuestes Gedicht ans Herz:

Wer sind wir

So mancher gab mir zu bedenken,
was uns vereint in einem Ziel.
Gleich sollt ich ihm Vertrauen schenken
für kitzlig interessantes Spiel.
Fast wars zu spät, als ich bedacht,
welch große Fehler ich gemacht,
wer sind wir?...

In einem anderen Brief antwortet er dem Freund Harald Seidel. «Du fragst mich nach meiner Überzeugung: Ich bin Marxist, nach wie vor, heute mehr denn je! Nur bin ich viel kompromißloser geworden, kann es mir jetzt auch leisten; kompromißloser besonders gegenüber jenen Leuten, die glauben, Gerechtigkeit, Erkenntnis und den Marxismus für sich gepachtet zu haben, und dabei beständig über ihre Selbstgerechtigkeit und ihren schmutzigen Egoismus stolpern, sich an Selbstüberschätzung überheben. Älter bin ich geworden, etwas reifer, kaum weiser.»

Böhme arbeitet in der Presseabteilung des Theaters, wird zum ‹Aktivisten› befördert, bemerkt Korruptionsfälle und Unkorrektheiten, wird auch geworben, wieder mal, soll für die Staatssicherheit arbeiten. Doch er sei standhaft geblieben, wieder mal, sagt er.

Also, mir war völlig klar, daß er für die Staatssicherheit arbeitet, sagt Sabine Machnik. Schon nach kurzer Zeit hatte er doch in Neustrelitz besten Kontakt zu allen Behörden. Wie in Greiz. Und immer sagte er: Wir machen mal die Weltrevolution.

Aber einer, der als Opfer im Gefängnis gesessen haben will, der wird nicht Leiter der Öffentlichkeitsarbeit im Theater. Das gab es einfach nicht in der DDR, sagt sie. Und er erzählte auch immer, daß er vierzehn Monate im Knast gesessen habe. Stimmte auch nicht, sagt sie. In der Zeit, wo er gesessen haben will, ist er in Leipzig gesehen worden, und auch in Gera.

Im November 1981, sagt Ibrahim Böhme, habe er trotz Warnung an einer Podiumsdiskussion teilgenommen, bei der es um Polen ging. Danach habe er seine Arbeit im Theater aufkündigen müssen. Er sei dann alles mögliche gewesen. Dozent für russische Sprache, Kellner in der HO-Gaststätte «Kranich», Zerstückler und Verladearbeiter im Sägewerk.

Manfred flog nach einer Premiere aus dem Theater, sagt Gerhard Machnik. Das Stück habe «Der Schuster und der Hahn» geheißen. Und der Hahn war immer der, der die Wahrheit sagt. Er sagte zum Beispiel: «Es gibt Übergänge, die von Dauer sind». Das begriffen die Leute natürlich und klatschten. Und es gab auch jede Menge Hühner, sagt Machnik. Die wollten den Hahn umbringen. Aber die wurden dann selbst hinter der Bühne abgeschlachtet. Und die Hühner, sagt er, waren Stasi-Spitzel. So war das inszeniert. Na ja. Jedenfalls kam die Bezirksleitung nach der Premiere und setzte das Stück ab. Darüber, sagt Machnik, hat Böhme sich sehr aufgeregt. Und da flog er raus aus dem Theater.

Als Kellner, sagt Sabine Machnik, lief Manfred völlig abgerissen herum. Und da war er eigentlich auch immer angetrunken. Es kann sein, sagt sie, daß er damals versucht hat, von der Stasi wegzukommen. Jedenfalls war es eine Zeit, da war er am Boden zerstört.

Als Kellner, sagt Gerhard Machnik, war er verzweifelt und soff. Als Kellner war er überhaupt immer besoffen. Er hat dann gedolmetscht, um sich etwas Geld zu verdienen. Einmal sei er nachts mit vierzehn betrunkenen Offizieren angetanzt. Und einem russischen Offizier hatte Manfred mal Jeans versprochen. Nun wußte er nicht, woher er die kriegen sollte. Da kam er zu mir und sagte: Gerhard, kannst du welche besorgen?

Und Böhme ruft bei Sabine Machnik an und sagt: Du, ich bin jetzt ganz weit weg.

Wo bist du? fragt sie.

Kann ich nicht sagen. Weit weg.

Und da dachten wir, der sei abgeholt worden von der Stasi.

Aber am nächsten Tag ist er wieder da, als sei nichts gewesen.

Und Manfred Böhme erzählt überall in Neustrelitz, er sei 1973 als Journalist in Santiago de Chile gewesen. Und während des Putsches habe er im Palast Seite an Seite mit Allende gegen die Konterrevolutionäre gekämpft.

Und an einem glühend heißen Tag im Sommer steht Manfred Böhme am Friedhof von Neustrelitz. Steht da bei 35 Grad im Schatten und wartet. Dann kommt ein Auto, und zwei Herren steigen aus. Der eine ist der stellvertretende Chef der Stasi, der andere Böhmes Führungsoffizier Berthold Freese. Sie begrüßen sich und laufen zu dritt bei der Affenhitze zwischen den Gräbern herum und reden. Es war ja immer alles geheim, sagt Sabine Machnik. Immer alles konspirativ. Und Manfred war ja bestens informiert. Alle liebten ihn, alle erzählten ihm, was er wissen wollte, alle haben ihm ihr Herz geöffnet. Er mußte doch gar nicht fragen, sagt sie.

Und Böhme macht noch immer die alten Streiche. Ruft den Kammerjäger von Neustrelitz an und sagt: Hier spricht der Wirt von der ‹Goldenen Kugel›. Sie haben gestern bei mir eine Vernichtungsaktion gegen Ratten und Mäuse gemacht. Nun liegt meine Kellnerin im Keller und zuckt. Die sollte Wein hochholen. Nun liegt sie da und zuckt.

Er hatte sich nicht verändert, sagt Machnik. Er war nur trauriger und kaputter. Nach der Kellnerei kam er ja ins Sägewerk. Das hat ihn völlig fertiggemacht. Das war wohl eine Strafaktion der Stasi. Ja, damals fing er an zu stolpern.

«Mein lieber Freund Harald», schreibt Böhme, der sich inzwischen Urbij-Böhme nennt, im Januar 1983 an Harald Seidel. «Ich sitze gerade vor einer Tasse guten (gefilterten) Kaffees und lasse meine zerschlagenen Glieder aushängen, nachdem ich eine Woche zermürbende Mittelschicht hinter mir habe. Fordert mich mehr, als ich dachte.

Ich arbeite außerhalb von Neustrelitz in einem Sägewerk in Düsterförde als Holzarbeiter. Über die Arbeit möchte ich nicht weiter klagen, auch wenn sie das Letzte an physischer Kraft von mir fordert... Nur, daß ich kaum noch zu literarischer Arbeit komme, macht mich traurig. Nach der Arbeit reicht die Kraft oft gerade noch so aus, um nach Hause zu kommen und sich etwas zu waschen. Aber keine Angst; ich stehe auch das durch! Schade, daß dieser Staat, zu dessen Entwicklung wir bei allen vorhandenen Vorbehalten auch unseren Teil beitragen, meine Fähigkeiten und Möglichkeiten nicht anders zu nutzen weiß...»

Und er fügt wieder eins seiner Gedichte bei. Es heißt «Selbsterkenntnis».

Immer schrieb ich
mit roter Tinte.
Aber jene,
die meine Schriften
begutachteten,
waren farbenblind.

Traurig machen
mich alle Verleumdungen
und Dummheiten!
Ich hasse Euch nicht,
denn meine Krankheit
ist die Müdigkeit.
Ich bin klug nur
in Eurer Klugheit
und dumm
in Eurer Dummheit

Anfang 1984 fährt ein junger Mann von Berlin über Dresden nach Budapest. Im Zug trifft er einen Freund aus dem Westen. Die beiden wollen in Ungarn Kontakt aufnehmen zu oppositionellen Gruppen. Auf dieser Fahrt steigt Manfred Böhme zu. Er hat den Auftrag, den jungen Mann kennenzulernen und sein Vertrauen zu erwerben.

Aber schon in Dresden steigt Böhme wieder aus. Er schreibt in seinem Bericht an die Staatssicherheit, er habe versucht, Kontakt aufzunehmen, das sei nicht gelungen, und da er nicht in Kauf nehmen wollte, daß der junge Mann sich bei einem späteren Treffen an ihn erinnern könnte, habe er in Dresden den Zug verlassen.

Ein halbes Jahr später lernen die beiden sich dann auf der Abschlußveranstaltung eines Friedensseminars in Neustrelitz kennen, der vierzigjährige Manfred Böhme und der zweiunddreißigjährige Markus Meckel. Durch das Eisenbahn-Intermezzo, das Meckel später in seinen Akten findet, sei klar, sagt der SPD-Bundestagsabgeordnete, daß die Kontaktaufnahme von Anfang an eine gezielte ad personam war.

Das nächste Friedensseminar findet ein Jahr später in Meckels Pfarrhaus in Vipperow statt, ein paar Kilometer von Neustrelitz entfernt. Manfred Böhme ist eingeladen. Und hier in der schönen alten Pfarrei lernt er jene Menschen kennen, die Freunde für ihn werden und ihm so viel Stoff liefern für so viele Berichte: Meckels Frau, Martin Gutzeit, Angelika Barbe und kurz darauf Ulrike und Gerd Poppe.

Die erste Begegnung werde ich nie vergessen, sagt Angelika Barbe, die Biologin, die ein paar Jahre danach Stellvertreterin des Parteivorsitzenden Ibrahim Böhme werden wird und später SPD-Bundestagsabgeordnete in Bonn. Ibrahim hat mich fasziniert, weil er Marxist war. Es war für mich kaum glaublich, daß es in diesem Staat noch Marxisten gab. Ich hatte bisher keinen kennengelernt. Für mich, sagt Angelika Barbe, waren das doch alles rotlackierte Nazis. Ich hatte nur SED-Leute kennengelernt, die wegen des eigenen Vorteils in die Partei eingetreten sind.

Ibrahim, sagt sie, war der erste Marxist, den ich in der DDR kennenlernte. Sie habe seine Ansichten nicht geteilt, aber wahnsinnig gerne mit ihm diskutiert. Mit ihm konnte ich mich auseinandersetzen. Das war doch verboten bei uns. Wenn man diskutieren wollte, wurde einem gleich gesagt: Was du da bringst, sind Einzelbeispiele. Die stimmen nicht für die Masse. Und du bringst alles durcheinander. Du hast keinen festen Klassenstandpunkt. So. Damit mußte ich leben. Und nun lernte ich einen Marxisten kennen.

Und Ibrahim, sagt sie, war überzeugt, und er lebte auch danach. Sie habe ihn später in Berlin ja besucht. Er hatte eine einfache Wohnung, fuhr kein Auto, schlug sich irgendwie durchs Leben, nahm auch Opfer in Kauf, und das aus Überzeugung. Und dann habe ich noch etwas beobachtet, sagt Angelika Barbe, er beteiligte sich an den sogenannten niedrigen Arbeiten.

Das heißt, er kochte, wusch ab, spielte mit den Kindern, half Frau Meckel in der Küche, wir wohnten ja alle in der Pfarrei, waren mit Kindern angereist, und er tat all das, was man sonst den Frauen überließ. Und den einen Abend, den werde sie auch nie vergessen, da trug Ibrahim Gedichte vor, sagt sie, Jazz-Gedichte von Jens Gerlach.

> Meine Hände hießen Unrast.
> Meine Schultern hießen Aufruhr.
> Mein Herz hieß Freiheit.

Er rezitierte da draußen in Vipperow, in diesem alten Pfarrhaus bei Kerzenschein. Und ich saß zwischen Freunden und fühlte mich wohl. Und den Ausreiseantrag, den Angelika Barbe damals mit ihrem Mann gestellt hatte, den zieht sie zurück, nachdem sie Ibrahim B. und die Freunde kennengelernt hat.

Kaum ist Böhme wieder in Neustrelitz, erkundigt er sich auch schon in der Evangelisch-Lutherischen Kirche nach neuen Veranstaltungen der Friedensbewegung. Und siehe da, ein Lese- und Liederabend ist für Samstag, den 11. August, angekündigt. Stefan Krawczyk singt, Lutz Rathenow liest.

Lutz Rathenow? Den kennt er doch, den «jungen Heißsporn», aus alten Greizer Zeiten. Der ist doch damals in Bad Köstritz mit Bettina Wegener, Jürgen Fuchs und Gernulf Pannach aufgetreten, natürlich, und einmal hat er ihn mit Jurek Becker erlebt, das war am «Tag nach der Bereinigung der Biermann-Angelegenheit», wie er in seinem Be-

«Ibrahim beteiligte sich immer an den

sogenannten niederen Arbeiten. Das heißt,

er kochte, wusch ab und spielte mit

den Kindern.»

Angelika Barbe über Ibrahim Böhme, hier 1991 in
seiner Küche am Prenzlauer Berg.

richt für die Staatssicherheit schreiben wird. Also, zu diesem Konzert wird er hingehen.

In Neustrelitz, sagt Lutz Rathenow, wirkte Ibrahim interessiert, gehemmt und sympathisch. Ich dachte, da ist einer, der die Partei renovieren wollte, der dann in Haft kam, darüber nicht reden mag und sich in den Norden versetzen läßt, damit er nicht weiter erpreßt werden kann.

Ich weiß noch, Fuchs hatte Mißtrauen. Ich weniger, sagt Rathenow. Ich eigentlich gar nicht. Aber ich muß auch sagen, daß ich auf den introvertierten Typ des Spitzels am ehesten reingefallen bin. Für die Provozierenden hatte man einen Riecher. Was kam da nicht alles an, sagt er. Leute, die kleine Gedichte geschrieben hatten, fünf Sätze gegen die Waffen der Sowjetunion. Du, guck mal, kann man das so drucken lassen? Was meinst du? Also, da konnte ich nur lachen.

Aber bei Böhme, sagt er, hat mein Riecher versagt. Er war sehr freundlich und sehr offenherzig. Die meisten Inoffiziellen Mitarbeiter waren doch verkrampft, konnten nicht verbergen, daß da ein Widerspruch war zwischen dem, was sie sagten und dachten. Nicht bei Böhme, sagt er. Der schien intakt, drang nie nach vorn, provozierte nie zu etwas, was gefährlich werden konnte. Er wirkte wie einer, der Kontakt sucht. Und deshalb stimmt es auch, wenn Böhme in seinem Bericht über mich schreibt, daß ich Interesse an ihm hatte.

Böhme berichtet ausführlich von der Lesung in Neustrelitz. Es ist korrekt, sagt Rathenow, daß Krawczyk an diesem Abend den größeren Erfolg hatte. Ich fand ihn auch gut. Aber dann schlägt Böhme zu: Die «negativen Charakterzüge» von einst hätten sich «ausgeweitet». Eitel sei Rathenow, kritikempfindlich, ehrsüchtig, und wie er dagesessen habe, als Krawczyk sang, «wie er sich dann völlig in sich zurückzog und nur mit säuerlicher Miene applaudierte». Also bei aller Geltungssucht, sagt Rathenow, bei aller Eitelkeit, so war ich nie. Ich glaube, sagt er, Böhme projiziert da eigene Dinge auf andere.

Und dann liest Rathenow lachend aus dem gewaltigen Finale vor: «Rathenow ist für mich ein Schulmeistertyp.» Wie Jürgen Fuchs, schreibt Böhme, der sei auch einer gewesen, von dem habe Rathenow das offenbar. Und überhaupt, «ich kann keinen echten und ehrlichen Bezug zur Literatur von Lutz Rathenow finden». Er müsse aber auch zugeben, gesteht der IM seinem Führungsoffizier im Bericht, daß er kaum etwas von ihm gelesen habe, «das läßt sich also noch demnächst nachholen». Na bitte. Und er will den Schriftsteller denn auch recht bald wieder aufsuchen, «zumal ich bereit bin», schreibt Böhme, «meine Persönlichkeit unter den Scheffel zu stellen». Herrlich, sagt Rathenow. Ein klassischer Böhme.

Aber das Verrückteste an diesem Bericht ist der Deckname. Der heißt nämlich «Ibrahim». In den Akten wird von einem Treffen berichtet, das Böhme, ein Jahr bevor er nach Berlin kommt, mit seinem zukünftigen Chef der Abteilung XX, 9 hat, mit Oberst Reuther und seinem Führungsoffizier in spe, Hauptmann Edel. Böhme ist offenbar empfohlen worden, und die Herren der Stasi bestellen ihn nach Berlin, wollen ihn durchchecken. Der ellenlange Bericht über Rathenow scheint Böhmes Gesellenstück für eine Hauptstadt-Karriere zu sein – Deckname «Ibrahim».

Und was tut Böhme, als er wieder in Neustrelitz ist? Nennt sich von Stund an Ibrahim Urbij-Böhme, benutzt seinen Decknamen fürs gemeine Leben, weil er den so toll findet. Ibrahim, Abraham, Vater des Volkes, der bereit ist, sein Liebstes, den Sohn, zu opfern – für seinen Gott. Und mehr noch: Ist Abraham nicht Gottes Vater? So hat es doch Thomas Mann in «Joseph und seine Brüder» beschrieben, der große Autor, den Böhme so verehrt.

«Ja, Abram hatte den Seinen von seiner Hochgemutheit mitzuteilen gewußt. Er hieß Abirâm, was heißen mochte: ‹Mein Vater ist erhaben›, oder auch mit Recht wohl: ‹Vater des Erhabenen›. Denn gewissermaßen war Abraham Gottes Vater. Er hatte ihn erschaut und hervorgedacht...» Wie Böhme in gewisser Weise seinen Gott Marx ganz neu erschaut hat. Und im übrigen ist Böhme doch auch Jude. Das hat er doch wenigstens seinen Freunden erzählt. Und warum sollte er nicht Jude sein. Da kommt ‹Ibrahim› gerade recht. Jedenfalls nennt er sich ab 1985 so.

Und als er 1986 von der Staatssicherheit nach Berlin geholt wird, herrscht totale Verwirrung. ‹Ibrahim›? Wer ist denn das? Manfred heißt der doch. Nein, der heißt Ibrahim. Aber das ist doch Ihr Deckname, Mann! Und so bekommt Ibrahim Böhme denn für Berlin einen neuen Decknamen, seinen letzten – «Maximilian».

«Er stand blutverschmiert an der Tür»

Der Agent provocateur erobert die Hauptstadt

Ibrahim? Also plötzlich war der Name da, sagt Beate Schwämmle, die «Quasi»-Schwester von Böhme. Und ich dachte: Wie denn das? Bis jetzt hieß er doch Manfred. Und nun plötzlich Ibrahim. Und ich fragte ihn: Na, wie soll ich dich denn nennen?

Ibrahim, sagt er.

Gut. Ich bin die einzige in der Familie, die ihn Ibrahim nennt, sagt Beate Schwämmle. Wenn er sagt, er möchte so genannt werden, wenn ihm das so wichtig ist, dann mach ich das.

Als die SDP, die Ost-SPD gegründet wurde, sagt Gabriele Kähler, die Tochter von Böhmes Greizer Arzt Dr. Stadtmann, da tauchte ein blasses Gesicht im Fernsehen auf, und dazu der Name Ibrahim Böhme. Ich dachte: Ibrahim? Das würde zu Manfred passen. Das Bild auf dem Schirm sah ihm nicht ähnlich, aber der Name, der paßte. Ibrahim, das ist Manfred, da wette ich, das hat der drauf, seinen Namen zu ändern. Was will er jetzt ablegen? dachte ich. Warum ändert er seinen Namen? Das Judenfreundliche, sagt Gabriele Kähler, das hatte er uns beigebracht, diese Toleranz. Aber Ibrahim? Sich gleich Ibrahim zu nennen?

Ibrahim, hatte Manfred Böhme fast beleidigt zu mir gesagt, so habe ihn seine Deutschlehrerin Fräulein Dietrich schon in der Schule genannt. Ibrahim, was singen wir denn heute? Das sei schon immer einer seiner drei Vornamen gewesen: Manfred Otto Ibrahim.

Am 14. November 1991 hält Gerd Poppe vom Bündnis 90/Grüne

im Deutschen Bundestag eine Rede zum Gesetzentwurf über den Umgang mit Stasi-Akten. Da er selbst zwanzig Jahre lang ein ‹Operativer Vorgang› gewesen sei, sagt er, möchte er vor dem Plenum gerne etwas sehr Persönliches sagen.

«Mir ist neulich beim Aufräumen ein Blatt Papier in die Hände gefallen, das mein damals siebenjähriger Sohn im Jahre 1987 geschrieben hatte. Darauf standen, scheinbar zusammenhanglos, zwei Sätze: ‹Heute war der erste Tag, an dem es schneite. Die Stasi war da und hat Poppoff› – das bin ich – ‹mitgenommen.›

Dann las ich auf einem zweiten Blatt Papier, was einige Zeit zuvor ein Inoffizieller Mitarbeiter der Stasi, den ich jahrelang für meinen Freund gehalten habe, seinem Führungsoffizier über unsere erste Begegnung mitgeteilt hat. Meine Frau und ich hätten in einer Diskussion über Frieden und Menschenrechte einen Text eingebracht und die Anwesenden zur Unterschrift aufgefordert. Dieser Text hätte – ich zitiere – ‹eindeutig eine scharfe Gewichtung gegen die Sowjetunion und gegen die Staaten des Warschauer Vertrags› und nähme ebenso eindeutig, ‹wenn auch mit geschickten taktischen Formulierungen, Position und Partei für die sogenannten parlamentarischen Demokratien der westlichen Welt›.

(…) Am Ende des dreiseitigen Spitzelberichts steht folgender Satz: ‹Mit Poppes habe ich mich sehr gut verstanden, wir tauschten die Adressen aus, und sie luden mich zu sich nach Hause ein.› Von da an hat uns der IM oft besucht, hat Süßigkeiten und freundliche Worte für die Kinder mitgebracht, widmete uns hin und wieder eines seiner Gedichte und wurde einer der aktivsten Mitarbeiter unserer Menschenrechtsgruppe. Die Stasi-Berichte schrieb er weiter, und sie wurden umso ausgefeilter, je länger unsere Freundschaft währte. Als seine Stasi-Tätigkeit bekannt wurde, stellte er seine Besuche bei uns ein. Meine Kinder fragten, warum er nicht mehr komme, und seit ich es ihnen erklärt habe, fragen sie: Warum hat er das getan? Ich würde es ihnen sagen, wenn ich es wüßte.»

Poppe weiß es noch immer nicht, denn er hat seinen Freund Ibrahim Böhme nie danach fragen können. Der ist ihm bis heute ausgewichen. Seit dieser Rede im Plenum war belegt, daß Ibrahim Böhme auch seine Freunde in Berlin bespitzelt hatte.

Gerd Poppe ist in den achtziger Jahren der Kopf der ‹Initiative Frieden und Menschenrechte›. Er und seine Frau Ulrike Poppe lernen Böhme 1986 bei Markus Meckel während eines Friedensseminars in Vipperow kennen. Mir ist das erste Gespräch mit ihm noch in Erinnerung, sagt die Bürgerrechtlerin, die damals im Museum für Deutsche Geschichte arbeitet. Wir haben in einer Gaststätte zu Mittag gegessen, ich saß mit ihm an einem kleinen Tisch, und er erzählte von sich, von der Greizer Zeit, von Kunze und von Fuchs und daß er im Knast gewesen sei und was für Vorstellungen er von Gesellschaftsveränderung hatte.

Er redete brillant, sagt sie, und er flocht auch überall sein Wissen über russische Literatur ein, und ich war beglückt, jemanden getroffen zu haben, mit dem ich einen so hohen Grad an Übereinstimmung feststellte. Und er wohnt auch nur ein paar Straßen von Poppes entfernt. Also verabredet man sich.

Aber Ibrahim Böhme läßt lange auf sich warten. Er begründet das bei der nächsten Begegnung damit, daß er Poppes nicht habe gefährden wollen. Da waren wir schon ein bißchen erstaunt, sagt Ulrike Poppe. Wir wähnten uns so sehr im staatsfeindlichen Zentrum, daß wir eher Sorgen hatten, andere zu gefährden.

Sie erinnert sich noch an ein Treffen bald darauf im Bürgerpark von Pankow. Solche Treffen, sagt sie, machten wir, um abgehörten Wohnungen auszuweichen. Im Bürgerpark konnte man eine breite Fläche überschauen, konnte es sehen, wenn die Stasi auftauchte. Und als Böhme von weitem ankam, da war die erste Reaktion von jemandem, der ihn noch nicht kannte: Da, guck mal, der Stasi-Typ.

Aber als sie ihn dann kennengelernt hatten, sagt Ulrike Poppe, stand für alle außer Frage: Das ist ein interessanter Mensch, höflich, eigenwillig, voller Charme, und der adrette Anzug gehörte eben auch zu ihm. Und während der Sommer- oder Winterakademien kocht er für die Gruppe und wäscht ab und sagt: Geht ihr mal, haltet ihr mal eure Vorträge, ich mach inzwischen die Küche sauber. Ich glaube, sagt Ulrike Poppe, er hatte immer Angst, daß wir Verdacht schöpfen könnten.

Damals in Berlin, sagt Angelika Barbe, die SPD-Bundestagsabgeordnete, Diplombiologin und Mutter von drei Töchtern, damals hatte er auch keine richtige Arbeit. Er schob das auf die Staatssicherheit. Er hätte Schwierigkeiten, sagte er, und deshalb bekäme er keine Arbeit. Das geht so bis zur SDP-Gründung Ende 1989. Er jobbt. Er teilt in der Küche der Evangelischen Kirche Essen aus, hilft im Hospiz und dann im Kindergarten, so als Haushaltskraft. Und weil das Geld nicht reicht, hält er Vorträge, wie er sagt, in Dresden, in Jena, in Leipzig. Oder er gibt Vietnamesen Deutschunterricht. Daß er am Geldtropf der Stasi hängt, das ahnt niemand.

Seine Wohnung am Prenzlauer Berg war grauenvoll, sagt Werner Fischer, der damals bei Poppes in der ‹Initiative für Frieden und Menschenrechte› arbeitet und mit Bärbel Bohley zusammenlebt. Schlimmste fünfziger Jahre, sagt er. Das hätte man alles so ins Museum stellen können, die dreiarmigen Lampen mit Plaste-Schirmen, all das Bambus-Zeug. Und so ein kluger Kopf, sagt er. So faszinierend. Und so hilfsbereit.

Also, mir hat das gefallen, wie er so in seiner kleinen Wohnung lebte, so bescheiden, sagt Angelika Barbe. Ich dachte: Der redet, wie er lebt. Der lebt das, was er spricht. Das hat mir an Ibrahim gefallen, sagt sie. Und solche Maßstäbe lege ich halt an, wenn man linke Ideen vertritt.

Privat wußten wir ja wenig von ihm, sagt Werner Fischer. Wir wußten, er kam aus dem Heim. Solche Fälle hatten wir in unserer Gruppe schon, Monika Haeger zum Beispiel. Die waren sehr empfindlich und litten offenbar wahnsinnig unter Liebes- und Freundschaftsentzug. Er erinnert sich noch, wie Bärbel Bohley der Monika Haeger – die wie Böhme Inoffizielle Mitarbeiterin der Staatssicherheit war – selbstgemachte Marmelade geschenkt hat. Da standen ihr die Tränen in den Augen, sagt Fischer. Und so ähnlich lief das bei Ibrahim auch.

Das wenige, was er erzählte, sagt Angelika Barbe, war unheimlich aufregend. Aber es waren auch Widersprüche da. Er erzählte mir, er wäre 1947 geboren. Ach, sagte ich, wie mein Mann, der ist auch 47 geboren. Später, als wir die SDP gründeten, stellte sich heraus, das stimmte nicht. Er war 1944 geboren. Ich konnte das gar nicht fassen. Ich fragte ihn dann, und er sagte: Du mußt dich geirrt haben, Angelika. Ich bin 44 geboren. Ich habe mich aber nicht geirrt, sagt Angelika Barbe.

Und dann hatte ich auch immer den Eindruck, er ist auf der Flucht. In seinem Verhalten war auch Widerspruch. Diese Handküsse, die er immer verteilte, die brachten auch etwas Devotes zum Ausdruck. Das paßte nicht in die DDR. So haben sich Männer nicht verhalten. Und an seinem Geburtstag, sagt Angelika Barbe, da lief er immer weg. Das fand ich ungeheuerlich. Das war nämlich wichtig in der DDR, daß man gerade solche Tage mit guten Freunden verbrachte, so wichtig. Aber nicht für Ibrahim. Der lief weg. Er erzählte mir mal, daß er mit niemandem zusammensein möchte an diesem Tag.

Er verschwindet überhaupt dann und wann aus Berlin, taucht in Leipzig auf, in Jena, in Gera, in Greiz. Er sei krank, sagt er den Freunden in Berlin. Und niemand, sagt Werner Fischer, wußte eigentlich, an welcher Krankheit er gerade wieder litt. An Herzversagen oder einem Geschwür am Ohr. Und er sei auch nicht versichert, und deshalb fahre er zu seinen Arzt-Freunden in den Süden.

Einmal, sagt Ulrike Poppe, erzählte er uns, er müsse am Ohr operiert werden. Das Ohrenleiden habe er aus seiner Gefängniszeit. Da habe er eine schreckliche Ohrfeige bekommen. Von der Wucht dieser Ohrfeige sei er eine Treppe hinuntergefallen. Seither sei er auf dem linken Ohr schwerhörig. Und nun müsse er in Jena operiert werden.

Ich war zufällig zur selben Zeit in Jena wie er, sagt Ulrike Poppe. Ich wollte ihn besuchen. Aber er war nicht aufzufinden, vor allem nicht im Krankenhaus. Ich habe ihn nie danach gefragt, sagt sie. Ich wollte ihn nicht in Verlegenheit bringen.

Er hat ja immer wieder dunkle Andeutungen gemacht, sagt Gerd Poppe. Er fühlte sich bedroht, nannte mit Verschwörerton die Adresse der Familie Hartmann in Greiz, die müsse man dann benachrichtigen. Das klang immer schrecklich konspirativ. Und Böhme sagte: Ihr seid die einzigen, denen ich das sage. Und das hat er dann sehr vielen gesagt.

Seit Anfang 1987 arbeitet Ibrahim Böhme fest in der ‹Initiative Frieden und Menschenrechte›. Er hatte sich umgesehen, sagt Poppe, war in dieser und jener Gruppe gewesen, und eines Tages stand er da und sagte: Ich möchte bei euch mitmachen. Gut. Es gab ja keine Mitgliedschaft. Wir waren doch kein Verein. Wer kam, war da. Wenn einer mal nicht kam, auch gut. Böhme kam eigentlich ständig, sagt Poppe.

Die erste Aktion, an der Ibrahim Böhme teilnimmt, ist am 27. Mai 1987. In der Sowjetischen Botschaft soll ein Brief für Michail Gorbatschow abgegeben werden. Gorbatschow ist zum Staatsbesuch nach Berlin gekommen, und vor der Botschaft Unter den Linden wimmelt es von Polizisten. Ulrike Poppe, Wolfgang Templin, Werner Fischer und Ibrahim Böhme sitzen im ‹Café Egon Erwin Kisch› auf der anderen Seite der Botschaft. Sie warten auf einen günstigen Moment.

Der Brief enthielt eine harte Kritik an der DDR-Führung, sagt Gerd Poppe. Ibrahim hat bei der Formulierung nach moderaten Tönen gesucht, hat auch, weil er die russische Seele ja so gut kennt, Ratschläge gegeben und gesagt, die Anrede müsse ‹Werter Michail Sergejewitsch› heißen, aber sonst hatte er nichts Substantielles beigetragen. Er hat den Brief dann mit unterschrieben.

Wir wußten, sagt Werner Fischer, daß der Botschafter uns empfangen würde. Wir hatten vorher angerufen und gesagt, daß wir einen Brief hätten. Aber wir wußten natürlich nicht, ob die Staatssicherheit das verhindern würde.

Da sitzen sie nun seit 13 Uhr 15 im ‹Café Kisch›, und Polizisten patrouillieren auf dem Mittelstreifen Unter den Linden, und Fischer und Templin glauben, sie kommen da nie rüber. Und wenn was passieren sollte, wollten Ulrike Poppe und Böhme die Freunde benachrichtigen. Und wie es dann weitergeht, das diktiert Ibrahim Böhme seinem Führungsoffizier Major Lutz Edel gleich am nächsten Tag ins Tonband:

«Aus einer Laune heraus schlug Werner Fischer 13.30 Uhr vor, zu diesem Zeitpunkt die Übergabe des Briefes durchzuführen, da die Situation günstig wäre. Wörtlich sagte dazu Templin: ‹Na, gehen wir mal rüber, scheint jetzt gut auszusehen.›

Fischer und Templin suchten dann gegen 13.40 Uhr die Botschaft der UdSSR auf. Nach der Rückkehr um 14.10 Uhr erzählten beide in groß aufgelegter Stimmung, wie der diensthabende Botschafter sie empfangen habe...

Seitens des Botschafters wurde der Brief freundlich entgegengenommen und versichert, daß Genosse Gorbatschow den Brief erhalten wird. Fischer und Templin sind überzeugt, daß der Brief weitergeleitet wird.»

Als wir zurückkamen, sagt Werner Fischer, war Ibrahim ganz aus dem Häuschen. Also jetzt kann ich euch das ja sagen, sagt er den Freunden, ich war so aufgeregt. Also, das war eine tolle Aktion. Und welcher Gefahr sie sich da ausgesetzt hätten, die vier, und er sei stolz dazuzugehören. Der Tag sei für ihn ein Schlüsselerlebnis.

Der «zuverlässige IM», wie ihn sein Führungsoffizier Edel nennt, erzählt das in seinem Bericht eher knapp und sachlich. Es ging den Inoffiziellen Mitarbeitern ja meist auch um etwas ganz anderes, sagt Werner Fischer. Ein IMB, wie Böhme einer war, stand für: Mitarbeiter der Abwehr mit Feindverbindung. Es waren sorgfältig ausgesuchte Personen, die ihren ‹Feinden› intellektuell gewachsen sein mußten. Sie sollten Psychogramme erarbeiten und Schwachstellen erkunden. Der Führungsoffizier fragt dann:

Na, was habt ihr anschließend noch gemacht?

Wir waren in der Kneipe.

Aha, und wie hat sich der und der verhalten?

Der war gar nicht mehr dabei, dem ging es nicht gut, der hatte Kopfschmerzen.

So, hat er die öfter?

Na ja, er hört gerade auf zu rauchen.

Das waren ganz wichtige Informationen für die Stasi, sagt Fischer. Danach konnten sie ihre Maßnahmepläne zur Zersetzung machen, ihre operativen Spiele. Er selbst habe folgendes erlebt: Sein IM hatte der Stasi von seinen Herzschmerzen berichtet. Eines Nachts wacht Fischer durch ein brummendes Geräusch auf. Da ist der Schreck schon mal da. Er geht dem Geräusch nach. Im Bad läuft der Rasierapparat. Wie ist das möglich? Keine Ahnung. Aber solche Erlebnisse konnte man doch niemandem erzählen, sagt Fischer, da hätte doch jeder gesagt: Klar, du warst besoffen.

Ibrahim Böhme wird bald von allen geliebt, weil er Charme hat, weil er freundlich ist, zurückhaltend, liebenswürdig, hilfsbereit, scheu, weil er nicht stören will und nur Besuche macht, wenn er auch einen Grund hat, und dann Blumen mitbringt und intelligent ist und nicht den großen Dramatiker mimt wie in Greiz, auch wenn er noch immer Gedichte schreibt und die auch gerne zeigt.

Einmal, sagt der Schriftsteller Lutz Rathenow, kam er mit einem ganzen Packen an. Er wollte natürlich ein Urteil von mir, und damit hatte ich Probleme, weil ich sie nicht gut fand, das muß ich klar sagen, auch wenn ich schon schlechtere gelesen habe als die von ihm. Aber wenn Ibrahim kam, war es mir immer angenehm.

Die Leute haben ihn ja angehimmelt, sagt der SPD-Bundestagsabgeordnete Markus Meckel, was weiß ich, wegen seiner geistreichen Art oder weil er so gut mit Menschen umgehen konnte, na ja, schön. Aber mit dem Anhimmeln hatte ich es nicht so. Deshalb war unser Verhältnis sachlich. Er lebte doch eher von nicht vollendeten Sätzen, sagt er. Das gehörte zu seinem Stil, den ich nie für besonders geistreich gehalten habe. Aber dann hatte er auch ein ungeheures Detailwissen von irgendwelchen Parteigrößen, wo man schon mal fragte: Wo hat der das her? Das wußte man normalerweise nicht, konnte man gar nicht wissen, weil das Partei-Interna waren. Im Grunde genommen, sagt Meckel, war das ein Verdachtsmoment. Aber die Informationen waren für uns auch wichtig.

Wir hatten keinen Zweifel an Böhmes Loyalität, sagt Werner Fischer. Er war schillernd, er war mysteriös, aber der Gedanke, er könnte für die Firma arbeiten, der sei nie gekommen. Und doch schien er Probleme zu haben, hatte etwas Gejagtes, und er trank auch.

Nach unseren Treffen, sagt Fischer, die meist in einer Wohnung stattfanden, von der wir wußten, daß sie abgehört wurde, sind wir eigentlich immer noch in eine Kneipe gegangen, um da über Dinge zu reden, die die Stasi nicht unbedingt mitkriegen sollte.

Alkohol, sagt Fischer, spielte in der Szene eine unglaubliche Rolle, aber für alle war auffällig, daß Ibrahim zum typischen Säufergemisch griff: Pfefferminz und Bier. Und das Schlag auf Schlag. Pfefferminzlikör, grün, das typische Gebräu aus der Berliner Eckkneipe. Schmeckt fürchterlich, sagt Fischer. Aber Böhme? Hat das Bier noch nicht aus, da sind schon drei Grüne unten. Ja, das war auffällig bei ihm. Später dann, als er Polizeibeauftragter war, lebte er von Cognac. Da hatte er immer eine Flasche im Schreibtisch.

Und nie was mit Frauen. Nur auf Anfrage hat er mal von einer erzählt, die ein Kind von ihm haben soll. Daß er verheiratet war? Davon wußten wir nichts, sagt Werner Fischer. Aber er weiß noch, daß die Freunde mal rumgeflachst haben: Warum hast du keine Freundin? Ich? Ich bin doch ein Unterleibsclown, hat er gesagt. Mit mir ist da nicht viel los. Untereinander haben wir schon darüber geredet. Also, was ist mit Ibrahim? Warum hat der keine Freundin?

In der Nacht zum 20. Januar 1988 verlassen Ulrike Poppe und Ibrahim Böhme gegen 1 Uhr 30 die Wohnung der Regisseurin Freya Klier. Ihr Mann Stefan Krawczyk, der Liedermacher, ist zwei Tage zuvor mit Freunden während der Rosa-Luxemburg-Demonstration festgenommen worden. Nun reden die beiden auf Freya Klier ein, wollen ihr klarmachen, daß auch sie sich auf eine Verhaftung vorbereiten müsse, wenn sie das Interview im Deutschlandfunk geben und die Schriftsteller zum Boykott aufrufen sollte wegen der Festnahme von Stefan Krawczyk.

Auf dem Heimweg wollen Ulrike Poppe und Böhme noch bei jungen Leuten vorbeischauen, die für Mitternacht einen Hungerstreik für die Inhaftierten angekündigt hatten. Doch die sind bereits von den ‹Organen› festgenommen worden. So reden die beiden noch mit denen, die in der Wohnung zurückgeblieben sind, dann bringt Ibrahim Böhme Ulrike Poppe nach Hause in die Rykestraße 28, verabschiedet sich und geht weiter in die Chodowieckistraße, wo er damals wohnt. Es ist fast 3 Uhr in der Nacht. Und da passiert nun diese schreckliche Geschichte.

Ibrahim Böhme geht über knarrende Stufen in den zweiten Stock. Als er seine Tür aufschließen will, schiebt sich seinem Schlüssel, so wird er erzählen, von innen ein Gegenstand entgegen. Er stutzt, schreckt zurück, geht im düsteren Hausflur die Treppen wieder hinunter, tritt aus dem Tor – und da stehen sie, zwei finstere Gesellen, die ihn fachgerecht zusammenschlagen.

Am nächsten Morgen klingelt der blutverschmierte Böhme bei Poppes. Meine erste Frage, sagt Ulrike Poppe, war natürlich: Warum bist du nicht gleich zu uns gekommen? Da sagt er: Ich wollte euch nicht stören, nachts. Ich bin spazierengegangen.

Das paßte natürlich zu seiner taktvollen Art, sagt sie, war aber doch ein bißchen absurd. Er kannte uns doch, er wußte, daß es uns überhaupt nichts ausgemacht hätte, ihm nachts noch einmal die Tür zu öffnen, damit er bei uns schlafen kann.

Und nun steht er da mit den aufgerissenen Wangen und dem geschwollenen Gesicht und sagt: Es darf niemand wissen. Sagt bitte, ich sei die Treppe runtergefallen. Das war nun auch wieder absurd, sagt Ulrike Poppe. Zu uns kamen so viele Leute. Das wußte er. Da ließ es sich gar nicht vermeiden, daß die dann fragten: Ibrahim, was ist denn dir passiert? Also, wenn er wirklich gewollt hätte, daß ihn niemand sieht, wäre er in seiner Wohnung geblieben.

Aber Böhme kommt nicht nur morgens zu Poppes, er geht auch abends zur Mahnwache in die Kirche. Freya Klier wird in ihr Tagebuch schreiben:

«Vor der Elias-Kirche begegne ich Ibrahim. Mich packt Entsetzen. Ich sehe sie vor mir, die Blauhemden, die Fäuste geballt, ihre massenhaft stumpfen Gesichter, die ganze Breitseiten in den Zeitungen füllen. Und dann Ibrahim, der Sensible, der Einzelne. Haben sie ihn ausgewählt, weil er Jude ist – oder haben sie seinen Kopf demoliert, weil es ein kluger Kopf ist?»

Zu den Fürbittandachten kamen nach den Verhaftungen ja Tau-

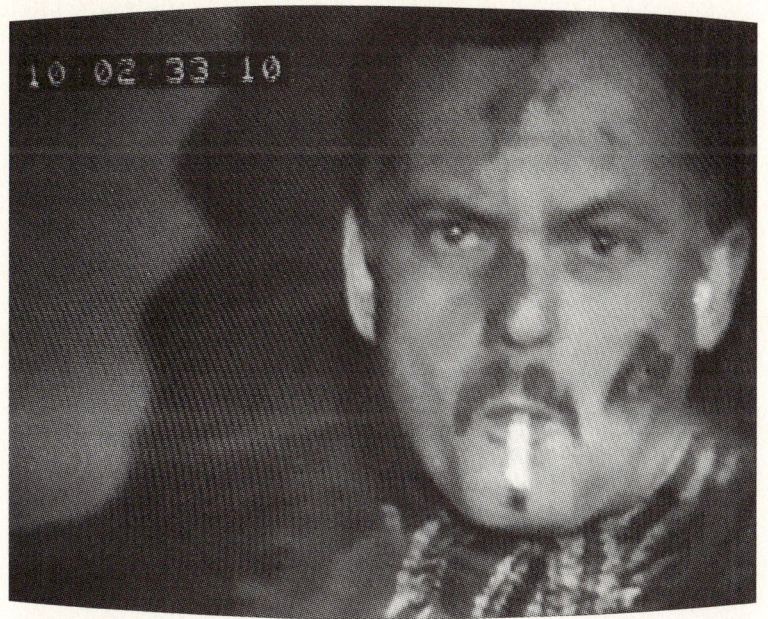

«Da stand Ibrahim mit aufgerissenen Wangen und sagte: Es darf niemand wissen, daß ich zusammengeschlagen wurde. Bitte sagt, ich sei die Treppe runtergefallen.»

Ulrike Poppe über Ibrahim Böhme, hier in der Elias-Kirche 1988 in Berlin, wo er sich demonstrativ den West-Fernsehkameras zeigt.

sende, sagt Gerd Poppe. Und da stand Ibrahim nun fürchterlich lädiert vor der Kirche und sagte: Um Himmels willen, ich kann nicht mit reingehen. Aber du mußt, habe ich ihm gesagt, damit die Leute sehen, was hier gespielt wird. Du mußt.

Und ich weiß noch genau, sagt Poppe, daß ich ihm gesagt habe: Jetzt machen sie das hier schon wie in Prag, wo sie die Leute von der Charta 77 auf offener Straße einfangen, ins Auto zerren, in entlegene Stadtbezirke fahren, sie zusammenschlagen und dann aus dem Auto schubsen. Das droht uns jetzt auch. Also, komm rein, Ibrahim, wir müssen das hier gleich mal publik machen.

Aber er will nicht, will kein Aufsehen erregen, wie er sagt, er würde sich aber wieder melden. Nach einer Weile kommt er dann aber doch rein. Und was tut er? Geht demonstrativ an den Kameras vorbei, schaut hinein, und wehrt dann ab mit gesenktem Haupt. Wie ein bescheidener Schauspieler nach dem zehnten Vorhang, danke, danke, nun ist aber gut, ihr habt mich doch nun alle gesehen.

Ja, sie haben ihn alle gesehen in seiner neuen Rolle. Heute wissen wir natürlich, sagt Werner Fischer, daß auch diese Szene zum Stück gehörte. Ibrahim Böhme, der Agent provocateur. Aber damals, sagt Ulrike Poppe, haben wir diesen Auftritt seiner Eitelkeit zugeordnet. Er war zwar bescheiden, konnte aber seine Koketterie nicht immer verbergen.

Als Ibrahim zusammengeschlagen wurde, sagt Lutz Rathenow, war das für mich ein Vertrauensbeweis. Er hat mir das alles angstvoll geschildert, wie einer, der fürchtet, zu verschwinden, weggeschnappt zu werden, weil er isoliert ist. Das hat wirklich Mitleid bei mir ausgelöst.

Von dem Augenblick an, als er zusammengeschlagen wurde, sagt Rathenow, habe ich offener denn je mit ihm geredet. Und ich habe ihm auch gesagt, daß Andachten und Mahnwachen nicht mehr ausreichten, daß man endlich was tun müßte. Und Ibrahim war einverstanden. Er sagte: Jetzt ist das bei uns so wie kurz vor 1933, kurz vor der faschistischen Machtergreifung. Jetzt kommen die Stalinisten ans Ruder.

Er wollte eine Studie schreiben, sagt Rathenow, einen Sprachvergleich zwischen der Nazi-Diktion und der Bonzensprache im Neuen Deutschland. Das wollte er mir vorbeibringen, wollte, daß es im Westen veröffentlicht wird. Etwas ganz Hartes wollte er schreiben. Und dann kam nichts.

Als Freya Klier und Stefan Krawczyk in den Westen abgeschoben wurden, genau an dem Tag, sagt Rathenow, bestanden Ibrahim und – wie wir heute wissen – andere Stasi-Spitzel darauf, die Tagesordnung für die Gedenkgottesdienste auszuarbeiten. Das muß man sich mal vorstellen, sagt Rathenow. Damals habe er voller Zorn gesagt: Seid ihr denn bekloppt? Hier sind zwei aus dem Land geworfen worden, gegen ihren Willen, und ihr wollt Gottesdienste regeln? Wir müssen sofort was tun!

Und Ibrahim Böhme, sagt er, den ich bis dahin immer als produktiv erlebt hatte, bremste tatsächlich, sagte: Aber Lutz, wir können doch jetzt nicht die demokratische Struktur aufheben, nur weil da jemand aus dem Land entlassen worden ist. Wir müssen die Tagesordnung einhalten. Da hat Rathenow gesagt: Das Affentheater mache ich nicht mit. Ist aufgestanden und gegangen.

Also, das war merkwürdig, sagt er. Plötzlich fing Böhme an zu verzögern. Das hatten bisher nur andere getan. Wolfgang Schnur, sagt Rathenow, der war so ein Verzögerer, ein tückischer Bremser, der durch langes Geschwafel und elende Diskussionen über Formalien wahre Nebelschwaden produzierte.

Von dem Zeitpunkt an, sagt Gerd Poppe, als uns dann auch noch fünf Leute fehlten – Wolfgang und Lotte Templin, Ralf Hirsch, Bärbel Bohley und Werner Fischer, die am 25. Januar 1988 verhaftet und für ein halbes Jahr nach England gezwungen worden waren, von dem Zeitpunkt an spielte Ibrahim Böhme eine größere Rolle in der ‹Initiative Frieden und Menschenrechte›.

Ich hab das in den Maßnahmeplänen der Stasi gelesen, sagt Poppe, das war ja ein Schlag für uns, die Verhaftungen und Ausweisungen der fünf, das wollten die natürlich ausnutzen, wollten unserer Gruppe endgültig den Garaus machen. Irrwitzige Pläne wurden erarbeitet. Die IMs sollten widersprüchliche Formulierungen einbringen, Diskussionen entfachen, fünf Vorschläge auf einmal machen, und die sollten dann alle in unseren Text eingebaut werden. Wir hatten plötzlich einen Wust von Papier in der Hand, sagt Poppe. Und als sich das türmt, und als die Texte zerfleddert und zerschandelt sind, da wirft Poppe den ganzen Kram weg. Was sollen wir mit dem Mist? Und dann schreibt er mit seinem Freund Reinhard Weißhuhn alles noch einmal neu.

«Poppe rügte Böhmes unbewußtes ‹Verzögern›», schreibt Ibrahim Böhmes Führungsoffizier am 4. Mai 1988 in einem Bericht und fährt fort: «Daran anknüpfend meinte Poppe, Böhme würde sich sowieso gesundheitlich übernehmen und sollte etwas kürzer treten, denn er werde noch gebraucht.»

Ibrahim war plötzlich zum Nebelwerfer geworden, sagt Lutz Rathenow. Und ohne die letzten guten Leute wäre der Kreis wohl auch im Nebel verschwunden, so in einer Barmherzigkeitsmasche, wie Knut Wollenberger sie hatte. Als dessen Frau verhaftet worden war, sagt Rathenow, schlug Wollenberger tatsächlich vor: So, und jetzt singen wir ein Lied für Vera hinter den Gefängnismauern.

Also lächerlich, sagt Rathenow. So ängstlich waren die Leute nicht mehr. Und den IMs ist es denn ja auch nicht gelungen, den Kreis zu zerschlagen. Das begreift am Ende auch Ibrahim Böhme. Er schreibt der Staatssicherheit: «Rechnung geht nicht auf, daß Initiative sich auflöst oder auseinandergeht.»

Anfang 1989 kommt der Verdacht auf, eine langjährige Mitstreiterin der ‹Initiative Frieden und Menschenrechte› sei ein Spitzel. Die Verdächtige heißt Monika Haeger, und die schwört Stein und Bein, nichts mit der Firma zu tun zu haben.

Als das die Runde machte, sagt Ulrike Poppe, war Ibrahim gerade verreist. So wußte er nichts von dem Vorgang, nichts von all unseren Debatten. Als er zurückkam, besuchte ich ihn, und wir machten einen langen Spaziergang im Thälmannpark. Sie erzählt ihm alles, erzählte von den Fotos, die Monika Haeger von der Gruppe gemacht und auf der Rückseite mit Namen versehen hatte. Die waren ganz offenbar für die Staatssicherheit gedacht. Ihre Vertrauensbasis sei dahin, sie könne nicht mehr mit Monika zusammenarbeiten, auch wenn der endgültige Beweis fehle.

Ibrahim, sagt Ulrike Poppe, zeigte sich außerordentlich betroffen, aber auch von meiner Argumentation überzeugt. Und wir sprachen noch lange darüber, wie jemand so etwas überhaupt machen und so lange durchhalten könne und wie das moralisch zu bewerten sei, und ich erzählte ihm von meinen schlaflosen Nächten, die ich deshalb gehabt hätte. Und Ibrahim, sagt sie, widersprach in keinem Detail.

Am 15. Februar 1989 treffen sich vierzehn Mitglieder der ‹Initiative Frieden und Menschenrechte› in Poppes Wohnung. «Verabredet war 20.00 Uhr, wie immer verspäteter Beginn», wird Ibrahim Böhme in seinem sieben Seiten langen Bericht schreiben, der sich vornehmlich mit dem Fall Haeger befaßt.

Er selbst war ja sehr pünktlich früher, sagt Werner Fischer. Das hat ihn ausgezeichnet. Und in den Stasi-Berichten beklagt er sich denn auch durchweg über das undisziplinierte Verhalten und das ewige Zuspätkommen des Klassenfeindes.

Dann verlas Monika Haeger ein vorbereitetes Schriftstück, sagt Ulrike Poppe, in dem sie sich rechtfertigte, was nicht sehr plausibel war. Danach nahm einer nach dem anderen Stellung. Weißhuhn und mein Mann haben sich sehr vorsichtig geäußert, sagt sie. Darüber war ich entsetzt, muß ich sagen. Auch Werner Fischer sprach sich vehement für Monika Haeger aus: Jede andere, aber die nicht.

Die einzige, sagt Ulrike Poppe, die konsequent dagegen gefochten hat, war Bärbel Bohley. Und ich selbst habe auch noch mal erklärt, warum ich kein Vertrauen mehr zu Monika hätte und daß die endgültige Aufklärung nur eine Frage der Zeit sei.

Entsetzt aber, sagt Ulrike Poppe, war ich über Ibrahim Böhme. Er sagte: Wenn Monika beim MfS ist, dann bin ich beim KGB und beim Mossad. Und dann lachte er ein theatralisches Hahaha. Ich war wirklich erschrocken über Ibrahims Haltung, weil er mir gegenüber doch ganz anders geredet hatte. Ich habe ihn nicht verstanden.

In seinem IM-Bericht vom 17. Februar 1988 schreibt Böhme:

«Monika Haeger war in einer ausgesprochen schlechten nervlichen Verfassung, so daß sie nicht mit der entsprechenden Argumentierkraft ihre Darstellung hinterlegen konnte.» Dann beschreibt er genau, wie die einzelnen reagierten, und läßt sich selbst natürlich nicht aus:

«Als nächstes sprach Böhme der Haeger... sein volles Vertrauen aus...» und fragt dann die Versammlung, wer denn überhaupt ein Recht hätte, jemanden so unter Druck zu setzen. «Aber die große Überraschung des Abends war Gerd Poppe», schreibt Böhme weiter, der schloß sich «der Meinung von Böhme ganz hart an».

In dieser Zeit, sagt Ulrike Poppe, traf ich mich oft mit Ibrahim. Und da erzählte er mir dann, er könne Monika nicht mehr ertragen. Sie stünde fast jeden Tag vor seiner Tür, weil sie überall abgelehnt werde, überall auf Mißtrauen stoße, und Ibrahim meinte, das ginge ihm furchtbar auf die Nerven, und langsam glaube er selbst, daß sie nicht echt sei. Monika habe von ihm sogar ein Alibi haben wollen für ihre Lebensgefährtin. Sag ihr bitte, ich sei dann und dann bei dir gewesen. Sie hatte wohl Krach wegen einer anderen Frau. Und Ibrahim, sagt Ulrike Poppe, erzählte mir das mit fürchterlicher Empörung. Also für so etwas gebe er sich nicht her. Und stand nun plötzlich wieder auf der Seite der moralischen Verurteiler.

Kurz darauf, im Juni, enttarnt sich Monika Haeger dann selbst.

Die letzten vier Monate vor der Maueröffnung brechen an. Wir trafen uns noch ein-, zweimal, sagt Lutz Rathenow, Böhme mit Schlips und Kragen und sagt: Du auch?

Was ich auch?

Na, SDP-Gründung.

Nee, du, ich geh woanders hin.

Das war auch komisch, sagt Rathenow. Jeder ging da plötzlich in Richtung Karriere.

Im Frühjahr, sagt Markus Meckel, überlegten wir, ob wir Ibrahim mit in die SDP nehmen sollten oder nicht. Martin Gutzeit war dagegen. Ich war dafür. Im Juni, sagt Meckel, habe ich ihm davon erzählt. Er war sehr offen und sehr interessiert. Ja, er wollte da mitmachen.

Ende August, sagt Angelika Barbe, sollte ich mit Ibrahim in der Golgatha-Kirche ein Menschenrechts-Seminar leiten, Erziehung, Volksbildung und wie es so weitergehen soll in der DDR. Aber Ibrahim kam zu keinem Termin. Ich wußte nicht, ob er weg war, ob er krank war, ob ihn die Stasi abgeholt hatte. Er war weg. Und plötzlich tauchte er dann wieder auf, als sei nichts gewesen.

Im Spätsommer machen die künftigen Sozialdemokraten eine Radtour, und sie reden, diskutieren, fragen: Sollen wir auf die Straße? Sollen wir protestieren? Die Leute gehen jetzt alle über Ungarn raus, da muß man doch was tun. Und die einen sagen, das ist zu gefährlich, denkt an 1988, ihr werdet verhaftet. Und die anderen sagen, nein, die Situation ist reif, sie werden es nicht wagen, die meisten haben mit dem Regime abgeschlossen.

Die Diskussionen waren endlos, sagt Angelika Barbe. Aber dann haben wir nach demokratischen Spielregeln eine Entscheidung gefällt. Eine Woche vor der SDP-Gründung in Schwante, also am 1. Oktober, sagt Martin Gutzeit: Wir unterschreiben heute schon. Wer weiß, was in einer Woche ist. Und was passiert, wenn wir in Schwante verhaftet werden? Und so haben wir uns denn, sagt Angelika Barbe, schon eine Woche vor dem offiziellen Ereignis gegründet. Und ich weiß es nicht mehr genau, aber ich glaube, daß Ibrahim sehr überrascht war.

Das war er wohl. Denn einen Tag zuvor hatte der Inoffizielle Mitarbeiter Böhme der Staatssicherheit noch mitgeteilt:

«Ganz sicher sehe ich die Situation etwas zu ‹überzogen› gefährlich. Kommt es nach dem 4. 10. 1989 zu einer Medienerklärung der gemeinsamen Wahlplattform der Oppositionellen, so sind die Folgen bei dem in der DDR bestehenden allgemeinen Frust nicht mehr abzusehen.» Und Böhme schließt seinen Bericht mit devoter Geste: «Bitte entschuldigen Sie mir die Akzentuierung meiner Bedenken.

Maximilian»

«Wenn die Seele leer ist»

Der Gang zu den Akten

Was haben Sie in den letzten Wochen so geträumt? frage ich Ibrahim Böhme.

Nichts Aufregendes, sagt er.

Keine Fallträume? Keine Fluchtträume?

Fluchtträume schon, früher. Aber der schlimmste Traum war – also machen Sie das Tonband lieber aus.

Warum?

Na gut. Meinen schlimmsten Traum hatte ich in der Nacht vom 30. auf den 31. März 1990.

Das war, nachdem Sie in Ihre Akten gesehen haben?

Genau, nachdem ich in der Normannenstraße war. Und darüber können Sie jetzt lachen, wenn Sie wollen, da träumte ich, wie mir meine SPD-Freunde auf unterschiedliche Weise begegnen.

Ein Alptraum also.

Ja, ein Alptraum. Ein Paniktraum. Im Traum habe ich genau gesehen, wie sie mir dann später tatsächlich begegnet sind. Es war eine ästhetische Vorwegnahme.

Wer reagierte wie?

Das möchte Böhme nicht sagen. Sagt aber, wie das war, wenn er als Kind Fluchtträume hatte und voller Angst erwachte, und wie da immer gleich der Erzieher vom Dienst zur Stelle war, der ihn beruhigte und wartete, bis er wieder eingeschlafen war.

Das klingt ganz nach einem Wunschtraum.

Seit Stunden sitze ich wieder bei Ibrahim Böhme im Zimmer, seit Stunden trinken wir Kaffee, und er raucht seit Stunden und spricht noch immer druckreif, noch immer in dieser gestelzten, altmodischen Diktion; und wenn ich von Staatssicherheit spreche, von Akten und von Schuld, dann schaut er wieder mit totem Blick an mir vorbei und sagt: Ich habe zu keinem logischen Moment meines Lebens bewußt, gegen Geld, gegen Abfindung oder irgendwas, für die Staatssicherheit gearbeitet.

Natürlich nicht. Der Führungsoffizier hat es seinem Inoffiziellen Mitarbeiter doch immer wieder versichert: Nur du weißt, wer hinter deinem Decknamen steht. Niemand sonst. Es kann ahnen, wer will, wissen kann es niemand außer dir. Und Indizien sind keine Beweise. Und Beweise wird es nicht geben, solange du dich nicht enttarnst, solange du schweigst. Also bitte, was kann dir passieren?

Nun ist es aber passiert, daß die Opfer ihre Akten lesen dürfen. Und die Freunde von Ibrahim Böhme haben ihre Akten gelesen: Ullmann, Seidel, Kuhl und Kornatz, Vaatz und Fuchs und Kunze, Barbe, Meckel, Poppes, Fischer, Rathenow. Glauben Sie nicht, frage ich Böhme, daß die ein Recht haben, zu erfahren, warum?

Sie werden alles in meinem Buch lesen.

Sie schreiben ein Buch? Fällt Ihnen das nicht schwer?

Warum?

Weil Sie Ihren Stil ja ganz schön versaut haben.

Wieso, Sie haben doch gar nichts gelesen.

Ich habe Ihre Berichte für die Staatssicherheit gelesen.

Er schweigt.

Was werden Ihre Freunde aus dem Buch erfahren?

Sie werden nicht erfahren, wer mich zu werben versucht hat fürs MfS. Ich werde auch niemanden belasten. Auch keinen von den Hauptamtlichen. Die sollen mit ihrer Vergangenheit selber fertig werden. Ich werde mich hüten, Leute zu gefährden oder dem Rufmord preiszugeben.

Wenn Sie nichts erklären wollen, sage ich, wird sich kaum jemand für das Buch interessieren.

«Nach der Akteneinsicht in der
Normannenstraße träumte ich,
wie meine SPD-Freunde mir auf
unterschiedliche Weise begegneten.»

Ibrahim Böhme 1991 in seiner Wohnung
am Prenzlauer Berg.

Ich habe nicht für das Ministerium für Staatssicherheit gearbeitet. Und ich habe auch keine Absicht, etwas zu erklären.

Können Sie denn Ihre Freunde, die auf eine Erklärung warten, wenigstens verstehen?

Natürlich verstehe ich sie.

Aber Sie lassen sie im Stich.

Mir ist das ganze Betroffenheitsgelaber schrecklich. Wenn die hier bei mir auf dem Sofa sitzen, und jeder dritte Satz heißt: Du, jetzt haben wir wieder dies und das gelesen. Also, davor graut mir.

Das kann ich mir denken, sage ich. Und ich glaube auch, daß Sie die Liebe, die Ihnen noch immer von den Freunden entgegengebracht wird, gar nicht verkraften können.

Mir wäre lieber, sagt Böhme, man könnte das vor Gericht klären.

Damit sperren Sie die Freundschaft aus.

Ja, ein Gericht ist etwas Neutrales.

Eine Art Niemandsland?

Ein Feld, auf dem man kämpfen kann, sagt er.

Sie tun ja so, als seien Ihre Freunde Feinde.

Ich habe einfach zu viele Artikel gelesen. Alles wurde gleich in die Welt posaunt, alles wurde gleich veröffentlicht.

Sie haben ja auch niemanden zu sich gelassen. Sie haben keinen Brief und keine Bitte beantwortet, nichts. Erst nach Ihrem Schweigen sind die Freunde an die Öffentlichkeit gegangen.

Sollen die doch mal mit einer Maske durch die Straßen gehen, sagt Böhme da. Man kann ja nicht mehr auf die Straße gehen. Und wie da plötzlich überall die Akten auftauchen.

Glauben Sie, das ist eine Verschwörung gegen Sie?

Ich bin doch kein Paranoiker, sagt er und schweigt lange und sagt dann: Aber Sie glauben ja auch, daß ich dabei war. Also schreiben Sie so, wie Sie es sehen. Ich ertrag es.

Sie sollen ja nichts ertragen. Ich würde nur gerne verstehen, warum Sie Ihre Freunde verraten haben. Warum Sie es nicht zugeben können und warum Sie sich noch immer konspirativ verhalten. Wovor haben Sie Angst?

Auf die Fragen habe ich gewartet. Sie fragen genau wie Hartmanns.

Und was haben Sie Hartmanns geantwortet?

Ich bin doch nicht schizoid, habe ich ihnen gesagt.

Es gibt auch Lügen, sage ich, die zur Wahrheit werden, wenn man nur lange genug dran glaubt.

Wenn das so wäre, wenn ich die Wirklichkeit in einer solchen Weise verdrängen würde, sagt Böhme, würde ich irgendwann schizoid sein.

Aber Ihre Wirklichkeit wurde von der Schizophrenie eines Staates bestimmt. Und der Staat ist Ihnen alles. Der Marxismus alles. So war es Ihnen beigebracht worden. Gewollt vom Staat, bezahlt vom Staat, sanktioniert vom Staat. Sie waren ein lebendiges Werkzeug Ihres Staates.

Er schweigt kühl an mir vorbei.

Vielleicht sind Sie auch nur ein glänzender Schauspieler. Talent haben Sie ja.

Wer sagt das?

Ich. Vielleicht sind Sie eiskalt. Vielleicht haben Sie nur gespielt mit Ihren Freunden.

Dann können die mich jetzt ja getrost mit ihrem Haß verfolgen.

Niemand haßt Sie. Im Gegenteil.

Die Verfolgung mit ihrer Liebe, sagt er, ist ebenso belastend für mich.

Sie kennen das Gedicht, das Günter Ullmann in Greiz für Sie gemacht hat?

Verzeih

ich hatte dein bild schon
weggestellt
doch als deine schuld als bewiesen galt
erinnere ich
mich

an das leuchten
deiner dunklen augen

Also schrecklich ist ihm das jetzt. Er geht im Zimmer auf und ab. Vom gelben Kachelofen zum Sessel zum Kachelofen. Wie ein Löwe hinter Gittern. Auf und ab. Entschuldigen Sie meine Erregung, sagt er und versucht, sie zu zähmen. Dann sagt er: Ich will keine Vergebung. Dazu bin ich zu stolz. Und schweigt. Und sagt: Ich habe dieses Land geliebt. Und ich habe seine Menschen geliebt. Und da soll ich geschrieben haben, Reiner Kunze und seine Frau sind am Ende ihrer physischen und psychischen Kräfte und haben sich mit einer Ausbürgerung wohl abgefunden? Nie. Er habe Kunze so bewundert.

Und steht da und zitiert Gedichte von Kunze so aus dem Stegreif. Kennt er auch dieses?

retuschierbar ist
alles
nur
das negativ nicht
in uns

Könnten Sie das, was Sie jetzt retuschieren möchten, einem Analytiker auf der Couch sagen?

Nein, könnte ich nicht. Das ist mir zu nah.

Aber Sie verschweigen etwas.

Natürlich, sagt er.

Und Sie wissen, was.

Ja, sagt er.

Und Sie können damit leben?

Ja, sagt er.

Aber Ihre Freunde nicht.

Gott, ist ihm das langweilig jetzt. Er dreht die Augen gen Himmel und setzt sich mit theatralischer Geste zurück in den Sessel, Manfred

Böhme, der ewige Spieler in der Rolle von Ibrahim Böhme, der wiederum Petschorin ist, ein Held seiner Zeit, der Myschkin spielt, den sanften Idioten, den Narren in Christus, der die Rolle des Judas übernimmt, um eine große Idee zu retten, Manfred Böhme, der Marxist, der Gedichte macht, der Freund, der Berichte schreibt, Manfred Otto Ibrahim Böhme, der verdrängt, um zu leben.

Und wenn Sie hundert Akten vor mir auftürmen, sagt er. Ich habe niemanden verraten. Und Tränen steigen auf. Er sagt: Da steht man nun vor einem Scherbenhaufen und hat gedacht, man hätte Porzellan gebrannt. Er zündet mit zitternden Fingern eine Zigarette an, raucht tiefe Züge, und wir sitzen uns gegenüber und schweigen dunkle Löcher in den Raum.

Wie war das, frage ich ihn, als Sie nach den ersten Verdächtigungen in der Normannenstraße Ihre Akte lesen konnten?

Ich konnte da gar nicht lesen, sagt er. Es verschwamm alles vor meinen Augen, weil ich das alles gar nicht begreifen konnte und wirklich nur mit Mühe und Not Haltung bewahrt habe.

Am Freitag, den 30. 3. 1990, fährt um 10 Uhr morgens ein Auto mit Ibrahim Böhme in der Normannenstraße vor. Seine Rechtsanwälte Winfried Seibert und Friedrich Wilhelm Freiherr von Sell sowie der SPD-Parteifreund Gerhard Hirschfeld begleiten ihn. Als Böhmes Freund Werner Fischer, der Bürgerrechtler, der inzwischen Regierungsbevollmächtigter zur Auflösung des MfS ist, hört, daß Böhme kommt, fragt er, ob er ihn begleiten solle. Und Böhme bittet ausdrücklich darum.

Ich habe ihn dann am Tor abgeholt, sagt Werner Fischer. Und ich habe einen Ibrahim Böhme erlebt, den ich nicht kannte. Er war kreidebleich. Er rauchte Kette. Und ich muß sagen, ich hatte nun schon etliche Leute beim Gang zu den Akten gesehen, und die Atmosphäre in diesem Archiv ohne Fenster, die war schon einigermaßen gruselig, ich selber habe sie immer als bedrohlich empfunden. Aber Ibrahim?

Er hatte Schweiß auf der Stirn, sagt Fischer. Und während andere da nun vor dieser Riesenkartei-Walze standen und eine normale Aufregung zeigten, normal angespannt waren, da zitterte Ibrahim. Das hatte ich noch bei niemandem so erlebt. Und das übertrug sich auf mich, sagt er. Ich war auch gesundheitlich angeschlagen damals, und ich kann mich erinnern, daß mir tausend Gedanken durch den Kopf schossen. Der eine große war: Nicht Ibrahim!

Ich weiß noch, sagt Fischer, auf dem Weg vom Auto zum Archiv, da waren wir zu zweit, darauf hat er Wert gelegt, daß wir zusammen gegangen sind, und da sag ich noch zu Ibrahim: Also, wenn du dabei warst, dann sei bitte nicht so ein normaler IM gewesen, bitte nicht so ein mieser Spitzel – wenn überhaupt, dann deinen Fähigkeiten entsprechend, dann ein Top-Spion, am besten einer, der gleich für drei Geheimdienste gearbeitet hat. So ungefähr, sagt Fischer.

Und da hat Ibrahim überhaupt nicht reagiert. Und wir standen nun an dieser Kartei, dieser Walze, und die Nervosität, die Aufregung, die Böhme verbreitete, übertrug sich so sehr auf mich, daß ich den Raum verlassen mußte, weil ich plötzlich ganz arge Herzschwierigkeiten bekam. Ibrahim ist dann noch zu mir rausgekommen und hat mir von seinen Herztabletten gegeben. Ja, sagt er, so war das.

Und nachdem dann festgestellt wurde, aha, in der ersten Kartei ist nichts, ging's in die zweite, die Einstiegskartei. Und da, sagt Fischer, fällt plötzlich die ganze Aufregung von ihm ab. Ibrahim war wieder normal. Für ihn schien klar zu sein, jetzt kann nichts Belastendes mehr kommen. Also, das hat mich schon sehr stutzig gemacht.

Ibrahim Böhme hatte mir bei einem Besuch die ersten Seiten seiner Memoiren zu lesen gegeben. Darin beschreibt er seine Erinnerungen an jenen 30. März 1990. Er spricht von sich in der dritten Person, schreibt B. statt Böhme. Warum, frage ich, schreiben Sie nicht ‹ich›?

Ich mag es nicht, wenn mir einer zu nahe kommt, sagt er.

Aber Sie sind nicht irgendeiner.

Ich ziehe die Distanz vor, sagt er. Auch zu mir.

Warum? Haben Sie Angst vor sich?

Nein, sagt er. Ich habe keine Angst mehr. Angst habe ich mir abgewöhnt.

Gegen 16 Uhr 30 verläßt Ibrahim Böhme zusammen mit seinen Anwälten das alte Stasi-Gebäude. Er schreibt: «Seit Stunden schon warteten die Medienleute am Eingang Ruschestraße und an der Toreinfahrt Normannenstraße...

Dieser Freitag war ein kalter Tag. Aber auch so fröstelte B., als er mit einigen Personen seines Vertrauens den unschönen, schmucklosen Block im zweiten Hof des Staatssicherheitsgeländes verließ...

Die Journalisten mußten zurückgedrängt werden, so umlagerten sie das Auto. Doch B. war so erschlagen von dem, was er in den letzten fünf Stunden mitbekommen hatte, daß er heute, entgegen seiner Gewohnheit, sich nicht über die Journalisten ereiferte, sondern völlig in sich gekehrt im Auto saß.

Allein die Akten, die vom MfS, zentrale Untersuchungshaftanstalt Berlin, einstmals während seiner Untersuchungshaft angelegt worden waren, umfaßten über 800 Seiten. Und was dort alles nachzulesen war. Tatsächliches und Konstruiertes, war erschreckend und bis ins Innerste verletzend zugleich...»

Nach dem Besuch in der Normannenstraße, sagt Gerhard Hirschfeld, damals Chef des SPD-Verbindungsbüros in Berlin, später Hörfunkdirektor des ORB, also nach der Akteneinsicht war Ibrahim Böhme wie in Trance. Sie fahren zurück nach West-Berlin, nach Charlottenburg ins Hotel «Seehof», wo Böhme wohnt, seit es in seiner Einzimmerwohnung am Prenzlauer Berg eine Bombendrohung gegeben hat. Dort setzen sie sich ins Restaurant, reden, rauchen, trinken. Böhme, sagt Hirschfeld, trank höchstens zwei Cognac. Gegen 22 Uhr verabschiedete er sich, er sei doch ziemlich fertig, er wolle sich schlafen legen.

Mitten in der Nacht schreckt Hirschfeld aus dem Tiefschlaf hoch. Sein Hotelzimmer liegt neben dem von Ibrahim Böhme, und da fallen offenbar Stühle um, da wird geschrien, und weil Böhme meist seinen Sekretär Joachim Hoffmann mit im Zimmer hat, der ihn auch schützen soll, glaubt Hirschfeld, die beiden streiten sich. Und er denkt: Da ist ja eine mächtige Schlacht im Gange. Und Böhme ruft: Ihr Schweine, ihr Schweine! Alles andere kann Hirschfeld nicht verstehen. Und dann fallen wieder Möbelstücke um. Und plötzlich ein dumpfer Fall – und Stille.

Das ist Hirschfeld nun doch merkwürdig. Er holt einen Kollegen, die beiden klopfen bei Böhme an. Keine Antwort. Sie rufen. Aber nichts rührt sich. Und die Tür ist von innen zugesperrt. Also holen sie den Hotelportier. Der schließt auf.

Und da fanden wir Böhme auf dem Rücken liegend, sagt Hirschfeld, schwer atmend, aber offenbar nicht bei Bewußtsein. Er war überhaupt nicht ansprechbar. Lag da auf der Erde mitten im Zimmer. Allein. Hoffmann hatte ausgerechnet in dieser Nacht ein Rendezvous.

Im Zimmer sah es schrecklich aus, sagt Hirschfeld. Der Spiegel war runtergefallen, die Lampe abgeschlagen, alles lag wild verstreut umher, und mittendrin lag Böhme. Es sah tatsächlich aus, als hätte eine Schlacht stattgefunden. Und die Schlacht, sagt Hirschfeld, hatte er mit sich selbst geschlagen. Und der Geschlagene hatte sich beim Fallen an der scharfen Bettkante eine Rißwunde zugezogen, nichts Schlimmes.

Wir legten ihn aufs Bett und telefonierten nach einer Notärztin. Die diagnostizierte einen starken Schockzustand. Sie versucht, ihn wachzukriegen, spritzt ein starkes Mittel und empfiehlt, ihn in ein Krankenhaus bringen zu lassen.

Als er wieder zu Bewußtsein kam, sagt Hirschfeld, wies er uns alle aus dem Zimmer. Und das tat er mit der Sprache eines Schwertrunkenen, obwohl er doch kaum getrunken hatte. Aber er hatte ja immer eine ganze Apotheke in seinen Taschen, hatte wohl auch Tabletten genommen, und das zusammen mit dem Cognac und dem Streß der Akteneinsicht, also, wir ließen ihn dann in aller Frühe ins Krankenhaus bringen.

Damals, sagt Beate Schwämmle, Böhmes «Quasi-Schwester» und politische Wegbegleiterin, damals, als der ‹Spiegel› über Ibrahim schrieb, er sei ein Top-Spitzel der Stasi gewesen, hielt ich das für eine Schweinerei. Daß etwas Wahres an der Geschichte sein könnte, daran hat sie keinen Augenblick lang geglaubt. Ibrahim ist eine schillernde Figur, sagt sie sich, das ist er immer gewesen, und das wird von den Journalisten jetzt ausgenutzt. So denkt sie.

Aber dann hört sie von jenem Freitag in der Normannenstraße. Und sie hört, daß Böhme anschließend im «Seehof» getrunken habe und daß es nachts dann Scherben gab in seinem Zimmer und daß man ihn ins Krankenhaus hat bringen müssen. Da setzt sich Beate Schwämmle ins Auto und fährt von Tübingen nach Berlin.

Am Samstag nachmittag um vier Uhr ist sie an seinem Krankenbett. Er war allein im Zimmer, als ich kam, sagt sie. Schlecht ging es ihm, ganz schlecht. Er zitterte. Das ganze Bett zitterte mit ihm. Es ging ihm miserabel. Er hatte Angst. Ich hatte den Eindruck, er hatte wirklich Angst. Er wollte nichts wie weg, raus aus dem Krankenhaus, raus aus Berlin, nur weg. Er sagte, wenn du mich hier nicht sofort mitnimmst, dann...

Natürlich nimmt sie ihn mit. Regelt alles im Krankenhaus, fährt mit ihm ins Hotel am Lietzensee, wo er handschriftlich seine Ämter niederlegt, dann packt sie ihn ins Auto und fährt los.

Es war eine Horrorfahrt, sagt Beate Schwämmle, eine Fahrt voller Ängste und voller Schrecken. Ibrahim Böhme trägt eine dunkle Sonnenbrille und ist in Panik. Er ist unansprechbar. Sagt nur in Abständen: Du, da fährt schon wieder einer hinter uns. Halt an! Fahr auf den Parkplatz. Laß den vorbei! Der ist hinter uns her. Siehst du das nicht? Merkst du das nicht?

Er fühlte sich verfolgt, sagt Beate Schwämmle. Er glaubte, der KGB sei hinter ihm her und der BND und die Stasi sowieso. Er hatte eine wahnsinnige Angst. Und ich saß am Steuer. Nachts zu fahren ist für mich schon unter normalen Umständen schrecklich, sagt sie. Und nun sitzt noch eine panische Gestalt neben ihr im Auto, Ibrahim, der «Quasi-Bruder», den sie seit zwanzig Jahren kennt und doch nicht kennt. Stimmt es, daß er für die Stasi gearbeitet hat? Und wenn er es getan hat, warum? Ist er erpreßt worden? Hat er es aus Überzeugung getan? Und was hat er verraten? Die Gedanken wirbeln ihr durch den Kopf. Und Ibrahim sitzt neben ihr im Auto und sagt kein einziges Wort mehr. Erst als sie über die Grenze fahren und in der Bundesrepublik sind – es gibt ja damals die DDR noch –, wird Böhme ruhiger.

Beate Schwämmle aber muß raus aus dieser Druckkammer, muß

einen Kaffee trinken, muß durchatmen. Und Böhme ist so erschöpft, der kann nicht mehr. Sie fährt auf einen Rastplatz, verfrachtet ihn auf den Rücksitz, packt ihn in einen Schlafsack und wartet, bis er weggesackt ist. Das geht ganz schnell. Dann schließt sie den Wagen ab und geht ins Restaurant. Er schläft im Auto. Als sie in den frühen Morgenstunden zu Hause in Plietzhausen ankommt, ist sie physisch und psychisch am Ende ihrer Kraft.

Ibrahim Böhme geht es schlecht. Drei Tage und drei Nächte ist er krank. Der Körper will nicht verkraften, was der Kopf in ihn einsperrt. «Der bloße Gedanke an das Ruchbarwerden verursachte mir Übelkeit und Entsetzen», heißt es bei Raskolnikoff von Dostojewski im Roman von «Schuld und Sühne».

Raskolnikoff? Nein, sagt Böhme zu mir, als wir über Dostojewski sprechen, Raskolnikoff mag ich nicht. Er ist mir zu einflächig in der Aufbereitung einer schizophrenen Situation. Er sagt das viel zu schroff. Und nun ähnelt er dem dunklen Helden so sehr in seiner eigenen schizophrenen Situation.

Warum hat er denn für die Staatssicherheit gearbeitet? Aus Überzeugung. Natürlich. Wenn er gezwungen worden wäre, erpreßt, er hätte es zugeben können. Aber er hat es gewollt. Wie Raskolnikoff den Mord an der alten Pfandleiherin gewollt hat. «Sollte nicht ein einziges Verbrechen mit tausend guten Werken zu sühnen sein? Für ein einziges Leben tausend andere gerettet werden von Verderben und Untergang? Für einen Tod hundert Leben – das wäre ein Rechenexempel!»

Eine solche Rechnung scheint auch für Manfred Böhme aufzugehen, damals, als er sich entscheidet, Freundschaften zu morden. Sollte nicht ein einziges Verbrechen das gerettete Leben des Sozialismus rechtfertigen?

Seit zwanzig Jahren arbeitet Böhme konspirativ. Niemand wird das Geheimnis lüften, das so sicher unter seinem Decknamen liegt wie der geraubte Schatz von Raskolnikoff unterm Stein. Warum soll jetzt etwas auffliegen? Und was soll überhaupt auffliegen? Was? Auch Raskolnikoff hatte «jenes Ungeheure, jene Tat – er hatte sie gänzlich vergessen». Genau wie Ibrahim Böhme. Der schien sie auch vergessen zu haben. Vergessen haben zu wollen.

Aber der Körper macht nicht mit. Und wie Raskolnikoff beim Gedanken an die Tat im Bett liegt und von einem solchen Frost befallen wird, «daß seine Zähne klapperten und er am ganzen Körper bebte», so zittert und bebt auch Ibrahim Böhme im Bett des Krankenhauses, als die so lang verdeckte Tat nach zwanzig Jahren ans Licht kommt.

Inzwischen gab es so viele Andeutungen, sagt Beate Schwämmle, daß mir klar war, da ist was faul. Aber sie ist auch in einem schrecklichen Loyalitätskonflikt, fragt sich, wie sie damit umgehen soll.

Da passiert etwas, was sie nie vergessen wird. Sie und ihr Mann bekommen Besuch. Und das ist Ibrahim Böhme unangenehm. Er weiß nicht, wie er sich verhalten soll, fragt aber auch nicht, weiß auch nicht, ob man ihn dabeihaben möchte. Da sagt Beate Schwämmle zu ihm, also Ibrahim, nun komm mal rein zu uns. Da fragt er: Beate, glaubst du es nun, oder glaubst du es nicht?

Also, das war furchtbar, sagt sie. Ich weiß auch nicht mehr, was ich da gesagt habe. Dabei war es doch so ein Augenblick, wo man hätte Farbe bekennen müssen, auch ihm gegenüber. Und ich dachte: O Gott, wenn du ihm jetzt Unrecht tust. Und die Möglichkeit, daß er unschuldig war, die bestand doch innerlich immer noch für mich. Ich konnte doch damals, im Frühjahr 1990, noch gar nicht alles durchschauen.

In Plietzhausen, sagt Beate Schwämmle, als es ihm so schlecht ging, da hat er mir mal gesagt: Weißt du, ich glaube, ich mache Schluß. Das war keine Koketterie, sagt sie. Da war der Punkt erreicht, daß er sagte: Wozu noch leben? Am besten, ich mache Schluß.

Damals habe ich zu ihm gesagt: Ibrahim, ich will dir was sagen, ich ertrage fast alles von dir, aber ich vertrage nicht, wenn du dich vernichtest. Und da hat er gesagt: Jede Seele hat ihre Grenze. Und wenn die Seele leer ist, dann ist sie leer.

Und da habe ich ihn zum erstenmal weinen sehen. Da hat er zum erstenmal geheult. Und das hatte ich noch nie erlebt bei ihm, sagt Beate Schwämmle. Er hat doch immer gesagt, daß er das Weinen verlernt hätte. Und nun war ich ganz erleichtert. Da saß er zehn Minuten und hat vor sich hin geweint. Und ich habe gedacht: Gott sei Dank.

In Plietzhausen bei Tübingen sieht Gerhard Hirschfeld Böhme wieder. Er war noch immer völlig verändert, sagt er, obwohl er im Mittelpunkt stand, aber im Mittelpunkt nicht, weil er, wie sonst, witzig und lustig, sondern bockig und zornig war, und dann wieder apathisch, auf nichts ließ er sich ein, schien noch immer wie in Trance, hatte keine Antworten.

Ich hatte den Eindruck, sagt Hirschfeld, dieser Böhme besteht aus zwei Personen, glaubte an eine richtige Persönlichkeitsspaltung, und ich wollte ihm helfen, sein Problem zu managen, und ich dachte, daß die eine Person in ihm aufschreiben müsse, was die andere erlebt hat. Und ich habe ihm gesagt, daß Schreiben die einzige Möglichkeit für ihn sei, in das bürgerliche Leben, dem er sich durch Flucht, durch Untertauchen entzogen hatte, zurückzukehren.

Und weil Hirschfeld auf dem Weg nach Italien ist, lädt er Böhme ein nachzukommen. Aber nur, wenn er sich dort mit seinem Leben beschäftigen würde, schreibend. Nur für den Fall würde er ihn einladen. Und zwei Tage später, sagt Hirschfeld, war er auch schon mit seinem Freund Joachim Hoffmann da. Aber nicht etwa, um zu schreiben. Ich hatte das Gefühl, er war gekommen, um Urlaub zu machen.

Also fahren sie umher, machen Ausflüge, besichtigen Lucca, und Böhme freut sich wie ein Kind, wenn jemand ihn erkennt. Und an der Tankstelle spielt er wieder mal den Verfolgten: Sonnenbrille auf, Hut ins Gesicht, Vorsicht, Feind hinter der Zapfsäule.

Er war wirklich ein Spieler, sagt Joachim Hoffmann, der Zahnarzt aus Jena, der ihn in die Toscana gefahren hatte. Und jeder konnte selbst entscheiden, spiel' ich mit, oder laß ich's. Einmal, sagt Hoffmann, als wir nach der SDP-Gründung nicht weiterkamen, sagt Ibrahim: Gut, dann werde ich mal meinen Freund Kurt Hager anrufen. Wie bitte? Kurt Hager war der ideologische Staatssekretär im Zentralkomitee. Das klang wie Blödsinn. Aber auch wieder: Halt, das ist kein Blödsinn.

Diese Geschichte, sagt Hoffmann, hatte ich irgendwie immer im Kopf, wenn ich mit ihm zusammen war. Achtung. Spieler. Und ein Spieler schafft Möglichkeiten.

Und Böhmes Bühne ist überall. Am runden Tisch in Berlin oder am gedeckten Tisch in der Toscana. Eines Abends verirrten sie sich in Lucca in ein piekfeines Restaurant, und Böhme drückt dem indignierten Kellner mit Grandezza einen Ost-Mark-Schein in die Hand. Und er bringt Hirschfelds Frau fünfzig rote Rosen mit. Und er trinkt natürlich lieber, als daß er ißt. Essen stört beim Reden. Und er redet doch nun mal so gern, der Märchenerzähler Böhme. Nichts ist schöner für ihn als eine Gesellschaft mit vollem Mund.

Ach, es war wunderbar in der Toscana, sagt Ibrahim Böhme. Alles grün. Alles blühte schon. Wir haben herrliche Spaziergänge gemacht, und ich fühlte mich überall an Feuchtwanger erinnert.

Sie haben sich aber auch gestritten, sage ich.

Ja, auch, sagt Böhme.

Hirschfeld wollte, daß Sie sich mit Ihrer Vergangenheit beschäftigen. Er wollte, daß Sie schreiben.

Ja.

Und Sie hatten keine Lust?

Nein, sagt er gequält. Nein, ich wollte nicht schreiben.

Unsere Gespräche, sagt Hirschfeld, kreisten immer enger um ihn herum. Und mit dem Näherrücken der Abreise wurden die Fragen immer gezielter. Und das führte in der letzten Nacht zu einem entsetzlichen Krach. Und da, sagt Hirschfeld, hat Böhme eine kaum zu übertreffende schauspielerische Leistung geboten. Die sollte mir signalisieren: Halt! Quäle mich nicht länger. Laß mich am Leben.

Er spielte den Menschen, der gleich tot vom Stuhl fällt. Der völlig abwesend ist in seiner Qual. Der sich eigentlich schon mitten in einer Ohnmacht befindet. Und dann das letzte Frühstück, sagt Hirschfeld. Unvergessen. Böhme sitzt da wie in Trance. Und er schiebt seinen Teller bis an den Rand des Tisches. Eine falsche Frage, eine falsche Bewegung – und der Teller wäre abgestürzt. Der hielt sich also nur durch die Ballance zwischen uns beiden.

Es war toll. Es war wirklich eine erneute Steigerung seines Talents, sagt Hirschfeld. Und ich wußte nicht, ob ich wütend werden oder lachen sollte. Und weil ich wußte, er spielt dieses Drama vom Teller am Abgrund nur, um sich zu entziehen, entschied ich mich für wütend. Und so verabschiedeten wir uns denn sehr frostig.

Zu der Zeit, sagt Ulrike Poppe, gab es schon keinen Kontakt mehr zwischen uns. Ich merkte, er weicht uns aus. Sie trifft ihn noch einmal in der Volkskammer. Da sitzt er mit Angelika Barbe zusammen, und die sagt: Also, der Ibrahim ist so fertig, wie können wir den nur stützen? Und ich merkte, sagt Ulrike Poppe, wie er zitterte. Und er trank einen Cognac nach dem anderen. Ja, er war wirklich fertig. Er trank und wich aus. Und ich glaubte ihm schon nicht mehr.

Am schlimmsten ist für sie, daß Ibrahim Böhme mit offensichtlicher Lust berichtet hat. Alle Details sind beschrieben, sagt sie. Die konnten gar nicht unwichtig genug sein. Er hat auch ausgeschmückt, nicht unbedingt falsch, nein, auch sensibel wahrgenommen. Und faszinierend, sagt sie, ist sein phänomenales Gedächtnis. Er hat tatsächlich die Gespräche eines Abends fast wörtlich wiedergegeben. Bis in die Formulierungen genau. Das ist schon erschreckend.

Ich weiß nicht, wie ich ihn politisch einschätzen soll, sagt Gerd Poppe. Es ist ja eher schizophren. Er hat mitgedacht und dann verraten. Es fällt mir immer schwerer zu glauben, daß er etwas verändern wollte, daß er vielleicht der Meinung war, mit Hilfe der Staatssicherheit hätten sich Reformen vorantreiben lassen. Grotesk, wenn er das geglaubt hat.

Vor der Volkskammerwahl, sagt Markus Meckel, hat er uns ungeheuer behindert, hat Strategien torpediert, hat sich nicht an die Absprachen gehalten, also das war manchmal schon ausgesprochen kriminell. Die Frage ist ja, sagt Meckel, wie lange er gelenkt wurde. Ich vermute mal, ab November 1990 war nicht mehr viel mit Lenkung. Da war's einfach Unsicherheit. Und Böhme ist ja nun mal strategisch nicht der klügste Kopf. Und dann mußte man auch aufpassen, daß er nicht einfach so durch die Lande schwirrt und der Presse irgendwas erzählt.

Ein typisches Beispiel, sagt er, war im Januar dieses Wahlbündnis. Er hat da einfach was unterschrieben. Und so war er denn für die Bündnis-90-Leute der Held der Revolution, und wir waren die Verräter. Und wir konnten ihn ja auch nicht einfach so demontieren, sagt Meckel, das wäre für die Partei verheerend gewesen. Und die Faszination, die von ihm ausging, war enorm. In der Partei waren die ja ganz verrückt nach ihm.

Was bleibt? fragt Meckel. Ein Häufchen Elend. Ein selbstfabriziertes Häufchen Elend. Einer, der Nähe, Harmonie und Anerkennung suchte und dabei die Orientierung verlor.

Ich habe später, nach dem Erlebnis in der Normannenstraße, noch einmal mit ihm geredet, sagt Werner Fischer, der inzwischen in Berlin als Pressesprecher für die Bundestagsgruppe Bündnis 90 / Grüne arbeitet. Ich habe ihm gesagt: Was auch immer war, Ibrahim, es gibt für alles eine Erklärung.

Wir sind dann durch etliche Kneipen am Prenzlauer Berg gezogen, sagt Fischer, bis wir endlich eine fanden, wo wir ungestört reden konnten. Ich glaube, da haben wir dann fünf oder sechs Stunden gesessen, und ich bin aus diesem Gespräch einigermaßen besoffen herausgekommen, aber nicht vom Alkohol, sondern von dem, was er mir gesagt hat. Ibrahim hat mich regelrecht vollgequatscht. Und als wir uns verabschiedeten, sagt Fischer, habe ich mich gefragt: Ja, was ist nun? Hat er dementiert oder hat er zugegeben? Von da an hatte ich keine Fragen mehr.

Ibrahim, sagt Angelika Barbe, die SPD-Bundestagsabgeordnete, Ibrahim ist ein Produkt der DDR-Gesellschaft. Das offene Austragen von Konflikten gab es doch nicht. Immer gab es nur Fluchten und Nischen. Ein paar Leute sind in die Kirche geflüchtet, ein paar in die Kulturnischen, in irgendwelche Zirkel, und alles hatte immer den Anstrich von Konspiration.

Als ich Studentin war, sagt sie, und auch später als junge Frau, wäre ich so gerne in einen Kulturzirkel gegangen. Aber ich dachte: Nein, du bist so ein kleines Licht, da wird jeder gleich denken, du bist ein Spitzel. Das Gegenmittel, das ich dann für mich gefunden habe, sagt sie, war totale Offenheit. Nur so ging es für mich. Die anderen sollten wissen, mit welchen Karten ich spiele. Es war die einzige Chance, dieses System zu überwinden.

Und nun, sagt Angelika Barbe, habe ich Fragen an Ibrahim. Ich möchte wissen: Hast du uns wirklich gemocht? Wie hast du gedacht? Hast du vielleicht nur Theater gespielt? Im Theaterspielen, sagt sie, war er ja großartig. Aber dann soll er das zugeben. Soll sagen: Ja, ich spiele eine Rolle. Bitte. Und ich spiele sie gern. Gut. Nehmt mich so, wie ich bin.

Aber das kann er wohl nicht, sagt sie. Und das ist das Traurige. Und so wird er denn wohl so schizophren bleiben.

Als der Liedermacher Wolf Biermann die ersten Gerüchte über Ibrahim Böhmes Stasi-Verstrickung hört und als er dann das Gesicht des Bedrängten im Fernsehen sieht und als er die dramatischen Worte hört, mit denen Böhme versucht, seine Tat wegzureden, da schreibt Biermann einen Brief an ihn:

Lieber Ibrahim Böhme,

ich merke, daß Du in großer Not bist. Ich möchte Dir helfen.

So etwa, sagt Biermann, habe ich geschrieben. Ich habe ihm angeboten, daß ich ihm zuhöre, wenn er reden möchte. Den Brief habe er Freya Klier mitgegeben, und die hat ihn weitergeleitet.

Aber Böhme, sagt Biermann, hat nie geantwortet.

Und wir reden lange über Schuld und Sühne der Schweiger und Lügner, und er erzählt, wie das ist, wenn man da über seinen Akten sitzt und einen Liebesbrief findet, der nie angekommen war, und einen Spitzel entdeckt, der doch ein Freund gewesen ist. Und am nächsten Abend spuckt das Faxgerät bei mir einen ofenfrischen Biermann aus: Diesen Nachmittag schrieb ich ein Gedicht, frei nach Dylan Thomas...

Du nicht, die andern sind gemeint

Freund als ein Feind ruf ich dich aus

Du mit der falschen Münze in der Augenhöhle
Mein Freund, du mit dem Flair, das so entzückt
Hast mir die Lüge angedreht und ohne Scham
Du gafftest auf mein heimlichstes Geheimnis
Gelinkt hast du, gelockt mit Augenzwinkern
Und meiner Liebe Kuchenzahn biß auf Granit
Verschrammt zuletzt, gestrauchelt, ausgelutscht
Du stehst von mir gebranntmarkt als ein Dieb
Im Angedenken das aus blinden Spiegeln kommt
Und unvergeßlich dieses Lächeln bei der Tat
Die harte schnelle Hand im Samthandschuh
Ach und mein Herz kam unter deinen Hammer
Und warst ja auch mal'n offnes Menschenkind
Warst froh, zufrieden und vertraut mit uns
Ich hätte nie und nicht einmal im Traum gedacht
Daß du mal Wahrheit bläst wie Dreck in alle Winde

Als ich sie noch um ihrer Fehler willen liebte
Wie auch um dessentwillen was an ihnen Gutes war
Warn meine Freunde lang schon Feinde hoch auf Stelzen
Mit ihrem Kopf da oben in der Wolke des Verrats

«Ich bin doch siebzig Jahre alt»

Endspiel am Prenzlauer Berg

Kein Wort von Ibrahim Böhme. Nur ein Zettel an seiner Tür. Ich möge ihn entschuldigen, er habe eine Reise machen müssen.

Die Reise hat er in seinem Zimmer gemacht. Es war eine Reise in die Depression. Er hat im Dunkeln gelegen, hat kaum gegessen, nicht geredet, dafür getrunken. Nachbarn haben ihn gepflegt. Eine Ärztin ließ er einmal in der Woche zu sich.

Nun steht er auf schwachen Beinen in der Küche und kocht uns mit zitternden Händen einen Kaffee. Dünn ist er geworden. Und der Vollbart, den er sich hat wachsen lassen, ist zu weiß für einen, der 47 Jahre ist.

Wie fühlen Sie sich?

Besser.

Das freut mich. Ich dachte schon, Sie wollten sich sterben lassen.

Wie kommen Sie darauf? fragt er. Ich hatte nie die Absicht, nicht mehr leben zu wollen.

Wir gehen ins Wohnzimmer, er zündet wie immer eine Kerze an, ich darf wie immer keinen Handgriff tun. Er holt Zigaretten, holt einen Aschenbecher, holt Tassen. Er solle viel gehen, habe die Ärztin gesagt.

Gut, sage ich. Gehen wir im Thälmannpark spazieren.

Nein, sagt er, soweit bin ich noch nicht.

Es ist Ihnen nicht gutgegangen in den letzten Monaten?

Nein.

Und kommt die Lebenslust langsam wieder?

Nein, der Lebensfrust.

Erzählen Sie mir von Ihrem letzten Traum.

Von meinem letzten? Ich träume doch unentwegt. Ich habe drei, vier, fünf Träume in der Nacht. Manchmal kann ich mich morgens noch erinnern.

Was sind das für Träume?

Alpträume. Aber auch angenehme. Mein angenehmster Traum war, ich durfte noch einmal bei 1973 anfangen. Durfte noch einmal ganz neu einsteigen ins Leben. So, als ob nichts gewesen wäre.

Und weil er nicht möchte, daß ich da weiterfrage, biegt er das Gespräch weg, will wissen, was ich denn gemacht habe.

Ich habe das Buch über Sie geschrieben, viel zuviel geschrieben, ich werde wohl streichen müssen.

Ach, streichen Sie doch alles Schlechte raus, sagt er elegisch.

Nein, sage ich. Das haben Sie nicht verdient.

Und gleich schweift er wieder ab, taucht in alte Zeiten ein, erzählt von der russischen Revolution und landet irgendwann bei Maxim Gorki. Wir reden über dessen Roman «Die Mutter». Und da bekommt Böhme etwas schrecklich Strahlendes, wie der Kleinrusse im Roman, der sagt: «Für die Genossen und für die Sache vermag ich alles, würde ich sogar töten, und wenn es mein eigener Sohn wäre...» Wie Abraham, denke ich, Ibrahim.

Und ich bin ja auch kein siebenundvierzigjähriger Mann, sagt Böhme. Ich bin doch 70 Jahre alt.

Wie kommen Sie darauf?

Weil ich mein Leben so intensiv gelebt habe. Zum Teil durch äußere Zwänge, zum Teil durch eigenen Willen, letztlich nicht durch Schuld, vielleicht auch durch Schuld, aber durch den eigenen Willen. Ja, ich glaube, ich bin sehr alt.

Wenn Sie 70 Jahre alt sind, sage ich, dann können Sie doch auch langsam mal mit Ihren Freunden reden. Oder fühlen Sie sich noch immer bedrängt?

«Ich wollte ja auch immer unnahbar

sein. Damit habe ich mich wohl selbst

betrogen.»

Ibrahim Böhme blickt aus seinem Fenster am Prenzlauer Berg.

Nein, nicht bedrängt. Aber das ist alles so weit weg.

Sie haben die Vergangenheit zugeschüttet, sage ich. Und nun wissen Sie nicht, wie Sie das alles wieder ausgraben sollen.

Vielleicht will ich das ja gar nicht, sagt er kaum hörbar. Ich habe doch eines der schönsten und interessantesten Leben hinter mir. Mit vielen Höhen und vielen Tiefen, sagt er. Und immer wieder aufmüpfig gewesen. Und immer wieder alles verloren. Und immer wieder neu angefangen. Und die schönsten Freundschaften erlebt. Und ich freue mich, daß ich an der Einheit ein Stück mitgewirkt habe, an einem Stück Demokratie, an einem Stück Aufbruch. Ja, ich habe ein schönes Leben gehabt.

Nun reden Sie aber wie ein Neunzigjähriger, sage ich.

Da lacht er zum erstenmal an diesem Abend. Dann sagt er: Wenn ich beerdigt werde, möchte ich verbrannt werden. Und meine Asche soll auf dem Friedhof Schönefeld vergraben werden. Und niemand soll reden, niemand singen, niemand weinen. Vielleicht kann man einen Lachsack in der Nähe aufstellen. Allenfalls.

Aber noch leben Sie ja. Was glauben Sie, wird Ibrahim Böhme in Zukunft machen?

Ich glaube, sagt er, Ibrahim Böhme muß erkennen, daß er im öffentlichen Leben nicht mehr gebraucht wird. Ibrahim Böhme wird versuchen zu schreiben.

Er schweigt und sagt, man hat doch auch so viel verdrängt. Und dann gibt es ja den Satz: Man kann zu früh über sich Bescheid wissen, aber auch zu spät.

Und bei Ihnen war es zu spät.

Ja. Bei mir war es zu spät.

Wir sitzen seit Stunden im finsteren Zimmer. Die Kerze dümpelt lichtlos vor sich hin. Böhme spricht aus der Dunkelheit heraus. Ich sehe ihn nicht. Nur wenn er einen Zug aus seiner Zigarette nimmt, wenn die Glut aufglimmt, sehe ich ein Gesicht voller Schatten. Wie in Alfred Hitchcocks Film «Ein Fenster zum Hof», wie ein altgeschminkter Werner Kraus aus einem Stummfilm, wie «Zelig» von Woody Allen.

Und ich denke: Böhme ist Zelig. Denn Zelig ist der Jude, der von allen geliebt sein möchte, der sich anpaßt, der sich assimiliert, der alle Identitäten lebt, nur nicht seine eigene. Zelig wird schwarz, wenn er einem Neger begegnet, wird rot, wenn er mit einem Indianer spricht, wird gelb, wenn ihm ein Chinese über den Weg läuft, wird braun, wenn die Nazis jubeln.

Wie Böhme. Auch sein Leben besteht aus fremden Identitäten. Als er Marx liest, wird er Marxist. Als er Lenin liest, kleidet er sich wie Lenin, lebt wie Lenin, redet Lenins Text und fällt um wie Lenin. Als er Rainer Kunze kennenlernt, fängt er an zu dichten. Als er Robert Havemanns radikale Wandlung vom Stalinisten zum Bürgerrechtler begreift, macht er dessen Ideen zu den seinen. Als die Leute der Staatssicherheit ihm erklären, daß Havemann ein Staatsfeind sei, verrät er ihn. Als seine Freunde aus Greiz Jazz spielen, liebt auch er den Jazz, den er eigentlich haßt. Als er mit Ulrike Poppe im ‹Café Kisch› sitzt, um einen Protestbrief an Gorbatschow zu übergeben, ist er ein Oppositioneller. Und am Abend, wenn er seinem Führungsoffizier ins Tonband spricht, ist er ein Denunziant.

Ibrahim Böhme lebt in fremden Bildern, in fremden Personen. Er ist ein Chamäleon. Er hat sein Leben geborgt, hat sich Rollen gesucht, hat nur gespielt, und bei jedem Auftritt hat er sich verausgabt.

Und er dichtet mit Lust und verrät mit Lust, und seine Proteste sind echt und seine Berichte auch, auch seine Freundschaften. Alles echt. Und wenn er hilft, hilft er mit ganzer Seele. Und wenn er lügt, lügt er so gut wie kein anderer. Er war ein Star in der Schmiere DDR. Bei ihm ging der Vorhang nie runter. Und niemand spielte den Genossen besser als Böhme, und niemand den Judas.

Jetzt ist der Vorhang gefallen. Alle Rollen sind aufgeflogen. Er weiß nicht mehr, was er spielen soll. Und seine eigene Rolle, den echten Böhme, hat er nie gefunden. Es gibt ihn nicht.

Und da sitzt er nun, Wladimir Iljitsch, Karl, Reiner, Robert, Günter, Harald, Ulrike, Ibrahim Böhme, ein Mann ohne Identität.

Sitzt da im stockfinsteren Zimmer und weiß nicht, wie er leben soll.

Ich wollte ja auch immer unnahbar sein, sagt er. Das war immer mein Wunsch. Und damit habe ich mich wohl selbst betrogen.

Dann schweigt er lange und sagt: Bitte, bleiben Sie noch einen Augenblick.